Mai 68 : l'entre-deux de la modernité
Histoire de trente ans

Egalement aux Presses de la Fondation nationale des sciences politiques :

Michel Demonet, Annie Geoffroy, Jean Gouazé et al., *Des tracts en mai 68*, 1975.

Jacques Capdevielle, Elisabeth Dupoirier, Guy Lorant, *La grève du Joint français*, 1975.

René Mouriaux, *Les syndicats dans la société française*, 1983.

Alain Lancelot et al., *1981 : les élections de l'alternance*, 1986.

Michel Dobry, *Sociologie des crises politiques*, 1986.

Jacques Capdevielle, *Le fétichisme du patrimoine*, 1986.

Jacques Capdevielle, Elisabeth Dupoirier, Gérard Grunberg et al., *France de gauche, vote à droite ?* 2e édition, 1988 (1re édition, 1981).

Le Catalogue général sera envoyé sur simple demande adressée
aux Presses de la Fondation nationale des sciences politiques
27, rue Saint-Guillaume, 75341 Paris Cedex 07

MAI 68
L'ENTRE-DEUX DE LA MODERNITÉ
HISTOIRE DE TRENTE ANS

Jacques Capdevielle
René Mouriaux

PRESSES DE LA FONDATION NATIONALE
DES SCIENCES POLITIQUES

ISBN 2-7246-0555-1

TABLE DES MATIÈRES

INTRODUCTION

UN ÉVÉNEMENT INTERMÉDIAIRE

PREMIÈRE PARTIE

LES ANNÉES SOIXANTE

CHAPITRE 1

LA FIN DE LA CROISSANCE HEUREUSE

CHAPITRE 2

UNE VIE POLITIQUE BLOQUÉE

DEUXIÈME PARTIE

CINQUANTE-HUIT JOURS QUI ÉBRANLÈRENT LA FRANCE

CHAPITRE 3

ÉPHÉMÉRIDES

CHAPITRE 4

INTERPRÉTATIONS

TROISIÈME PARTIE

DES BARRICADES À LA COHABITATION

CHAPITRE 5

ÉPILOGUES EN TOUS GENRES

CHAPITRE 6

LES RETOURS DE L'HISTOIRE

CONCLUSION

BIBLIOGRAPHIE SÉLECTIVE
SUR MAI-JUIN 1968 « POLITIQUE »

INTRODUCTION

UN ÉVÉNEMENT INTERMÉDIAIRE

Une et seule cause les avait en mer mis, sçavoir et studieux désir de cognoistre.

Quart livre, chap. XXV

Le ciel de l'histoire est peuplé d'astres morts. La lumière de certains nous atteint encore après qu'ils ont cessé d'émettre. Mai 1968 est-il de ceux-là ? Si l'on admet la métaphore sidérale, l'interrogation porte sur l'activité de l'événement, sur son rôle dans le système solaire.

Plus prosaïquement, un triple débat se noue autour de ce qui est arrivé depuis la manifestation du 3 mai à la Sorbonne jusqu'au soir du second tour des élections législatives. Quelles sont les origines de ce processus historique que le sens commun isole comme un moment singulier ? Quelle importance convient-il d'accorder à cette séquence temporelle, tantôt magnifiée, tantôt stigmatisée, voire occultée ? De quels effets est-il légitime de créditer ce qui est devenu, au fil des ans, une référence contradictoire de la mémoire collective ?

PAS DE GÉNÉRATION SPONTANÉE

Ce n'est qu'un début. Dès le départ, le mouvement soixante-huitard s'autoproclame origine ; la CGT, en revanche, rappelle les luttes antérieures qu'elle a animées : nullement le fruit d'une génération spontanée, Mai 1968 a une « préhistoire »[1]. Notre

1. Au sens où l'emploient Antonio Lettieri et Paolo Santi. Lettieri (Antonio), Santi (Paolo), « La préhistoire de Mai », *Politique aujourd'hui*, 5, mai 1969, p. 33-51.

approche se propose d'éviter le double écueil de l'illusion spontanéiste, qui ignore les héritages, et de l'illusion étiologique[1], qui s'en tient au développement linéaire. Nous entendons penser Mai 1968 dans la continuité et dans sa dynamique propre. Reconnaître la part du hasard, la rencontre de chaînes causales indépendantes, c'est admettre la causalité dans la contingence. Telle qu'elle s'est produite, la crise n'était pas prévisible, bien que la société française ait été travaillée à l'époque par des contradictions actives.

Adopter cette perspective revient à considérer Mai 1968 comme un événement intermédiaire, entre un avant et un après. Il s'agit alors d'instituer l'épaisseur, la complexité de ce que le langage scientifique nomme les conditions de possibilité de l'événement, dans leur équivocité, dans leur multidimensionnalité. L'approche *sub specie potestatis*, du point de vue de la lutte pour le pouvoir, signifie certes que nous privilégions un aspect, mais sans minimiser les autres : la compréhension du politique s'aveugle à se couper de l'économique et du social, à s'isoler de l'idéologique et du culturel. Sans avoir l'audace ni les titres de l'auteur du *Nom de la rose*, qui entend soumettre ses lecteurs à une épreuve pénitentielle et initiatique[2], nous tenons à cette économie – une centaine de pages, consacrées aux antécédents et aux prodromes – qui matérialise notre projet : une lecture historique charnelle[3].

SECOUSSE ÉNORME ET MINCEUR DES RÉSULTATS IMMÉDIATS

La notion d'événement intermédiaire permet de situer Mai 1968 sur une échelle incertaine de mesure, entre le secondaire et le principal. Le colloque organisé par la revue *Pouvoirs* manifeste bien le fonctionnement d'une hiérarchisation un peu sauvage : phénomène, épiphénomène, parenthèse, rupture, moment, extase[4]. Pour notre part, nous ne classons pas Mai 1968 parmi

1. Nous empruntons le terme à Michel Dobry. Dobry (Michel), *Sociologie des crises politiques*, Paris, Presses de la Fondation nationale des sciences politiques, 1986, 319 p.
2. Eco (Umberto), *Apostille au nom de la rose*, Paris, Grasset, 1985, p. 49.
3. Fèvre (Pierre), *La coexistence mondiale et la raison d'Etat*, Paris, Aubier-Montaigne, 1967, 226 p.
4. « Mai 68 », *Pouvoirs*, 39, 1986, 197 p.

les « non-événements », sans toutefois le hisser au rang des grèves de 1936 ou des journées de la Libération.

La singularité de l'orage soixante-huitard réside dans la conjonction de deux crises principales qui ne fusionnèrent pas. Partie de Nanterre, la contestation étudiante gagne le Quartier latin et s'étend à toute la France début mai. La grève du 13 mai, pour protester contre les violences policières lors de la nuit des barricades, déclenche un processus de grève générale qui conduira au constat de Grenelle (27 mai) et à une reprise progressive du travail, étalée jusqu'au début de juillet. Entremêlées, les deux perturbations ne se rejoignent pas, ce qui évite probablement la formation d'un véritable cyclone.

Inventive, résolue, la lutte des étudiants ne possède cependant pas d'objectif d'ensemble, de projet commun. Certains jugent l'Université irrécupérable et concluent que la seule tâche qui vaille est de rejoindre la classe ouvrière et d'y rallumer la flamme révolutionnaire. D'autres rêvent d'une réforme démocratique du système scolaire qui modernise sa pédagogie et rapproche l'enseignement de la vie. « Ce n'est qu'un début, continuons le combat », le slogan emblématique de l'action étudiante se vide de contenu précis après la réouverture de la Sorbonne (13 mai). Les deux lignes du mouvement s'accentuent avec la recherche d'entrée dans les usines, d'une part, et les longues discussions sur la transformation des facultés, d'autre part. Elles s'illustrent ultérieurement par la multiplication des établis et la création de Vincennes.

L'arrêt de travail le plus ample de toute l'histoire française ranime le mythe de la grève générale. Les occupations d'usines manifestent la force ouvrière et dans le même temps la division du mouvement. A deux niveaux. Syndical d'abord. Les deux acteurs principaux de l'époque ne sont pas en phase. La CGT entend se protéger tout à la fois des débordements gauchistes et de la formation d'un front réformiste autour de Pierre Mendès France. La CFDT se méfie de la prétention hégémonique de la centrale de Benoît Frachon. Le désaccord syndical se retrouve au plan politique. Le PCF ne parvient pas à coopérer avec la FGDS au cours de la période offensive du mouvement. Le plan d'urgence économique et social établi en commun par les deux grandes forces de gauche, le 1er juin, n'existe qu'en fonction d'élections dont chacun sait qu'elles seront favorables à la droite.

De plus, le PSU s'oppose à la gauche traditionnelle et revendique la légitimité du mouvement.

Mai-juin 1968 frappe par le décalage entre la vigueur du mouvement et la minceur des résultats. Les étudiants obtiennent la loi Edgar Faure qui définit les universités comme autonomes, avec l'association des étudiants à la gestion, et pluridisciplinaires. Refusé par les mandarins ultras, le texte de 1968 retouche, de manière modérée, les structures du système universitaire français. Le souffle de Mai n'apporte qu'une réforme. De même, sans être négligeable, le compromis de Grenelle ne comporte que des avances limitées : hausse des salaires (+ 35 % pour le SMIG), processus de réduction du temps de travail, reconnaissance de la section syndicale d'entreprise. Les ordonnances sur la Sécurité sociale de 1967 ne sont pas abrogées. L'instauration de l'échelle mobile des salaires n'est pas obtenue. Tant de grévistes pour un si faible avantage, ironisent les « gauchistes ». La CGT répond par le rapport de forces qui n'a pas permis d'aller plus loin. Débat constitutif de mai 1968. Une secousse idéologique de réelle ampleur s'est produite. Idées autogestionnaires, relance du féminisme, aspirations régionalistes, critique du capitalisme, autant de thèmes qui s'épanouissent dans la symbolique des barricades et des occupations d'usines. La crise débouche sur la victoire électorale de la droite qui renforce la problématique de « l'élection-trahison ».

Eclair dans un ciel apparemment serein, le mouvement de Mai provoque une ample littérature qui propose des interprétations concurrentes, en continuité avec les controverses de l'action. Divertissement triste, insurrection moderne, révolution trahie, phase originale de la lutte des classes ? Le choc étonnant du printemps chaud n'a pas révolutionné la société. Les élites dirigeantes n'ont pas été remplacées. Les institutions et la propriété n'ont pas été modifiées. Et pourtant, quelque chose s'est produit, tout à la fois inchoatif et avorté, puissant et évanescent. A côté des événements fondateurs comme 1789 ou conclusifs comme la grève manquée du 30 novembre 1938, nous désignons ce mixte de grandeur et d'inaccompli comme un événement intermédiaire, dont nous analysons l'équivocité à travers le rappel des « faits » et l'évocation des lectures immédiates.

UN MOMENT D'UNE MODERNITÉ ELLE-MÊME RÉVOLUE

Si toute la littérature sur Mai 1968 « escorte inséparablement son objet » et « relève elle-même d'une impossible histoire de Mai »[1], il est en revanche possible, avec le recul du temps qui permet de problématiser l'événementiel en l'enracinant en amont et en aval dans la durée, d'en tenter un « exorcisme » actuel à ce jour, sinon « ultime ». A condition de borner l'amont, de délimiter la préhistoire de Mai indispensable à sa compréhension aujourd'hui.

Cette préhistoire remonte au début des années 1950. La période représente en effet un tournant : l'essentiel de la reconstruction nationale est achevé et la France, à l'instar de ses voisins mais sur des bases qui lui sont propres, s'engage dans un processus accéléré de modernisation économique et sociale. Tous les indicateurs convergent pour faire de la décennie 1955-1965 une période de croissance exceptionnelle. Cette décennie se caractérise, à l'Ouest comme à l'Est, par une croyance unanime dans les bienfaits du progrès scientifique et technique. Dans tous les grands pays industrialisés, la croissance des dépenses de recherche-développement est plus rapide que celle du PIB. Il faut attendre le milieu des années 1960 pour que l'on mette en doute l'idée d'une liaison automatique entre l'augmentation de ces dépenses et celle de la productivité[2]. Entre 1960 et 1965, la production des pays de l'OCDE progresse annuellement de 4,9 %. Jean Fourastié envisage à l'époque la disparition progressive, à partir des années 1985, de l'*homo œconomicus* au profit d'un « homme plus complexe », « pour lequel la richesse ne sera plus ni un problème ni un prestige »[3]. *Les Dix-huit leçons sur la société indutrielle* sont professées à la Sorbonne pendant l'année universitaire 1955-1956. Au même moment, la première tentative de définition systématique des catégories de notre système de comptabilité nationale s'achève avec la publication du volume sur *Les méthodes*. L'heure est aux proclamations de foi dans la

---

1. Nora (Pierre), « Le retour de l'événement », *Faire l'histoire, I, Nouveaux problèmes*, Paris, Gallimard, 1974, p. 226.

2. Cf. Caron (François), *Le résistible déclin des sociétés industrielles*, Paris, Perrin, 1985, p. 260-269. Notons au passage qu'un tel titre aurait été impensable dans les années 1955-1965.

3. Fourastié (Jean), *Les 40 000 heures*, Paris, Laffont-Gonthier, 1965, p. 92.

cybernétique, l'automation, la planification concertée de l'économie, les concentrations d'entreprises. La prospective fleurit. Dans le cadre d'un keynésianisme généralisé et consensuel, une inflation à trois points semble catastrophique et l'association inflation-chômage apparaît comme un couple contre nature.

Il nous faudra revenir plus longuement sur cette modernisation économique et sociale qui marque profondément la préhistoire de Mai. Parallèlement à cette entreprise, le thème de la modernité – qui est apparu dans les arts plastiques dans les années 1870 et n'a pratiquement pas cessé, depuis, d'être au cœur des controverses alimentant la création artistique et culturelle – investit progressivement le terrain politique. Cette opposition recoupe en grande partie celle que retient François Goguel – lorsqu'il distingue entre « parti de l'ordre » et « parti du mouvement » – pour décrire le phénomène partisan sous la Troisième République. D'ailleurs Gambetta n'a-t-il pas enraciné cette République en mobilisant explicitement les « couches nouvelles » ?

La modernité, qu'on s'en réclame avec les mendésistes ou qu'on en dénonce les conséquences avec le poujadisme, n'en prend pas moins une importance spécifique et croissante, dans le domaine politique, à partir de la seconde moitié des années 1950. Le recours de plus en plus fréquent aux sondages d'opinion et la publicité qui entoure leurs résultats vont mettre en scène une parole des masses[1] qui, jusque-là, était portée par les parlementaires, les syndicats et la presse, ce constat ne préjugeant pas, bien entendu, des manipulations auxquelles cette parole est soumise. De ce point de vue, l'opinion publique se manifeste bel et bien, même si elle est construite. Son expression va contribuer à modifier les règles du jeu politique. Dans les médias, les figures des héros traditionnels font désormais place aux personnalités sportives, aux vedettes du spectacle, aux animateurs de télévision[2]. La rhétorique politique va devoir s'adapter, sous peine d'être taxée de « langue de bois ».

La déclaration d'investiture de Pierre Mendès France devant l'Assemblée nationale, le 3 juin 1953, consacre cette entrée du

1. Landowski (Eric), « L'opinion publique et ses porte-parole », *Documents de recherche*, 12, 1980, p. 1-35.

2. Cf. Lavau (Georges), « Les aspects socioculturels de la dépolitisation » in *La dépolitisation, mythe ou réalité* ? Paris, Presses de la Fondation nationale des sciences politiques, 1962, p. 167-207.

discours politique dans l'ère de la modernité[1]. Raymond Aron note qu'« au début de l'année 1955 les controverses sur la droite et la gauche, la droite traditionnelle et la nouvelle gauche sont revenues à la mode »[2]. Cette même année, Gilles Martinet s'interroge effectivement sur les « Possibilités et limites d'une " nouvelle gauche " » dans le numéro spécial que *Les Temps modernes* consacrent à la gauche[3]. En 1955, toujours, Maurice Bouladoux présente devant le XXVIIIe congrès confédéral de la CFTC – la future CFDT – un rapport d'orientation intitulé « Pour un syndicalisme moderne au service de l'homme »[4].

Cette invocation de la modernité est vouée à un bel avenir. A la fin des années 1980 encore, et peut-être surtout, quel responsable politique au pouvoir – ou ayant des chances raisonnables d'y accéder – ne s'en réclame pas ? Georges Pompidou avait réussi à incarner un subtil compromis entre la revendication des aspirations de la France profonde et la défense éclairée de la modernité. Valéry Giscard d'Estaing, qui soignait déjà son « look » moderne lorsqu'il était aux Finances, place la première moitié de son septennat sous le signe de la modernité. Trente ans après Pierre Mendès France, Jean-Pierre Chevènement exhume la « République moderne ». Michel Rocard et Laurent Fabius jouent à fond le registre de la modernité. Avec son retour au gouvernement, Jacques Chirac, soucieux d'améliorer son image en la « modernisant », ne se croit-il pas obligé de conclure un entretien télévisé par l'écoute d'une composition de Pierre Boulez, musicien pas forcément représentatif des goûts de son électorat mais indiscutablement « moderne », avant de s'afficher avec la chanteuse Madonna ?

---

1. « " Gouverner, c'est choisir, si difficiles que soient les choix. Choisir, c'est fixer des rangs de priorité ... Dans tous les domaines, nous aurons à transférer l'effort de l'improductif, du moins utile au plus utile ". Après ce préambule, le discours se poursuit en s'appuyant sur une série de mots remarquables qui reviennent sans cesse : productivité, plein emploi, malthusianisme économique, déficit, gaspillage, stérile ; rigueur financière, exportations, construction, investissements productifs, expansion ; moderniser, équiper, techniques modernes, concurrence ... ; progrès, redressement et rénovation de la France, une France efficace et moderne, vigueur économique et santé morale, productivité (encore), sens de l'Etat, foi, force, vigueur, rigueur, courage ». Fourquet (François), *Les comptes de la puissance, histoire de la comptabilité nationale et du Plan,* Paris, Encre-Recherches, 1980, p. 206-207.
2. Aron (Raymond), *L'opium des intellectuels*, Paris, Calmann-Lévy, 1955, p. 10.
3. *Les Temps modernes*, numéro spécial sur la gauche, mai 1955, p. 1922-1934.
4. Cf. le supplément à *Syndicalisme magazine*, 516, avril 1955, 89 p.

Paradoxalement, plus cette modernité est revendiquée par des hommes politiques de plus en plus nombreux, moins son contenu gagne en précision, s'il en eût jamais. Ce paradoxe n'est, bien sûr, qu'apparent dès lors que l'on admet qu'il est « de la nature » de la modernité de n'être « jamais clairement conçue »[1]. Allons plus loin : la modernité sert à désigner pour éviter de définir. Intervenant toujours dans des périodes de mutations économiques et sociales profondes, ce maniement d'une thématique de la modernité permet aux responsables politiques de désigner la future société en train de se faire sous les yeux de leurs administrés. Cette désignation comble un vide : l'absence de perspectives concrètes quant au devenir historique, compte tenu de la complexité croissante de l'ensemble des variables qui entrent en jeu. Elle ouvre et couvre un champ d'investigation nouveau : l'utopie, revue et corrigée à la lumière des connaissances du moment, ressourcée dans des démarches prospectivistes à prétention scientifique. Cette désignation atténue enfin les angoisses des individus confrontés à la disparition plus ou moins brutale, plus ou moins étendue, des valeurs, des statuts et des rôles sociaux anciens, alors que les nouveaux ne sont pas encore pleinement constitués. De ce point de vue, la fuite en avant à laquelle correspond l'invocation de la modernité n'est pas réductible à un phénomène de mode éphémère et superficielle[2]. Elle renvoie aux exigences d'un corps social en état, sinon toujours de crise, du moins de malaise profond. Elle dure ce que dure cette crise ou ce malaise, quitte éventuellement, si l'incertitude de l'avenir se poursuit, à actualiser la terminologie pour que l'invocation reste crédible et attractive. A la suite des courants artistiques, on invoquera ainsi, par exemple, la « post-modernité », le « post-matérialisme » ou le « néo-modernisme ».

On comprend, dans ces conditions, que la modernité ne puisse laisser indifférents les forces politiques et leurs responsables[3].

1. Balandier (Georges), *Le détour. Pouvoir et modernité*, Paris, Fayard, 1985, p. 131.

2. C'est pour souligner que la modernité n'est pas réductible à un phénomène passager de mode qu'Henri Lefebvre la distingue du « modernisme » « comme une réflexion diffère du fait ». Cf. *Introduction à la modernité*, Paris, Minuit, 1962, p. 10. Distinction que reprend à son tour Balandier (Georges), *Le détour...*, *op. cit.*, p. 131.

3. « La vie politique française la pousse par épisodes à la première place, en compagnie, tantôt du libéralisme, tantôt du socialisme, mais très nettement en avant. La modernité est ce vers quoi il faut aller collectivement. La modernisation ce par quoi elle pourrait et devrait être atteinte – à tout prix. » Balandier (Georges), *Le détour...*, *op. cit.*, p. 140-141.

Plus le malaise et la crise perdurent, plus l'exigence de son invocation se fait forte. Ce faisant, dans un régime politique démocratique, la modernité devient un élément de légitimation décisif pour quiconque prétend accéder au pouvoir ou s'y maintenir. Les différentes forces en compétition cherchent alors à s'identifier à la modernité et à s'assurer, si possible, le monopole de cette identification. Nous verrons, de fait, que les luttes partisanes de ces trente dernières années peuvent être interprétées à partir de cet enjeu. Dans cette perspective, les événements de mai-juin 1968 paraissent faire exception, constituer une parenthèse. La question reste alors entière du rôle de cette parenthèse dans l'ensemble de la période, au regard d'une problématique de la modernité. Cette question est d'autant plus délicate que, précisément parce qu'elle désigne sans définir, la modernité n'a pas un contenu arrêté une fois pour toutes, invariant pendant ces trente années : qu'y a-t-il de commun entre la modernité des années 1955-1965 et celle unanimement invoquée aujourd'hui ?

L'exercice du pouvoir est fatal, dès 1982-1983, aux espérances dont la gauche semblait porteuse. L'optimisme libéral que la coalition RPR-UDF réussit à faire partager en mars 1986 ne résiste pas davantage à l'épreuve du pouvoir. Aujourd'hui, non seulement la modernité a été confrontée à une crise économique et à une crise de société profondes, durables, mais elle tend à s'identifier à ces crises : la modernité elle-même est en crise.

Elle s'identifie, en effet, de plus en plus à l'imprévisibilité, au paraître, à l'éphémère, à la précarité des situations acquises, à l'immédiateté spectaculaire, à la mise en scène du quotidien le plus banal et à la banalisation de l'exceptionnel. La modernité facilite la standardisation des individus et l'homogénéisation des groupes sociaux en jouant sur les apparences de la différence : pour une somme relativement modique, chacun peut s'imaginer représenté au conseil d'administration de Paribas. Le corps social est censé s'effacer au profit de combinatoires de réseaux. Il n'y a plus de place que pour une micro-sociologie des micro-sociétés ou pour une sociologie de l'imaginaire [1]. La modernité valorise

---

1. « Il est d'ailleurs significatif – quoique sans pertinence – que le terme *tribu* serve parfois à désigner les regroupements résultant du double mouvement de fission et de fusion : " tribus " des jeunes qui se différencient par divers codages (apparence corporelle, vêtements, engins, lieux de réunions et affirmations culturelles) et affermissent souvent leur identité dans l'affrontement, ou " tribus " informaticiennes formées par les variétés de l'*homo consolus* ... Le travail des

l'absence de prise en compte des totalités, des ensembles, en légitimant le recours à l'hétéroclite [1]. Elle est marquée par une inflation de signes et de messages condamnés à devenir rapidement obsolètes.

Curieusement, la modernité en est arrivée à brouiller les cartes de l'ancien et du nouveau – sur lesquelles elle s'était pourtant initialement constituée – en exaltant dans un même mouvement l'inédit et le « rétro », en les rendant interchangeables. « L'homme de la modernité se situe dans une temporalité éclatée, mal repérée, dont les composantes (niveaux ou strates) s'imbriquent conflictuellement. [2] » L'accent désormais mis sur le seul sujet individuel exclut l'histoire. Tout relève du contingent. A la prévision succède le silence, au nom d'un aléatoire qui se réclame encore de la science, ou la provocation désespérée à l'appui du *No future* du mouvement Punk. D'autres, enfin, évoquent les ténèbres d'un nouveau Moyen Age [3]. Appelée à la rescousse, la philosophie n'est guère plus bavarde et tend à s'enfermer dans la réédition des grands textes du passé. Chacun enterre à sa manière l'hégélianisme.

Prétendant établir ici un bilan de 1968, nous aurons, bien sûr, l'occasion d'approfondir ces manifestations actuelles de la crise. Ce rappel était toutefois nécessaire dès maintenant, pour prendre la mesure du changement extraordinaire de contexte, durant ces trente dernières années caractérisées par une même et constante référence à la modernité.

Tentant, au début des années 1960, d'en esquisser la théorie, Henri Lefebvre caractérise d'abord les époques de modernité comme des périodes d'ironie critique succédant à des périodes dogmatiques [4]. Son propre itinéraire le conduit, en effet, à privilégier le constat de faillite de l'« homme nouveau » communiste, entériné par la diffusion du Rapport Khrouchtchev et par les événements de Hongrie.

Cette faillite consacre effectivement un tournant. Pendant près

---

individus et des collectifs se déplace du social (et de ses institutions) vers le sociétal, ses bricolages et ses expérimentations. » Balandier (Georges), *Le détour..., op. cit.*, p. 160 (souligné dans le texte).

1. *Ibid.*, p. 191.
2. *Ibid.*, p. 135.
3. Cf. l'analyse qu'en fait Eco (Umberto) in *La guerre du faux*, Paris, Grasset, 1985, p. 61-82.
4. Lefebvre (Henri), *Introduction à la modernité, op. cit.*, p. 16-51.

d'un demi-siècle, une grande partie des classes ouvrières des pays européens industrialisés ont projeté sur l'Union soviétique les espoirs d'un monde meilleur, dont les frustrait leur incapacité – pour des raisons historiques – à faire leur propre révolution. Dans le même temps, les intellectuels les plus progressistes plaçaient à leur tour, dans ces classes ouvrières européennes, leurs propres espoirs d'une transformation radicale de la société. C'est cette double projection qui s'écroule, en 1956 et dans les années qui suivent, le modèle de la Révolution culturelle chinoise ne prenant ultérieurement la relève qu'auprès d'une minorité très restreinte d'intellectuels.

Ainsi, bien que dans un monde « renversé » – conformément à la tradition marxiste dont il se réclame –, un monde « non remis sur ses pieds », la modernité serait amenée, pour Henri Lefebvre, à se substituer à l'impossible révolution, en accomplissant ses tâches : « Critique de la vie bourgeoise, critique de l'aliénation, dépérissement de l'art, de la morale, et généralement des idéologies.[1] » La modernité serait ainsi l'« ombre de la révolution, son émiettement et parfois sa caricature. De sorte qu'elle ne serait ni à rejeter d'un bloc, ni à proclamer »[2]. Vingt-cinq ans plus tard, cet optimisme tempéré surprend et porte l'empreinte de la fin des années 1950 et du début des années 1960. Que l'on condamne ou que l'on défende le capitalisme, l'apparition du thème de la modernité en politique reste conditionnée par le climat euphorique de ces années d'expansion.

Pour les uns, la faillite des régimes bureaucratiques à l'Est, l'exacerbation des contradictions et l'aliénation portée à son comble appellent à terme leur dépassement dans une approche renouvelée de la révolution. Tantôt ce renouvellement reste limité, enfermé dans un déterminisme économique repensé à la lumière de la science et de la technologie contemporaines, les spécificités de la modernité étaient minorées. Tantôt, au contraire, la modernité est privilégiée parce que permettant un radicalisme volontariste sans précédent. On fait alors l'apologie de la dérive, de la décomposition, du détournement. La révolution est repensée à partir des révoltes ponctuelles contre des aliénations quotidiennes[3].

1. *Ibid.*, p. 229.
2. *Ibid.*, p. 233.
3. Les animateurs de l'Internationale situationniste, que l'on peut considérer

Pour les autres, la modernité, c'est la participation de tous au bien-être d'une société d'abondance, enfin débarrassée de toute scorie idéologique, une société « à la satisfaction querelleuse »[1]. Les rapporteurs du « Groupe 1985 » sont formels dans leurs prévisions : ils excluent un ralentissement de la croissance, au moins jusqu'en 1985[2].

Ainsi, dans ces années 1950-1960, la modernité, loin d'être assimilée à un avenir incertain, paraît plutôt porteuse d'une évolution acquise dans laquelle chacun projette ses aspirations idéologiques. C'est dans ce contexte, à l'opposé du climat qui entoure aujourd'hui les réflexions sur la modernité, qu'interviennent les événements de mai-juin 1968 ; dans un contexte qui semble ouvert à tous les possibles, à toutes les interprétations. Cela explique sans doute l'ampleur des divergences qui vont se manifester dans l'interprétation à chaud des événements eux-mêmes.

La violence des journées de Mai – qu'il s'agisse de la violence affichée des barricades étudiantes ou de celle, plus contenue, des forteresses ouvrières en grève –, la dimension quasi insurrectionnelle de la paralysie de la plupart des services publics, l'ampleur et l'extension du mouvement dans certaines villes de province, l'omniprésence des références symboliques à l'histoire du mouvement ouvrier : autant de signes qui évoquent les grandes journées révolutionnaires du XIXe siècle et pas seulement 1936. En revanche, les appels à la libération des mœurs et à l'égalité sexuelle, les aspirations à une autre qualité de la vie, les critiques de la société de consommation suggèrent plutôt l'entrée dans le XXIe siècle. L'ambiguïté des événements est à la mesure de

---

comme « les pères spirituels des militants du " 22 mars " » – Gombin (Richard), *Le projet révolutionnaire*, Paris, La Haye, Mouton, 1969, p. 13 – incarnent l'expression paroxystique de cette sensibilité : « Il n'y a pas d'autre fidélité, il n'y a pas d'autre compréhension pour l'action de nos camarades du passé, qu'une réinvention, au niveau le plus élevé du problème de la révolution, qui a été d'autant plus arraché à la sphère des idées qu'il se pose plus lourdement dans les faits. Mais pourquoi cette réinvention paraît-elle si difficile ? Elle n'est pas difficile à partir d'une expérience de vie quotidienne libre (c'est-à-dire de recherche de la liberté dans la vie quotidienne). » *Internationale situationniste*, 7, avril 1962, p. 13.

1. Cf. Aron (Raymond), *La lutte de classes. Nouvelles leçons sur les sociétés industrielles*, Paris, Gallimard, 1964, p. 214 et suiv.

2. Ce groupe est constitué par le Premier ministre fin 1962 afin « d'étudier, sous l'angle des faits porteurs d'avenir, ce qu'il serait utile de connaître dès à présent de la France de 1985 pour éclairer les orientations générale du VIe Plan ». Cf. *Réflexions pour 1985*, Paris, La Documentation française, 1964, p. 45-46.

l'ambiguïté de la période dans laquelle ils interviennent : au moment même où ils paraissent consacrer l'échec des thèmes idéologiques consensuels de la modernité des années 1955-1965 et l'exacerbation de la lutte des classes, ils peuvent aussi être interprétés comme étant le révélateur d'une aspiration diffuse aux valeurs de cette modernité encore épargnée, à l'époque, par la crise actuelle.

Dans le processus de refoulement et d'inversion partiels que nous connaissons aujourd'hui par rapport aux revendications avancées en 1968, cette crise économique, manifeste à partir du premier « choc pétrolier », a certes joué un rôle de facilitation mais elle n'explique pas tout. Cette ambiguïté, consubstantielle aux événements de Mai comme à la modernité, est décisive dès lors que l'on cherche, vingt ans après, à en établir un bilan. Il est évidemment abusif de prétendre que Mai 1968 a jeté « les fondements d'une révolution dans la révolution »[1]. Ces événements ne constituent pas plus l'acte fondateur de la modernité qu'ils ne sont le chant du cygne de la tradition révolutionnaire. Ils correspondent plutôt à un moment intermédiaire, une « mi-temps », dans une conjoncture moderniste elle aussi intermédiaire et aujourd'hui révolue.

---

1. Yonnet (Paul), *Jeux, modes et masses, 1945-1985*, Paris, Gallimard, 1985, p. 376.

PREMIÈRE PARTIE

LES ANNÉES SOIXANTE

Quand on joue un brelan, on peut en rencontrer un autre.
Alfred de Musset, *La confession d'un enfant du siècle,*
1re partie, chap. 10.

Si la nécessité n'existe qu'*a parte post,* des hypothèses sur l'avenir politique sont raisonnablement élaborables, avec une appréciation sur leur plus ou moins grande probabilité. « Toute prévision historique doit tenir compte de ce qu'on appellera la pluralité des déterminations ou la possibilité des rencontres et des accidents. [1] » Parmi les responsables des formations politiques, personne n'envisageait, au début de l'année 1968, qu'elle serait secouée par une révolte lycéenne et étudiante de grande ampleur, encore moins par une grève générale dont Raymond Aron avait annoncé la mort peu d'années auparavant [2]. Tout au plus, était-il escompté une agitation groupusculaire et des luttes locales [3]. Un journaliste avait noté que la France s'ennuyait [4]. Les événements de mai-juin 1968 sont apparus d'autant plus « insaisissables » qu'ils n'avaient pas été prévus, parce qu'ils ne semblaient pas prévisibles [5].

1. Aron (Raymond), *Dix-huit leçons sur la société industrielle,* Paris, Gallimard, 1964, p. 375 (coll. « Idées »). *A parte post :* du point de vue de l'après.

2. Aron (Raymond), *Lutte des classes,* Paris, Gallimard, 1964, p. 20 (coll. « Idées »).

3. Anecdote significative : au séminaire de Jean-Daniel Reynaud sur « Mutations économiques et relations professionnelles » en mars 1968, nous avions exposé les résultats de notre recherche sur la région Rhône-Alpes et conclu à l'existence d'un « climat de Front populaire » (cf. Gretton (John), *Students and Workers,* Londres, Macdonald, 1969, p. 162 et 172-175). Il nous a été répondu que nous tombions dans le travers des trotskystes qui annonçaient périodiquement le soulèvement de la classe ouvrière.

4. Titre d'un article de Pierre Viansson-Ponté dans *Le Monde* (15 mars 1968) qui reprenait une expression de Lamartine en 1847 (*Le Monde, Dossiers et documents. L'histoire au jour le jour,* t. III, *1963-1973. Le printemps éphémère,* 1986, p. 167). D'où le titre d'un chapitre de Jacques Bainville dans son *Histoire de trois générations :* « Sous Louis-Philippe, la France s'ennuie d'une longue paix » (Paris, Fayard, 1934, p. 48).

5. « L'explosion de Mai 1968 n'a, en elle-même, aucun caractère surprenant ; elle n'était pas inévitable mais elle aurait dû entrer dans la logique des probabilités. » Sorlin (Pierre), *La société française ;* t. II, *1914-1968,* Paris, Arthaud, 1971, p. 243.

CHAPITRE 1

LA FIN DE LA CROISSANCE HEUREUSE

L'homme qui a lancé la formule des « trente glorieuses »[1] pour désigner les années d'expansion économique est probablement celui qui incarne le mieux, dans le champ intellectuel, l'optimisme progressiste du second après-guerre. La version définitive de son livre *Le grand espoir du XXe siècle*[2] paraît en 1958. Elle porte en sous-titre la triade « Progrès technique, progrès économique, progrès social », en exergue une sentence de Jean Monnet : « Vivre mieux en produisant mieux. » Reprenant la vision de Colin Clark[3], la conclusion assure que l'avenir appartient à la civilisation tertiaire, brillante quoique fragile. Le grand bond en avant de la production, dans cette perspective saint-simonienne[4], apprivoise la religion, apaise les nationalismes, épuise la lutte des classes. L'enthousiasme qu'il soulève conduit à sous-évaluer les coûts de la croissance, à sous-estimer ses contradictions, ou, pour reprendre une expression de Raymond Aron, à ignorer « le côté noir de la société dite développée »[5].

---

1. Fourastié (Jean), *Les trente glorieuses ou la révolution invisible de 1947*, Paris, Fayard, 1979, 299 p. (nouvelle édition, 1980).
2. Fourastié (Jean), *Le grand espoir du XXe siècle*, Paris, PUF, 1958, 249 p.
3. Clark (Colin), *The Conditions of Economic Progress*, Londres, Macmillan, 1940, XII, 509 p. (nouvelles éditions 1951, 1957). « Livre fondamental, même si toutes ces statistiques ont été depuis lors contestées, démenties ou corrigées » (Aron (Raymond), *Mémoires*, Paris, Julliard, 1981, p. 663).
4. Fourastié (Jean), *Le grand espoir..., op. cit.*, p. 241. Inventeur de l'expression « société industrielle ». Grange (Juliette), « Saint-Simon, premier théoricien de l'industrie », *Culture technique*, 7 mars 1982, p. 95-111.
5. Aron (Raymond), *Mémoires, op. cit.*, p. 410.

LES TENDANCES LOURDES DE LA SOCIÉTÉ

Le triptyque du développement scientifique, de l'expansion économique et de la modernisation sociale fournit une image simplificatrice et lénifiante des transformations auxquelles la société française est soumise sous la Quatrième République mais plus encore à partir de 1958. De multiples dimensions interréagissent au sein d'une totalité en mouvement. La floraison des néologismes en « isation » vise à traduire les processus en cours : urbanisation, taylorisation, tertiarisation, etc. En évoquant les tendances majeures de l'évolution économique et sociale, il faut éviter une interprétation unicausale, qu'elle soit radieuse ou catastrophique.

De la Libération à la fin de la Reconstruction, la France a pratiqué une politique protectionniste plus ou moins affichée. Le régime gaulliste, tout en se prévalant d'un nationalisme ombrageux, opte pour l'ouverture des frontières. Nulle contradiction dans ce pari : il découle tout autant d'une appréciation lucide sur la fin de l'empire colonial et sur le recul de ses marchés réservés que d'une ambition, hisser la France au rang des grandes puissances économiques.

De 1958 à 1968, la France s'engage donc dans la voie du libéralisme. Signé le 25 mars 1957, le traité de Rome, qui institue la Communauté économique européenne, entre en application par étapes à partir du 1er janvier 1959. A partir de 1954, le General Agreement on Tariffs and Trade patronne le Kennedy Round qui aboutit à l'accord de juin 1967 sur une réduction progressive des droits de douane, supérieure en moyenne à 30 %.

Les effets de la libération du commerce extérieur sur l'économie française ne tardent pas à se manifester. Les échanges s'accroissent, aussi bien en termes d'exportations que d'importations. Les courants commerciaux sont réorientés, au profit des pays membres de la CEE. Au cours de la décennie 1959-1968, l'appel aux produits de la zone franc progresse faiblement (de 24 points) alors que les ventes françaises diminuent (7 points). Au cours de la même période, les importations en provenance de la CEE quadruplent et les exportations à destination de la Communauté triplent.

L'accroissement continu du volume des échanges s'accompagne d'un déséquilibre. Le plan de stabilisation de 1964 entraînera une remontée du taux de couverture des importations par les exportations qui chutera à nouveau à partir de 1966. Le phénomène global de la détérioration des termes de l'échange comporte une dimension plus dangereuse encore. Le taux de couverture des biens d'équipement, évalué à 147 % en 1959, est tombé à 96 % en 1968. Une telle tendance s'accuse après 1969 ; il est cependant nécessaire de souligner qu'elle s'amorce antérieurement. Malgré les intentions affichées, l'industrialisation de l'ère gaullienne ne parvient pas à être autocentrée. Extravertie, elle est soumise à une logique de dépendance à l'égard des équipements étrangers.

Multidimensionnelle, l'internationalisation de l'économie touche tous les secteurs, en particulier l'investissement. Pour mesurer le poids des capitaux étrangers, on dispose d'un recensement effectué en 1962 et d'une note de synthèse sur les flux entre 1962 et 1970 établie par le ministère de l'Economie et des finances. De ces données, il ressort que la France a bénéficié d'apports nets de capitaux étrangers entre 1962 et 1970. L'implantation directe des Etats-Unis s'est ralentie, alors que progressait celle des pays de la CEE et de la Suisse. En retour, les investissements français sont dirigés vers l'énergie, le commerce et les services [1]. De tels flux se traduisent par une pénétration en France des banques étrangères qui passent de 19 en 1960 à 48 en 1970 et par une relance de l'implantation des banques françaises à l'étranger, spécialement en Europe.

L'internationalisation de la production et des échanges comporte un dernier trait, l'extension du tourisme à l'étranger. Traditionnellement créditrice, la balance française se détériore à partir de 1960. Le redressement de 1966 est immédiatement suivi par un déficit en 1967 et plus encore en 1968. Un nombre croissant de Français passent leurs vacances dans les pays à devises faibles. Les grandes migrations estivales concernaient les urbains et parmi eux les revenus moyens. Dans quelle mesure les sorties de l'Hexagone favorisent-elles la reconnaissance de l'étranger et le recul du chauvinisme et de la xénophobie ? Mettant en continuité le moment apparemment séparé du repos et le quotidien du travail, Alain Gras, qui entend précisément répondre à cette question de l'influence des voyages à l'étranger,

---

1. Sautter (Christian) et al., *Fresque historique du système productif,* Paris, INSEE, 1974, p. 194-197 (coll. E 27).

conclut « qu'en aucun cas il n'est justifié de voir dans l'accroissement hypothétique du temps de loisir un temps intrinsèquement favorable à l'éducation ni une garantie d'amélioration du niveau culturel et des facultés critiques »[1].

Cause et effet, l'internationalisation de la production et des échanges entraîne une restructuration de l'appareil productif et repose sur elle. Une lame de fond emporte la société française loin de ses rives agricoles. Des spécialistes évoquent une « France sans paysans »[2]. La formule signifie que le nombre d'exploitants et plus encore de salariés agricoles diminue considérablement et que le travail se mécanise. En revanche, loin de se restreindre, les productions animales, laitières, les récoltes de céréales, les fruits et légumes progressent à un rythme élevé. Seule la production viticole échappe à ce formidable essor qui fait passer la France du quatrième au deuxième rang d'exportateur mondial de produits agricoles[3].

Vers quels emplois se dirigent les agriculteurs qui abandonnent la terre ? Leur mobilité professionnelle, pour reprendre le terme consacré, les porte principalement vers le bâtiment et les industries de série[4]. Elle n'assure pas à elle seule le supplément de bras dont l'industrie a besoin. Les pouvoirs publics et le patronat recourent à l'immigration étrangère. Après une période de ralentissement, les années 1956-1970 ont enregistré une forte poussée des flux migratoires. Les entrées d'Algériens et d'Espagnols se réduisent au profit des Portugais. Les recensements, qui sont entourés d'une relative imprécision en ce domaine, aident à mesurer les grandes composantes de l'immigration[5]. Ils laissent dans l'ombre la durée de séjour qui, dans cette période, est estimée à cinq-sept ans en moyenne.

Les deux autres facteurs, qui contribuent à l'augmentation du nombre des salariés et aux modifications des structures de l'emploi, sont également connus : les répercussions du « baby boom »

1. Akoun (André) et al., *Encyclopédie de la sociologie. Le présent en question*, Paris, Larousse, 1975, p. 241.

2. Gervais (Michel), Servolin (Claude), Weil (Jean), *Une France sans paysans*, Paris, Le Seuil, 1965, 103 p.

3. Gervais (Michel), Jollivet (Marcel), Tavernier (Yves), *Histoire de la France rurale*, t. IV, *La fin de la France paysanne*, Paris, Le Seuil, 1977, p. 111-159.

4. Cf. Enquête FQP 1970. Collection de l'INSEE D 32.

5. Minces (Juliette), *La génération suivante*, Paris, Flammarion, 1986, p. 210-211.

de l'après-guerre et, dans une moindre mesure, la salarisation accrue des femmes. Les deux éléments interfèrent.

L'explosion démographique qui se produit au lendemain de la Libération se répercute presque mathématiquement au début des années 1960 sur le marché du travail.

L'allongement de la scolarité amortira les effets mécaniques de l'arrivée des jeunes sur le marché du travail. En 1959, une ordonnance, entérinant l'état de la demande sociale et les besoins de l'économie, prévoit l'extension de la scolarité obligatoire à seize ans, à partir de 1967, sans qu'une réforme d'ensemble prépare toutefois cette échéance. Les cours complémentaires deviennent simplement les collèges d'enseignement général (CEG) et les centres d'apprentissage les collèges d'enseignement technique (CET).

La tentative de mise en place d'un tronc commun, avec la création par Christian Fouchet, en août 1963, des collèges d'enseignement secondaire (CES), va être un échec et suscite une vive opposition de la FEN. Les CES comportent, en effet, quatre sections : deux correspondent au secondaire traditionnel – classique et moderne ; une correspond à l'enseignement secondaire court – les anciens CEG ; une – les « classes de transition » – recueille les élèves qui ne sont pas admis dans les trois autres. Ces dernières vont vite devenir le refuge des inadaptés au système scolaire, des « classes dépotoirs ». Le recrutement des filières et niveaux ainsi mis en place ne correspond pas, par ailleurs, aux prévisions initiales à l'origine de la réforme. Le second cycle long continue de drainer un nombre beaucoup plus important d'élèves que le second cycle court. La filière « classique » ou « moderne » l'emporte très nettement en son sein sur la filière technique.

Dans le supérieur, Christian Fouchet prévoit la création des Instituts universitaires de technologie – les IUT seront effectivement créés en janvier 1966 – destinés à pallier les lacunes en matière de formation de techniciens supérieurs et de cadres moyens. Il prévoit également un système de sélection à la fin de la première année du supérieur, qui orienterait impérativement les étudiants vers un cycle court – licence – ou long – maîtrise, 3ᵉ cycle.

C'est finalement ce projet, très amendé, qui aboutit également, en 1966, avec la suppression de la propédeutique et la création d'un diplôme universitaire d'études littéraires (DUEL) ou scientifiques (DUES) sanctionnant les deux premières années d'études en faculté, pour ceux qui veulent entrer dans la vie active pour poursuivre vers une licence et une maîtrise.

L'élargissement du système scolaire entraîne un gonflement des dépenses budgétaires qui a tendance à se ralentir à partir de 1965.

Budget de l'Education nationale

	En millions de francs	En % du budget total
1958	4 850	10,3
1959	6 460	11,8
1960	7 194	12,4
1961	7 924	12,6
1962	9 100	13,0
1963	10 836	14,1
1964	13 725	15,9
1965	15 693	16,9
1966	17 438	16,4
1967	19 450	17,0
1968	21 484	17,4

Source : Ministère de l'Economie et des finances.

La massification du secondaire et du supérieur (+ 224 % d'étudiants entre 1958 et 1968) entraîne un malaise que la multiplicité des réformes amplifie plus qu'elle n'y remédie. Lycéens et étudiants souffrent d'un enseignement mal adapté dans ses contenus comme dans sa pédagogie ; une part importante des derniers reprochent à l'Université de sélectionner les héritiers et de préparer de futurs chômeurs. L'élévation du niveau scolaire n'en produit pas moins un changement de mentalité considérable qui caractérise les générations de l'après-guerre avec leur accession à une consommation spécifique et l'émergence d'une expression « jeunes » que consacre l'émission de Daniel Filipacchi et Franck Ténot « Salut les copains ».

A partir des années 1960, 600 000 jeunes de seize à vingt-quatre ans arrivent annuellement sur le marché du travail. Parmi eux, beaucoup de filles, de telle sorte que le taux global d'activité féminine, après avoir diminué après guerre, commence à se redresser.

Le déclin du nombre d'agriculteurs et l'accroissement du nombre de salariés s'opèrent conjointement avec de vastes transferts de population active entre secteurs et branches. En tout premier lieu, il convient de signaler la régression du charbon.

Taux global d'activité des femmes
de 1946 à 1968

Années	1946	1954	1962	1968
%	32	30	27,5	28

Source : Jean-Jacques Carré et al., *La croissance française. Un essai d'analyse économique causale de l'après-guerre,* Paris, Le Seuil, 1972, p. 69. Sur les jeunes, cf. Bachy (Jean-Paul), *Les jeunes et la société industrielle,* Paris, CRESST, 1977, 127 p.

En 1950, les combustibles minéraux solides assuraient 75 % de la consommation d'énergie primaire pour tomber à 32 % en 1968. Toutefois, cet indicateur ne manifeste pas complètement l'ampleur de la récession charbonnière en France car le recul de la houille est ralenti par les importations, notamment de charbon à coke. Elle résulte de la progression de l'énergie électrique, hydraulique, thermique et nucléaire du type graphite, du pétrole et du gaz et des caractéristiques des gisements français aux couches profondes, difficiles, au minerai fréquemment pauvre. Insérés dans la Communauté européenne du charbon et de l'acier depuis 1952, les Charbonnages de France sont confrontés au problème de la surproduction européenne en 1958. En juin 1960, Jean-Marcel Jeanneney annonce un plan de réduction des objectifs et des personnels. Les prévisions d'ensemble seront respectées alors que des variations importantes se produiront au niveau des bassins. La population minière sera réduite de manière importante par le recours aux retraites anticipées, aux conversions, aux licenciements. Les effectifs dans les bassins du Nord, de Lorraine et du Centre-Midi passent de 233 000 en 1959 à 137 900 en 1969 [1]. Si l'on considère l'ensemble des industries extractives comme les agrégats des recensements le permettent, le même mouvement de repli est observé : 412 000 en 1954, 356 000 en 1962, 292 000 en 1968. Les mines de fer, de potasse, pour citer deux autres grands secteurs, améliorent leur productivité par une mécanisation accrue [2]. Elles sont affectées par une transformation des conditions de travail, par son intensification. Elles ne ren-

1. Mouriaux (Marie-Françoise), *L'emploi en France depuis 1945,* Paris, Colin, 1972, p. 107.

2. INSEE, *Tableaux de l'économie française,* Paris, INSEE, 1970, p. 206a-206d. Sur l'évolution du travail dans les mines de fer, cf. Bonnet (Serge), *L'homme du fer.* t. II : *1930-1959,* Nancy, Centre lorrain d'études sociologiques, 1977, p. 69-71, 303-306, 318-320.

contrent pas ce que Michel Toromanoff a appelé « le drame des houillères »[1].

Les autres branches, qui ont perdu de la main-d'œuvre au cours de la période antérieure à 1968, se regroupent en deux grands ensembles, le textile et les transports. En dix ans, l'habillement proprement dit diminue ses effectifs de 10 %, soit une perte de 200 000 salariés. Cuirs et peaux, textiles sont également atteints, à des degrés moindres[2]. D'autre part, la modernisation contribue aussi à la réduction des effectifs cheminots, entamée depuis 1949. Au cours de la première décennie gaulliste, la baisse de la population cheminote tourne autour de 40 000 personnes[3]. De manière un peu artificielle, nous pouvons joindre à ce second groupe les travailleurs de la navale qui, soumis à des restructurations, sont partiellement convertis ou licenciés.

A côté des secteurs sinistrés, se trouvent les secteurs maintenus comme le bois et l'ameublement, l'hôtellerie, l'hygiène et les services domestiques, les industries alimentaires. Enfin, la décennie 1958-1968 favorise l'extension de la métallurgie, du verre, de la chimie, du pétrole, des industries polygraphiques et connexes, du bâtiment et des matériaux de construction. L'industrialisation ainsi réalisée provoque tout à la fois une croissance des ingénieurs, cadres techniciens et des ouvriers.

Evolution des effectifs des salariés d'industrie
(non compris les employés)
mesurée par les recensements de 1954, 1962, 1968*

	1954	1962	1968
Ingénieurs	75 808	138 061	186 184
Cadres administratifs supérieurs	277 190	377 694	454 540
Techniciens	193 206	343 986	530 716
Cadres administratifs moyens	534 353	626 011	740 172
Ouvriers qualifiés	3 052 953	2 286 453	2 630 040
Ouvriers spécialisés	1 816 265	2 394 102	2 670 328
Manœuvres	1 125 323	1 583 394	1 597 920

(*) Un traitement très différent des qualifications ouvrières en 1954 empêche d'effectuer des comparaisons avec les recensements suivants. Source : INSEE.

1. Toromanoff (Michel), *Le drame des houillères,* Paris, Le Seuil, 1969, 143 p.
2. INSEE, *Données sociales,* 1re édition 1971, p. 19 ; Maurice (Marc), *L'économie et la société française de 1945 à 1970,* Paris, Colin, 1971, p. 96.
3. Ribeill (Georges), *Les cheminots,* Paris, La Découverte, 1984, p. 75.

Le développement numérique des ingénieurs, cadres et techniciens, de ceux que les marxistes, à l'époque, appellent les « ICT », relance le débat sur la nature du groupe « cadre ». D'aucuns affirment que la société française devient une société de cadres [1]. L'allongement de la scolarité, la multiplication des diplômes sont des tendances lourdes qui n'entraînent pas une homogénéisation des statuts sociaux. Les titres scolaires demeurent fortement hiérarchisés et si un reclassement s'opère au sein des grandes écoles avec la montée de l'ENA, polytechniciens et énarques se partagent les postes de grands dirigeants. Les pratiques matrimoniales, les réseaux amicaux s'avèrent très distincts selon les groupes sociaux. L'élévation de la consommation ne supprime nullement les différences entre styles de vie. Sous l'apparente unité du terme de cadre, jouent de multiples facteurs de différenciation. Une dénomination commune ne suffit pas pour estomper la distance qui sépare les héritiers et les promus, les diplômés et les autodidactes, la concurrence qui oppose les techniciens, les commerciaux, les gestionnaires. Certes, des intérêts communs apparaissent à travers le régime spécifique de retraite, l'expression autonome dans les institutions de représentation du personnel, les particularités du contrat de travail. Ils n'empêchent pas que la double négation qui fonde l'existence du groupe cadres, ni salariés d'exécution ni patrons, l'insère dans la logique du flou et de la dépendance. Paradoxalement, sa croissance renforce son poids dans la société et altère l'identité que lui avait donnée au départ le noyau des ingénieurs [2].

Les transformations de la classe ouvrière sont tout aussi profondes. Gérard Noiriel utilise même l'expression de « bouleversements sans précédents » [3]. Sans doute, comme le note Maurice Parodi, trois traits fondamentaux de la condition ouvrière continuent de s'inscrire dans la réalité quotidienne, la pauvreté relative, la dépendance et l'insécurité [4]. Néanmoins, avec l'ex-

---

1. Mouriaux (René), « Le syndicalisme des ingénieurs et des cadres. Histoire et historiographies », *Culture technique*, 12, mars 1984, p. 221-227.

2. Descostes (Marc), Robert (Jean-Louis), éd., *Clefs pour une histoire du syndicalisme cadre*, Paris, Les Editions ouvrières, 1984, p. 21-30.

3. Noiriel (Gérard), *Les ouvriers dans la société française. XIXe-XXe siècle*, Paris, Le Seuil, 1986, p. 210.

4. Parodi (Maurice), *L'économie et la société française de 1945 à 1970*, Paris, Colin, 1971, p. 278-282 ; Mouriaux (René), « Transformations de la classe ouvrière et idéologie du changement », *Etudes*, mars 1973, p. 337-346.

pansion, l'instauration de la Sécurité sociale et le développement du droit du travail, leur forme a considérablement évolué. Et surtout, la composition organique de la classe ouvrière se modifie au point même que des sociologues comme Pierre Belleville ou Serge Mallet parlent de nouvelle classe ouvrière[1].

En raison des modifications des catégories statistiques et des classifications, la mesure quantitative des phénomènes s'avère délicate. Du moins est-il possible de constater un plafonnement du nombre d'ouvriers professionnels, l'essor des techniciens et des ouvriers spécialisés.

Le remodelage des qualifications s'effectue sous l'influence de deux grands processus, la concentration et la taylorisation. Michel Verret a souligné avec force l'obscurité qui entoure la première notion[2]. Si l'on s'en tient à la concentration technique, il convient de reconnaître la stabilité de la taille des établissements pendant la décennie 1958-1968, ce qui plaide en faveur d'une pérennité des rapports sociaux induits par la dimension des collectivités de travail[3]. Raisonner ainsi revient à oublier l'incidence de la concentration financière qui insère des petites et moyennes entreprises juridiquement autonomes dans la stratégie des grands groupes en matière de production, d'investissement et d'emploi. A l'exception de l'automobile, le degré de concentration financière était légèrement plus faible en 1964 qu'en 1955. En revanche, à partir de 1965, un mouvement de rapprochement s'opère entre les grandes entreprises.

Au cours des années 1958-1968, le tissu industriel français ne change pas d'abord en raison d'un grossissement de ses cellules mais du fait du renforcement de la coordination interne, de la spécialisation de certains de ses réseaux, de la rationalisation de ses « procès de travail ». Nous retrouvons là le thème du progrès technique mais sous un angle plus concret, celui de la substitution du capital au travail et de la machinalisation. La croissance du capital fixe productif dépasse nettement celle des effectifs au travail. Jean-Jacques Carré estime que le cycle des années 1963-

---

1. Les deux ouvrages de Pierre Belleville et Serge Mallet, l'un et l'autre membre du PSU, sont parus en 1963.

2. Verret (Michel), *L'ouvrier français. Le travail ouvrier,* Paris, Colin, 1982, p. 18-28.

3. Carré (Jean-Jacques) et al., *La croissance française..., op. cit.,* p. 212. Cf. aussi Morvan (Yves), *La concentration de l'industrie en France,* Paris, Colin, 1972, 510 p.

Répartition de la population active, en % du total, occupée dans les établissements industriels employant plus de 10 personnes. En 1954, 1962, 1966

	Nombre des personnes dans l'établissement				
	11 à 20	21 à 100	101 à 500	plus de 500	Total
1954	8	28	31	33	100
1962	8	28	32	32	100
1966	8	28	33	30	100

Source : *Economie et statistiques*, 2, juin 1969, p. 87.

1969 se caractérise par le rythme accéléré de la substitution du capital au travail.

Sous l'effet du rajeunissement du capital, la productivité du travail augmente. Selon un lieu commun, la France se serait convertie à la production en série grâce aux missions effectuées aux Etats-Unis dans le cadre du plan Marshall. Il ne s'agit nullement de sous-estimer le rôle de cette acculturation. Néanmoins, l'industrie française n'a pas découvert la rationalisation de la production après la seconde guerre mondiale. Il suffit de nommer Henry Le Chatelier pour écarter toute vision simplificatrice du passé. A sa demande, *Scientific managment* de Taylor était traduit en 1911. Il encouragea la fondation du Comité national de l'organisation française en 1926 [1]. Alphonse Merrheim, Hyacinthe Dubreuil, Michel Collinet ont analysé la progression de l'organisation scientifique du travail et le développement des ouvriers spécialisés qu'elle entraînait [2]. Les grèves de 1936 sont aussi une réaction à la rationalisation. La multiplication des OS après 1954 ne constitue pas un phénomène inconnu, original en France. La singularité du second après-guerre réside dans la liaison réussie entre taylorisation et consommation de masse.

1. Le Chatelier (François), *Henry Le Chatelier,* Paris, éd. Le Chatelier. Revue métallurgique, 1969, 510 p.

2. Merrheim (Alphonse), « La méthode Taylor », *La Vie ouvrière,* 108, 20 mars 1914, 109-110, 5-20 avril 1914 ; Dubreuil (Hyacinthe), *Standards,* Paris, Grasset, 1930, 428 p. ; Collinet (Michel), *Essai sur la condition ouvrière,* Paris, Les Editions ouvrières, 1951, 207 p.

Dans sa version optimiste, « le progrès technique réduit la durée du travail servile »[1]. Sur le terrain, il faut constater la lenteur avec laquelle la diminution des horaires s'est produite. Pierre Naville consacre des pages éloquentes à ce sujet. De 1957 à 1968, la durée hebdomadaire a diminué dans les grands établissements, elle a augmenté dans les petits[2]. Dans ce contexte général, intervient un facteur décisif, le passage au travail posté. Dans les années 1957-1970, on assiste à une extension du travail en équipe, à la fois sous l'influence des techniques de production qui imposent un fonctionnement en feu continu et d'un souci de rentabiliser des équipements coûteux et rapidement obsolètes. Dans l'ensemble des industries de transformation, bâtiment non compris, le pourcentage d'ouvriers travaillant en équipe passe de 20,1 % en 1959 à 25,5 % en 1970, cette croissance moyenne étant modulée selon les branches. Trois industries étaient déjà fortement engagées dans le processus, les métaux, le textile, le papier-carton. Elles restent en tête. Le verre, les matériaux de construction, la chimie et le caoutchouc dépassent les 30 % en 1970.

Les enquêtes du ministère du Travail ne sont pas les seules à suivre la diffusion du travail posté. L'Institut des sciences sociales du travail (ISST) qui, dans cette période, contribue de manière centrale au déploiement de la sociologie du travail[3] s'est attaché, sous la conduite de Marc Maurice, à cerner les conséquences psychologiques du travail en équipes successives[4].

L'enquête publiée en janvier 1965 met l'accent sur la désynchronisation des rythmes de la vie humaine et de ceux de la production. Il en découle des avantages pour les individus en termes de rémunération et de temps libre. Les coûts s'avèrent être fort élevés : dissociations dans la vie familiale, distanciations des réseaux d'amitié, troubles du système digestif et du système psychonéurotique. La vie de travail est elle-même touchée : un

1. Fourastié (Jean), *La civilisation de 1960,* Paris, PUF, 1947, p. 24 (coll. « Que sais-je »).

2. *Données sociales 1973,* Paris, INSEE, 1973, p. 35-39.

3. Rose (Michael), *Servants of Post-Industrial Power ? « Sociologie du travail » in Modern France,* Londres, Macmillan Press, 1979, 266 p.

4. Delamotte (Yves), « Le centre de recherches de l'Institut des sciences sociales du travail », *Revue française du travail,* 1, janvier-mars 1963, 1, p. 3-16 ; Maurice (Marc), Monteil (Colette), « Le travail continu en équipes successives », *Revue française du travail,* 3-4, juillet-décembre 1964, p. 5-32.

nouveau type de solidarité est requis puisque chacun hérite d'un travail entamé par un autre et laissera le sien inachevé à la fin de son poste. Marc Maurice conclut : « Chacune des atteintes prises isolément n'a peut-être que rarement un caractère de gravité, mais leur accumulation, jointe à celle de l'environnement, peut dans de nombreux cas affecter gravement la vie personnelle et sociale des individus. [1] »

Le travail continu ou semi-continu ne concerne pas que l'industrie. Il s'affirme aussi dans les services publics comme les postes, les hôpitaux, les transports, les organismes de radio et de télévision. En plus des facteurs techniques et économiques, nous saisissons là une troisième dimension du phénomène, sociale, qui tiendrait à l'émergence de besoins nouveaux, à l'affirmation d'une culture urbaine caractérisant un « stade avancé » des sociétés industrielles [2].

La tertiarisation de la société, dans la période 1956-1968, est non seulement un phénomène important, elle fournit aussi une interprétation du mouvement de la société qui quitte le XIXe pour accéder à un nouvel âge [3]. Floue, la notion de secteur tertiaire apparaît plus négative – ce qui ne relève pas de l'agriculture ni de l'industrie – que cohérente. Dans le système de comptabilité nationale française, elle inclut les transports, les commerces, les banques et assurances, les administrations, les organismes privés, les services personnels. On dénombre, d'autre part, de nombreux emplois de type tertiaire dans les deux premiers secteurs.

L'extension du tertiaire se perçoit lorsque l'on reprend les données statistiques établies par l'INSEE. L'hygiène et les services domestiques plafonnent alors que les autres branches se développent.

---

1. Maurice (Marc), Monteil (Colette), *Vie quotidienne et horaires de travail. Enquête psychologique sur le travail en équipes successives,* Paris, ISST, 1965, p. 227.
2. *Ibid.,* p. 15.
3. Ce qu'évoque aussi la notion de société post-industrielle. Cf. Grunberg (Gérard), Mouriaux (René), *L'univers politique et syndical des cadres,* Paris, Presses de la Fondation nationale des sciences politiques, 1979, p. 39-40 et 54-55.

Croissance de la population active ayant un emploi dans quatre branches du tertiaire entre 1954 et 1968 (en milliers)

	1954	1962	1968
Commerce, hôtellerie	2 455	2 735	3 142
Banques, assurances	394	492	647
Hygiène, services domestiques	746	731	737
Administration, autres activités	2 138	3 060	3 299

Source : Recensements INSEE.

L'extension du commerce résulte d'un puissant mouvement de recomposition du secteur. Les petits commerçants déclinent, alors que les grandes surfaces prospèrent. Nonna Mayer a bien montré que cette « redistribution » des forces s'effectue principalement dans l'alimentation, la droguerie, l'habillement, l'électro-ménager, l'ameublement. En revanche, des activités de superflu, produits exotiques, objets antiques ou rustiques, fleurissent dans les centres ville et les rues piétonnes [1].

Pendant les premières années de la Cinquième République, le système bancaire se développe dans les cadres conçus à la Libération. L'essor de la vie économique, l'accroissement de l'épargne et du crédit à la consommation, l'augmentation de la monnaie scripturaire engendrent un gonflement des personnels. A partir du plan de stabilisation de 1963, le souci de régénérer le marché financier s'affirme ; Michel Debré le traduira en actes. Les décrets du 25 janvier 1966, du 23 décembre 1966 et du 1er septembre 1967 ont effacé la distinction entre banques de dépôt et banques d'affaires. Le 1er juillet 1966, la Banque nationale du commerce et de l'industrie (BNCI) et le Comptoir national d'escompte de Paris (CNEP) fusionnent et donnent naissance à la Banque nationale de Paris (BNP). Activité très réglementée, l'industrie bancaire est profondément secouée par la réforme Debré.

Le développement de la fonction publique alimente et traduit l'essor des dépenses publiques et l'affermissement de l'Etat gestionnaire [2].

---

1. Mayer (Nonna), *La boutique contre la gauche*, Paris, Presses de la Fondation nationale des sciences politiques, 1986, p. 27-36.
2. Maris (Bernard), *Eléments de politique économique. Les expériences françaises d'après-guerre de 1945 à 1984*, Paris, Privat, 1985, 235 p.

Au cours de la période 1958-1968, les dépenses de l'Etat régalien, en raison de l'arrêt de la guerre d'Algérie, diminuent.

*Décomposition des dépenses civiles et militaires de l'Etat par domaines**

	PP	AG	CI	TR	LUAT	ED	AS	AC	DEF	Dette	Div.	Total
1955	10,7	5,5	10,6	6,7	9,9	9,2	7,9	5,1	27,5	4,1	2,8	100
1960	13,5	3,6.	5,7	5,5	10,0	12,9	8,3	5,3	27,9	4,3	2,8	100
1965	12,3	4,3	8,1	9,1	6,0	19,0	11,1	4,6	20,0	3,2	2,2	100
1966	11,9	4,6	10,7	8,3	5,0	19,3	9,7	4,9	20,7	2,8	2,0	100
1967	10,8	4,2	8,3	7,8	4,6	20,3	13,1	4,6	20,1	3,6	2,6	100
1968	11,2	6,0	10,0	5,9	5,0	20,4	10,8	4,3	20,1	4,2	2,1	100

* Delorme (Robert), André (Christine), *L'Etat et l'économie*, Paris, Le Seuil, 1983, p. 727.
PP : Pouvoirs publics ; AG : Agriculture ; CI : Commerce, industrie ; TR : Transports ; LUAT : Logement, urbanisme, aménagement du territoire ; ED : Education ; AS : Action sociale ; AC : Anciens combattants ; Dette : Charge d'intérêts de la dette public.

En revanche, l'action sociale et industrielle se renforce et l'éducation nationale bénéficie d'une expansion considérable. Le nombre de fonctionnaires s'en ressent d'autant. Les enseignants deviennent la principale force parmi les agents titulaires, bénéficiant de l'allongement de la scolarité et de l'engouement pour la formation[1]. Les services du Premier ministre s'étoffent, manifestant de manière tangible le renforcement du pouvoir exécutif.

L'élan qui emporte la France vers ce qui est appelé alors « la société d'abondance » favorise la diffusion des biens de consommation. Le phénomène est suffisamment connu pour que nous estimions inutile de submerger le lecteur de données sur la vente des appareils ménagers, d'automobiles et de télévisions. Mentionnons la question du logement, parce que, après l'espace travail, c'est l'espace le plus fondamental, celui de la reproduction domestique mais aussi parce que, pendant les années 1958-1968, l'urbanisation de la population s'intensifie.

La crise de l'habitat a sévi pendant l'industrialisation de la France et les destructions de la seconde guerre mondiale l'ont rendue encore plus aiguë. Après l'intervention directe de l'Etat à travers les HLM au lendemain de la Libération et le système du 1 % patronal à partir de 1953, une politique plus diversifiée

1. Aubert (Véronique) et al., *La forteresse enseignante. La FEN*, Paris, Fayard, 1985, p. 191-195.

est suivie au début des années 1960. Le retard de la construction n'en demeure pas moins et fournit un des grands thèmes économiques de la campagne électorale de 1967. La dilatation des villes résulte de l'exode rural et de l'extension du tertiaire. L'industrialisation n'entraîne pas nécessairement la sortie du monde rural car le patronat organise des tournées de « ramassage » en car. De plus, pour les immigrés, les bidonvilles fournissent souvent des abris affreux mais peu coûteux.

Tableau de l'évolution de la population urbanisée de 1954 à 1968

	1954	1962	1968
Nombre de communes de plus de 2 000 habitants	2 818	3 081	3 259
Nombre total d'habitants dans les communes de plus de 2 000 hab. (en milliers)	26 780	31 106	34 825
Population totale de la France	42 777	46 520	49 779

Source : Commissariat général du Plan, *Plan et perspectives. Les villes. L'urbanisme*, Paris, Colin, 1970, p. 124.

Dans un contexte général de peuplement des villes, Paris représente une indéniable originalité géographique. De 1954 à 1962, la décroissance (– 150 000 habitants) affecte les quartiers du centre et les périphéries Est et Ouest. Entre 1962 et 1968, la dépopulation (– 109 000 habitants) concerne la quasi-totalité de l'espace parisien [1]. Echappent particulièrement à ce processus les zones de rénovation, qui favorisent également le départ des ouvriers. Paris se désindustrialise, se déprolétarise. Les grandes manifestations ouvrières continuent à se tenir dans la capitale, mais les défilés sont composés principalement de banlieusards. Un décalage s'est instauré entre l'espace quotidien des travailleurs et le lieu symbolique de leurs démonstrations qui favorise une distanciation psychologique à leur égard.

Sans conteste, le régime gaulliste a contribué à modifier profondément la société française. Le chef de l'Etat n'hésite pas à attribuer à son œuvre constitutionnelle tous les mérites de la

1. Noin (Daniel) et al., *Atlas des Parisiens*, Paris, Masson, 1984, p. 18.

réussite économique. Il valorise les succès et gomme les difficultés rencontrées. Il ne semble guère contestable que la croissance n'a pas profité également à tous les Français. Parmi les salariés, les moins avantagés sont les ouvriers agricoles, les employés de maison, les travailleurs des petites entreprises et, à un moindre degré, les fonctionnaires. La politique d'aménagement du territoire n'a pas empêché le maintien, voire l'accroissement, de déséquilibres régionaux. L'urbanisation accélérée s'est réalisée en négligeant les équipements collectifs. L'élévation du niveau de vie n'empêche pas que les disparités sociales demeurent fortement, si ce n'est exactement, perçues. Les prouesses industrielles et commerciales n'effacent pas les facteurs d'insatisfaction. En particulier, deux maux affectent la marche de l'économie, l'inflation et le chômage.

L'évolution du rythme annuel de hausses des prix pendant la période 1958-1968 ne place pas la France dans une situation trop désavantageuse par rapport à l'Allemagne. En un sens, elle favorise la croissance en diminuant le poids du crédit. Néanmoins, elle représente pour les salariés une cause d'insatisfaction, sensible surtout à partir du plan de stabilisation de septembre 1963.

Les salaires réels au cours des années 1964-1967 auront une progression ralentie de l'ordre de 3,2 % par an, alors que, dans la période antérieure, elle se situait autour de 4,9 % [1]. De telles moyennes cachent l'accentuation des inégalités de revenu et le retard du SMIG, concernant plus d'un million et demi de personnes, implique aussi une pénalisation plus forte par la hausse des prix.

La seconde cause de « frustration » réside dans la réapparition du chômage qui augmente de manière presque continue à partir de 1965.

Des nuages s'accumulent à la fin de la croissance heureuse qui n'est pas perçue comme telle. Le 3 août 1967, Georges Pompidou invite par lettre les partenaires sociaux à négocier sur l'emploi. Un accord interviendra même le 21 février 1968. Il ne suffira cependant pas à dissoudre le potentiel des mécontentements que les coûts de la croissance ont accumulés.

---

1. Baudelot (Christian), Lebeaupin (Anne), « Les salaires de 1950 à 1975 », *Economie et statistiques*, 113, août 1979, p. 15-22.

LES SOUBRESAUTS DE LA CROISSANCE

Les taux de croissance dont se glorifie alors la Cinquième République n'ont nullement empêché la manifestation d'oppositions sociales parfois très violentes. Provenant de secteurs économiques très différents, les réactions de rejet à l'égard de la modernisation technocratique ne se sont jamais agglutinées, encore moins n'ont jamais fusionné.

La grogne des petits commerçants existe sans se manifester [1]. L'échec de Pierre Poujade qui, après avoir conquis 52 sièges au Parlement (dont 11 seront invalidés), n'a pas tenu devant la vague gaulliste de novembre 1958, a contribué à engendrer le découragement et chez une minorité, par réaction, un engagement en faveur de l'OAS qui représente une autre impasse. L'effacement de l'Union de défense des commerçants et artisans permet à la Confédération des petites et moyennes entreprises (CGPME) de rétablir son influence et de tenir le rôle d'interlocuteur des pouvoirs publics. L'organisation de Léon Gingembre approuve, en 1966, le projet de loi concernant l'assurance-maladie obligatoire pour les artisans et commerçants. Le 30 novembre 1967, Gustave Deleau, délégué général adjoint de la CGPME, est élu président de la Caisse nationale d'assurance maladie (CANAM). En décembre 1968, ce représentant des indépendants envisage l'avenir avec sérénité : « Dès son application et pour une charge financière qui reste raisonnable, le nouveau régime assurera à tous une couverture sociale suffisante. [2] » Des incompréhensions sur les règles du système, des maladresses dans sa gestion provoquent une résistance. Gustave Deleau démissionne le 3 mars 1969 : un des premiers signes de l'influence qu'exercera désormais Gérard Nicoud dans le secteur des indépendants. Entre le déclin de l'UDCA et l'essor du CID-UNATI, les dix premières années de la Cinquième République auront été épargnées par l'activisme du petit commerce et de l'artisanat.

Si la République gaullienne n'a pas souffert d'une contestation ouverte et soutenue de la part des artisans et commerçants, elle

---

1. Ce que montre bien l'ouvrage de Mayer (Nonna), *La boutique contre la gauche, op. cit.*, p. 273-283.

2. *Le journal des greffiers*, décembre 1968. Cité in Roy (Maurice), *Les commerçants entre la révolte et la modernisation*, Paris, Le Seuil, 1971, p. 66.

a subi, en revanche, les assauts de la paysannerie [1]. Selon une formule de Georges Vedel, la Constitution de la Cinquième République s'appuyait sur « la France du seigle et de la châtaigne » qui, paradoxalement, n'a cessé de s'insurger contre la politique de son fondateur.

Dès décembre 1958, le monde agricole est mécontent de la suppression de l'indexation des prix agricoles sur les prix industriels qui avait été instituée par les décrets Gaillard et la loi Laborde. Les manifestations contre la politique agricole prennent de l'extension en décembre 1959. Un mort est à déplorer, le 13 février 1960, à Amiens, au cours d'une démonstration au terme de laquelle Henri Dorgères est appréhendé. En Bretagne, des affiches réclament un « Plan de Constantine » pour l'Ouest, c'est-à-dire une aide comparable à celle qui a été consentie pour l'Algérie. Le gouvernement Debré rétablit partiellement l'indexation et propose une série de réformes comme la création du Fonds d'orientation et de régularisation des marchés agricoles (FORMA) et de la Société chargée de stimuler l'exportation des produits agricoles (SOPEXA).

L'agitation reprend en Bretagne au printemps 1961. Les producteurs de pommes de terre se plaignent de la chute des cours. Le 3 juin, la sous-préfecture de Morlaix est prise d'assaut par quatre cents manifestants conduits par Alexis Gourvennec. Un homme comme Michel Le Bris, futur maoïste, sera très marqué par cet épisode. Michel Debré recherche des solutions et, le 12 juillet, le général de Gaulle assure :

> Nous devons faire de notre agriculture un élément moderne et équilibré de l'activité nationale. Cela exige que soient groupés en exploitations rentables beaucoup de domaines trop petits, que nos agriculteurs se consacrent à la qualité, qu'ils organisent leurs marchés collectifs pour vendre, acheter, conditionner, transformer en limitant les intermédiaires, qu'ils prennent à leur propre compte une large part du commerce et de l'industrie concernant les fruits de la terre.

De nouvelles mesures sont adoptées le 29 juillet, et Edgard Pisani devient ministre de l'Agriculture le 24 août.

Les manifestations agricoles se raréfient dans la seconde partie

---

1. La sociologie du monde rural est riche d'ouvrages analysant cette période. Pour ne pas multiplier les références, nous renvoyons à la bibliographie de *L'histoire de la France rurale (op. cit.)* de Michel Gervais, Marcel Jollivet, et Yves Tavernier.

de 1961. En 1962, elles cessent un temps de mettre en cause le pouvoir pour s'attaquer aux « cumulards ». Jean Gabin sera pris à partie pour ce motif. Une grève des livraisons de lait est observée en octobre 1962 dans cinq départements de l'Est.

Le nouveau ministre de l'Agriculture s'applique à engager une politique à long terme, tout en répondant aux problèmes immédiats de surproduction et de chutes des cours. A la question du lait et des primeurs s'ajoute celle des vins, et les viticulteurs du Midi protestent contre l'importation de vin d'Algérie. Des dispositions sont prises contre le cumul d'exploitations agricoles.

Les actions paysannes se poursuivent en 1963 et 1964. La grève des livraisons de lait, en septembre-octobre 1964, échouera. Le général de Gaulle voyage en Amérique latine et, en son absence, Georges Pompidou affiche une fermeté qui s'avère payante. A court terme, puisque la mise en ballottage du général de Gaulle, au premier tour de l'élection présidentielle de 1965, résulte en particulier de la désaffection des agriculteurs. Edgar Faure est choisi pour renouer avec le monde paysan. Son talent de diplomate n'empêche pas que Morlaix serve à nouveau de théâtre aux protestations des aviculteurs en décembre 1966. Le ministre de l'Agriculture crée une caisse de régularisation des marchés agricoles. Le harcèlement reprend en février 1967 et des ordonnances importantes sont promulguées, le 27 septembre, sur la coopération agricole, les groupements de producteurs, l'indemnité viagère de départ (IVD), le vin et les céréales.

Pour l'essentiel, le combat paysan, qui obtient le soutien de la droite traditionnelle et de la gauche, est mené de manière autonome, sans rapport avec la lutte ouvrière. Des militants rêvent de convergences. Les organisations de jeunesse catholiques sont favorables au rapprochement. CFDT et CNJA recherchent un terrain d'entente. Des manifestations violentes à Quimper, le 12 octobre 1967, symbolisent la possibilité d'une lutte conjointe des ouvriers et des paysans contre le gaullisme.

Bernard Lambert, leader PSU de la FNSEA de Loire-Atlantique, incarne le courant des (futurs) paysans travailleurs qui se déclarent anticapitalistes et qui entendent lier le sort des petits et moyens agriculteurs à celui de la classe ouvrière. Dans les années antérieures à 1968, leur influence est minime. Les actes de colère dont le monde paysan a été prodigue ont infléchi la politique agricole. Barrages de tracteurs, incendies de surplus, saccages de préfecture ont exprimé une violence disjointe des conflits industriels. Dans leur masse, les agriculteurs entendaient que leur jacquerie « paie » pour eux, rien que pour eux. En 1967, Alexis Gourvennec jugera que les manifestations de 1961 avaient finalement favorisé les régions concurrentes et non servi la seule paysannerie bretonne.

Sauf exception, le régime gaulliste a affronté des contestations sociales plurielles mais distinctes. Celle des salariés met non seulement en jeu les plus gros bataillons mais la tradition la plus continue et la plus cohérente de la confrontation avec l'ordre établi. Si l'on prend comme indicateur de mobilisation les statistiques de grèves, trois phases sont à distinguer entre 1958 et 1968 [1]. L'avènement de la Cinquième République et l'intensification de la guerre d'Algérie ont entraîné un tassement de l'activité revendicative. Les accords d'Evian, en 1962, libèrent les énergies qui se manifestent lors de la grève des mineurs en 1963. L'élection présidentielle de 1965 favorise une pause gréviste qui débouche sur une troisième sous-période, qualifiée quelquefois de préhistoire de Mai 1968 [2].

De 1958 à 1962, le mouvement gréviste est freiné par le conflit algérien. Le renforcement du pouvoir exécutif influe aussi sur les comportements. En 1960, les cheminots reculent devant l'épreuve de force, la menace de la réquisition ayant été brandie. Néanmoins, des actions sont menées aussi bien dans le secteur public que dans le secteur privé. A Decazeville, les victimes de la concurrence énergétique se rebellent (19 décembre 1961-23 février 1962). Leur bataille défensive se soldera par un échec ; la mine de l'Aveyron fermera. Le pouvoir gaulliste gagne cette bataille, tout en perdant de son caractère intouchable. L'idée s'établit qu'il est concevable de se dresser contre sa politique, qu'il est possible de se confronter à lui.

Après les accords d'Evian et la réforme constitutionnelle, le paysage social se modifie. La grève des mineurs (1er mars-2 avril 1963) ébranle l'autorité personnelle du chef de l'Etat. Elle montre

---

1. Les données globales par année sont publiées dans l'*Annuaire statistique de la France* (INSEE) depuis 1946. Les données mensuelles sont fournies depuis 1958 par une publication spécialisée du ministère du Travail dont le nom a changé occasionnellement. Des regroupements pluri-annuels sont présentés par *Données sociales* (INSEE 1973, 1974, 1978, 1982, 1984) et par les *Tableaux statistiques sur le travail et l'emploi* (ministère du Travail 1979, 1980).

2. Une chronologie des grèves est disponible in Mouriaux (René), Subileau (Françoise), *Données statistiques concernant le syndicalisme des salariés en France (1945-1986). Document de travail,* Paris, CEVIPOF, 1986, 40 p.

l'efficacité de l'unité d'action syndicale. La CFTC fait preuve d'une combativité qui surprend la CGT. L'évolution qui est en cours dans ses rangs intervient de deux manières dans son durcissement revendicatif. Son aile gauche n'oublie pas qu'elle a tiré avantage de sa pugnacité en 1953 face à la direction confédérale lors de la grève du secteur public et entend se poser en rivale de la centrale de Benoît Frachon. Le courant attaché au caractère confessionnel de la Confédération sait la place stratégique qu'occupe la fédération des mineurs. Il affiche sa résolution pour mieux conserver son influence à l'intérieur de l'organisation.

La lutte des mineurs, résolue, intense, prolongée, spectaculaire, bénéficie d'un large soutien de l'opinion. L'ordre de réquisition a été bafoué. Les appels à la sagesse ont été éconduits. Après avoir affiché l'intransigeance, le gouvernement est contraint de négocier. L'accord du 2 avril comporte une hausse immédiate des salaires de 6,5 % portée à 12,5 % au 1er avril 1964, l'attribution d'une quatrième semaine de congés payés et la constitution d'une table ronde destinée à étudier l'avenir de la profession.

Dans l'immédiat, une leçon est tirée de l'événement : le pouvoir a reculé. Un peu « grisés par ce succès »[1], des syndicalistes de la RATP arrêtent, à l'improviste, le trafic du métropolitain. S'appuyant sur une réaction défavorable des usagers, le gouvernement Pompidou fait adopter par le Parlement, en juillet 1963, la règle du préavis dans les services publics. Une telle contre-offensive n'abolit pas le choc provoqué par la grève des mineurs. Des luttes d'importance sont menées dans le secteur privé, avec la participation de techniciens et même d'ingénieurs. Les doctrinaires de la nouvelle classe ouvrière s'appuient sur ces phénomènes pour justifier leur thèse. En particulier, le conflit Neyrpic (décembre 1962-juillet 1963) retient l'attention par sa violence et pour ses visées gestionnaires.

L'année 1965 est marquée par une chute de l'activité gréviste. La profession de foi du CNPF annoncée le 19 janvier 1965 indiquait une accentuation du libéralisme porteuse de réactions contraires de la part des salariés[2]. Des conflits éclatent chez Peugeot, Berliet. Néanmoins, « le retour offensif des syndicats »

---

1. Lefranc (Georges), *Le mouvement syndical de la Libération aux événements de mai-juin 1968,* Paris, Payot, 1969, p. 176.
2. Reproduit in Reynaud (Jean-Daniel), *Les syndicats en France,* Paris, Colin, 2e éd., 1966, p. 55-57.

se calme, nettement à partir d'octobre 1965, avec l'approche de l'élection présidentielle. Au total, le nombre de journées de travail perdues au cours de l'année 1965 s'avère être le plus faible depuis 1947.

La relance de la combativité observée au cours de la séquence 1962-1965 est amplifiée dans les années 1966-1968. Le plan de stabilisation, la fermeté du patronat accroissent le mécontentement des salariés. L'accord conclu entre la CGT et la CFDT, le 10 janvier 1966, résulte en partie de la déconfessionnalisation effectuée en 1964 par l'équipe d'Eugène Descamps mais tout autant d'une conjoncture sociale apparemment bouchée alors que la logique de la croissance continue à inspirer analyses et comportements.

L'entente scellée entre la CGT et la CFDT favorisera les luttes à la base et comportera l'organisation de journées nationales d'action dont la portée est mitigée. Des arrêts de travail sont observés à la RATP (mars), à l'EDF, à la SNCF (avril) pour contrecarrer la politique salariale dans le secteur public. Une grève générale est organisée le 17 mai 1966. La démonstration de la CGT et de la CFDT rencontre un large écho. Elle manifeste l'autorité retrouvée du mouvement syndical et l'efficacité de l'unité d'action.

Les mouvements suivants ne posséderont plus la fraîcheur ni l'allant du 17 mai 1966.

Tableau des actions communes CGT-CFDT entre 1966 et 1968

17 mai 1966 :	grève générale
14 juin 1966 :	journée nationale d'action dans le secteur privé avec manifestation dans le secteur public et nationalisé
23 novembre 1966 :	journée de manifestations de caractère national
1er février 1967 :	grève nationale de 24 heures
17 mai 1967 :	grève nationale contre les pleins pouvoirs
9-14 octobre 1967 :	semaine d'action
13 décembre 1967 :	journée nationale d'action interprofessionnelle

Les journées nationales contribuent à la réalisation de l'action de masse. Elles assurent une mobilisation. Elles tentent un élargissement. Leur caractère répétitif et rituel – Jacques Delors parlera de « grand-messe » à cette époque – est discuté dans les rangs de la CFDT et de manière plus discrète et limitée dans ceux de la CGT[1]. La présence du PCF dans le cortège parisien du 17 mai 1967 et son officialisation, le 13 décembre, provoquent des réactions en retour. La crainte de la récupération se développe au sein de la CFDT. L'unité d'action se dégrade avec des polémiques sur les rapports syndicats-partis et, en février 1968, avec la signature solitaire par la CGT d'un accord sur le chômage partiel.

Les journées d'action apportent donc à la dynamique gréviste une stimulation et, dans le même temps, accroissent, révèlent ses limites et ses contradictions. Les attentes ne sont pas identiques chez tous les travailleurs. Toutefois, dès la fin de l'année 1966, un durcissement se constate dans les luttes d'entreprise, en particulier avec le conflit Dassault.

Le 23 décembre 1966, les bureaux d'études de l'avionneur à Bordeaux cessent le travail afin d'obtenir l'alignement sur les salaires de Paris. Après cinq semaines d'arrêt, la direction ferme l'usine. Si la reprise du travail a lieu, les négociations ne se concluent qu'au moment où les revendications trouvent une satisfaction complète.

Les syndicats de Rhodiaceta (Besançon), de Berliet (Vénissieux), les Chantiers de l'Atlantique et Sud-Aviation (Saint-Nazaire) engagent alors, et d'une manière comparable, des actions qui ne reculent pas devant la violence. L'automne 1967 comporte des affrontements au Mans et à Mulhouse. En fin d'année, un tassement s'opère. A la SNCF, la grève des 17-20 novembre ne sera lancée et soutenue que par la CGT.

Début 1968, se déroule un conflit très dur à la Saviem (Caen). Les heurts avec les forces de l'ordre atteignent une intensité telle que Jean Lacouture parle de « la semaine chaude de Caen » (*Le Monde,* 7 février 1968). Les jeunes ouvriers ont fait preuve d'« une espèce de frénésie désespérée » (*France-Soir,* 30 janvier 1968). Communicative aussi, car la grève s'étend à d'autres firmes (Sonormal, Jaeger, Moulinex, Radiotechnique). La Bretagne est aussi gagnée à l'agitation ouvrière : Fougères, Quimper, Redon s'illustrent par des conflits qui appartiennent à ce que Antonio Lettieri appellera « la préhistoire de Mai »[2].

---

1. Capdevielle (Jacques), Mouriaux (René), *Les militants de la CGT et de la CFDT,* Paris, Fondation nationale des sciences politiques, 1969, p. 151-173.

2. Lettieri (Antonio), Santi (Paolo), « La préhistoire de Mai », *Politique aujourd'hui,* 5, mai 1969, p. 33-51.

Nombre de journées perdues
pour fait de grève sous la Cinquième République

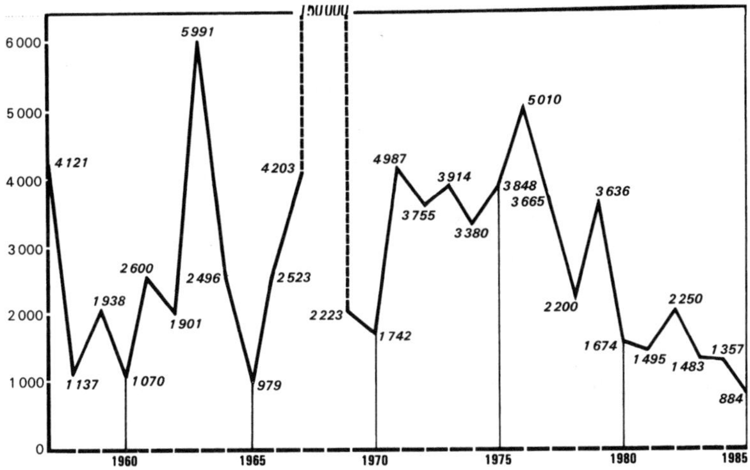

Source : ministère du Travail

Les grèves immédiatement antérieures à Mai 1968 présentent cinq caractéristiques. Provinciales, elles visent à obtenir l'alignement des salaires sur Paris et assurer l'emploi sur place. La décentralisation industrielle est vécue comme un moyen d'exploiter des gisements de main-d'œuvre à bon marché.

Cette dimension spatiale est bien résumée par la carte établie par Alain Delale et Gilles Ragache[1], deux acteurs analystes de 1968.

Le second trait commun des luttes pré-soixante-huitardes réside dans la part qu'y prennent les jeunes. Les ouvriers des nouvelles générations se prononcent en faveur de mots d'ordre durs comme l'arrêt de travail illimité et recherchent volontiers l'affrontement physique.

Dans cette orientation, les jeunes ouvriers rencontrent souvent l'appui de la CFDT qui se situe en flèche, alors que la CGT alerte sur les provocations, critique l'intervention de groupes gauchistes et, d'une manière générale, vise à « calmer le jeu ». Le décalage, qui s'affirme au sommet entre les deux principales

1. Delale (Alain), Ragache (Gilles), *La France de 68*, Paris, Le Seuil, 1978, p. 37.

L'agitation sociale avant mai

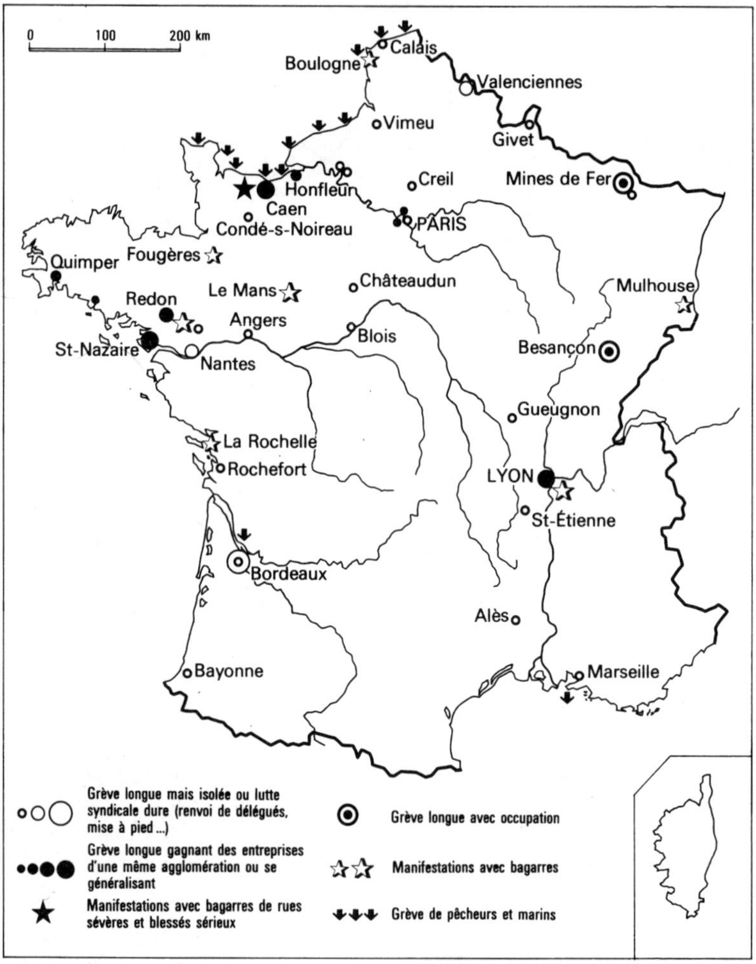

Delale (Alain), Ragache (Gilles), *La France de 68,* Paris, Le Seuil, 1978.

centrales syndicales dans l'action revendicative, se constate à la base lors des conflits locaux.

La quatrième particularité des luttes de l'époque, que nous avons déjà évoquée, tient à la place de la violence. Le patronat recourt, d'une manière quasi systématique, aux forces de l'ordre. Evacuations d'usines et manifestations fournissent autant d'occasions de heurts que les plus jeunes saisissent.

Enfin, les travailleurs perçoivent leurs luttes comme des actions limitées, relativement séparées. Certes, localement, des phénomènes de contagion sont perceptibles. Néanmoins, face à un mur dressé en commun par le patronat et le gouvernement, « la classe ouvrière ne prend pas conscience de ce qui peut constituer un élément unificateur »[1]. D'une manière parallèle, les responsables politiques et économiques ressentent la dégradation de la situation sociale, ils n'envisagent nullement qu'elle conduise à un affrontement majeur. Lorsque le général de Gaulle salue, lors de son allocution du 31 décembre 1967, l'année 1968 « avec satisfaction, parce que, grâce à l'intéressement du personnel aux bénéfices d'un grand nombre d'entreprises, elle va marquer une importante étape vers un ordre social nouveau », il affiche une sérénité qui n'est pas que de façade. D'ailleurs, il explique : « Au total, et à moins de graves secousses qui bouleverseraient l'univers, notre situation continuera de progresser et tout le monde y trouvera son compte.[2] » En invitant les partenaires sociaux à négocier, Georges Pompidou estime avoir mis en place le contre-feu nécessaire et suffisant. L'effervescence étudiante surprendra cette analyse et cette stratégie.

A la différence de nombreux pays étrangers comme les Etats-Unis, le Japon, l'Allemagne de l'Ouest, le mouvement étudiant apparaît, en France, affaibli et éclaté[3]. Depuis la fin de la guerre d'Algérie, l'UNEF n'a cessé de fondre. De 100 000 adhérents en 1962, elle plafonne à 45 000 en 1968. La chute des effectifs se double d'une perte d'audience et de querelles internes manifestées par la démission de son président Perraud en avril 1968. La crise

1. Gauron (André), *Histoire économique et sociale de la Cinquième République,* Paris, Maspero, 1983, t. 1, p. 120.

2. *Année politique 1967,* Paris, PUF, 1968, p. 400.

3. Dans une littérature très abondante sur l'état du mouvement 7tudiant avant 1968, mentionnons Fields (Belden A.), *Student politics in France,* New York, Londres, Basic Books, 1970, 198 p. ; Maupeou-Abboud (Nicole de), *Ouverture du ghetto étudiant,* Paris, Anthropos, 1974, 388 p.

de l'UEC a favorisé l'émergence d'organisations trotskystes et maoïstes. La lutte pour la paix au Vietnam, dans les années 1966-1968, permet une certaine mobilisation en milieu universitaire mais aussi lycéen. Les réformes gaullistes du système scolaire suscitent aussi des inquiétudes, mais des perspectives communes se dessinent plus difficilement à ce sujet. Un courant anarchiste juge irrécupérable l'Université. Des associations locales entendent régler partiellement les problèmes des cités universitaires. Transformer la culture, acquérir un statut d'adulte, obtenir des débouchés, suivre un cursus cohérent, autant d'objectifs qui s'entremêlent sans fusionner. Le refus du plan Fouchet masque les différences qui sont exacerbées par la multiplicité des groupes en concurrence. La jeunesse française, à la veille de Mai 1968, apparaît largement rebelle, sans que personne ne puisse penser à son insurrection collective. Seule la dynamique propre d'une situation originale transformera les potentialités d'une révolte étudiante en un mouvement national qui provoquera la grève générale.

CHAPITRE 2

UNE VIE POLITIQUE BLOQUÉE

Le 28 septembre 1958, 66,41 % des inscrits – 17 668 790 Françaises et Français – se prononcent pour le *Oui* au référendum sur la Constitution de la Cinquième République, 17,37 % la refusent, 15,06 % s'abstiennent et 1,14 % votent blanc ou nul[1]. Faut-il limiter la « préhistoire » politique des événements de mai-juin 1968 à cette date, s'en tenir à ces dix ans dont les manifestants estiment et scandent, le 13 mai 1968, que « ça suffit » ?

1958 représente effectivement une césure dans notre histoire contemporaine. Les règles du jeu politique sont redéfinies au détriment de toute notre tradition républicaine ; pour la première fois de notre histoire, une République « naît à droite »[2]. Pourtant, le malaise politique qui, à gauche, accompagne cette naissance existait antérieurement. L'échec de la coalition du Front républicain, issue des urnes en 1956, va hanter une grande partie des consciences de gauche dans les années 1960. Avant cet échec, celui du gouvernement de Pierre Mendès France, en 1954, a laissé des meurtrissures tout aussi durables.

Nous venons de voir que la modernisation économique et sociale de notre pays s'accélère sous la Cinquième République mais qu'elle commence dès le milieu des années 1950. Or c'est dans ces mêmes années que se répand, en France mais aussi à l'étranger, l'idée selon laquelle on observerait « une tendance à la dépoli-

---

1. Goguel (François), Lancelot (Alain), Ranger (Jean), « Analyse des résultats » in *Le référendum de septembre et les élections de novembre 1958*, Paris, Presses de la Fondation nationale des sciences politiques, 1960, p. 282.

2. « Depuis la Révolution jusqu'à la Cinquième République, le renforcement du pouvoir législatif est assimilé à la démocratie et revendiqué par la gauche, tandis que la restauration du pouvoir exécutif évoque la monarchie ou le césarisme, ce qui l'associe à la droite. » Duhamel (Olivier), *La gauche et la Cinquième République*, Paris, PUF, 1980, p. 11-12.

sation dans les démocraties modernes »[1]. Si le malaise politique français préexiste à 1958, les conditions du retour au pouvoir du général de Gaulle, l'issue longtemps incertaine de la question algérienne et l'apathie apparente de l'opinion le renforcent. Le nouveau pouvoir, pour consolider son avantage, n'a de cesse d'identifier les partis aux forces du passé et plus particulièrement ceux de gauche. Ceux-ci attendaient de la fin de la guerre d'Algérie un retour aux pratiques parlementaires traditionnelles. Ils sont confrontés à un tournant irréversible dont tous ne mesurent pas immédiatement l'importance, avec la réforme constitutionnelle de 1962. Le « cartel des *Non* » – qui regroupe l'ensemble des partis de gauche et le MRP – ne réunit que 28,29 % des inscrits, tandis que 46,66 % se prononcent en faveur de l'élection du président de la République au suffrage universel. Les élections législatives qui suivent, en novembre, confirment cet échec de la gauche.

En même temps, le débat sur la politique économique et sociale est relancé par les conséquences de l'ouverture européenne, par la fin de la ruralité et l'urbanisation accélérée, par les problèmes de l'enseignement, par la préparation du Ve Plan et par la grève des mineurs.

Il y a donc, d'un point de vue politique, à la fois des ruptures successives et une continuité entre le milieu des années 1950 et les événements de mai-juin 1968. La continuité, c'est surtout une certaine tonalité saint-simonienne apparue au cours de l'expérience Mendès France et revendiquée ensuite, aussi bien par une partie du gaullisme que par la « gauche moderne ». Celle-ci célèbre la fin des idéologies et oppose les « forces vives » au conservatisme notabiliaire. Les clubs se multiplient au début des années 1960. L'opinion ayant largement accepté le principe de l'élection du chef de l'Etat au suffrage universel, la « gauche moderne » cherche à s'appuyer sur cette réforme pour imposer son projet de modernisation politique. Elle se heurte à un handicap majeur : le rejet catégorique, par Mendès France, des institutions de la Cinquième République. L'échec de la tentative Defferre et le succès relatif de François Mitterrand qui parvient à mettre le général de Gaulle en ballottage, en 1965, marginalisent

---

1. L'Association française de science politique réserve un accueil critique à cette notion dès 1960 ; cf. Vedel (Georges), « Rapport introductif » in *La dépolitisation, mythe ou réalité ?* Paris, Presses de la Fondation nationale des sciences politiques, 1962, p. 7-24.

cette « gauche moderne » et contribuent à sortir le PCF de son isolement. Ce dernier procède, au même moment, à une actualisation de son analyse des sociétés capitalistes développées en adoptant les thèses sur le capitalisme monopoliste d'Etat (CME) sur lesquelles il va fonder sa stratégie d'alliance antimonopoliste. Entre les modernistes et les communistes, ne se démarquant pas toujours nettement des premiers, la « nouvelle gauche » des années 1960 privilégie l'analyse des transformations de la classe ouvrière et la critique du « néo-capitalisme ».

Tandis que les consultations électorales confirment, à partir de 1965, l'usure du pouvoir, le débat politique est donc particulièrement nourri et renouvelé, à gauche du moins, pendant les années qui précèdent les événements de 1968. Et pourtant, la France semble bien s'ennuyer. Nous verrons, en effet, que cette effervescence de la réflexion politique ne se concrétise guère sur le terrain. Les clubs se multiplient mais ils ne recrutent que des élites assez restreintes. Le centre gauche, avec Gaston Defferre, et le centre droit, avec Jean Lecanuet, échouent dans leur tentative de constitution d'une majorité de rechange, de type troisième force. Le général de Gaulle a gagné son pari : donner à la France des institutions et un mode de scrutin électoral qui mettent fin à l'instabilité chronique du pouvoir, qui interdisent le regroupement à géométrie variable des centres, qui enracinent le fait majoritaire. Mais là où il prévoyait un face à face entre les communistes et tous les autres, c'est le face à face gauche droite qui s'impose. La gauche est-elle en mesure de prendre la relève, de réaliser l'alternance ? Aux espoirs suscités par la mobilisation de l'Union de la gauche en 1965, succèdent les péripéties bureaucratiques qui accompagnent la création de la Fédération de la gauche démocrate et socialiste (FGDS). Celle-ci poursuit, avec le PCF, une confrontation de leurs divergences et de leurs convergences qui traîne en longueur et se limite de toute façon à des échanges au sommet. De nombreux représentants de la jeunesse ont été éloignés de la scène politique ou marginalisés dans des groupes ultra-minoritaires, par les crises des mouvements de jeunes catholiques et communistes. Face à cet immobilisme de la scène politique qui contraste avec l'ampleur des transformations économiques et sociales, les organisations syndicales – mises en avant de l'actualité, nous venons de le voir, avec la reprise des conflits sociaux – tendent à apparaître comme l'ultime recours.

LE RENOUVEAU IDÉOLOGIQUE DE LA GAUCHE FACE À UNE MODERNITÉ DISPUTÉE

On a souvent insisté sur la relation ambiguë que le gaullisme entretient, au moins au début de la Cinquième République, avec la gauche. Si les nouvelles institutions sont effectivement issues d'un « coup de force » et si elles sont légitimées par une « investiture imposée »[1], c'est malgré tout avec la caution de la SFIO et d'une partie non négligeable de l'électorat communiste[2].

En fait, c'est beaucoup plus fondamentalement avec la modernité que le gaullisme entretient une relation parfaitement ambivalente, à l'image même de cette notion.

La campagne des gaullistes aux élections législatives qui suivent le référendum, en novembre 1958, est axée sur l'opposition du nouveau à l'ancien, avec pour slogan essentiel : « Des hommes nouveaux pour une République nouvelle. » Aux yeux d'une opinion qui a majoritairement ratifié le changement de régime, la gouaille du général de Gaulle fustigeant « les hommes du passé » vient régulièrement tempérer un comportement qui pourrait être jugé trop monarchique. La modernisation socio-économique commencée sous la Quatrième République rendait nécessaire un renforcement de la traditionnelle régulation économique conjoncturelle et impliquait un élargissement des interventions sectorielles et géographiques de l'Etat. De ce point de vue, les pouvoirs nouveaux de l'exécutif et sa stabilité s'inscrivent dans la quête d'une modernisation politique apparue au lendemain de l'expérience du gouvernement Mendès France[3].

Ainsi, le retour au pouvoir du général de Gaulle – qui, avec son passé militaire, son verbe classique et son nationalisme affiché, évoque davantage le passé que l'avenir, en cette seconde moitié du XXe siècle – s'accompagne d'un regain des approches saint-simoniennes du politique. L'idée selon laquelle l'évolution économique moderne condamnerait les forces politiques traditionnelles, appelées à terme à faire place à un gouvernement d'experts, n'est certes pas propre à la France gaulliste des années

1. Cf. Duhamel (Olivier), *La gauche..., op. cit.*, p. 39-44.
2. Le 23 novembre, au premier tour des élections législatives, le PCF perd plus de 1 600 000 voix par rapport aux législatives précédentes, en 1956.
3. Cf. Hoffmann (Stanley), « La confluence des modernités », *Pouvoirs*, 37, 1983, p. 31-37. Félix Gaillard n'a pas eu le temps de se poser comme personnage de l'avenir.

1960 et ce n'est pas non plus une idée neuve. Les catholiques sociaux s'en réclament déjà au début du siècle, rejoints dans l'entre-deux-guerres par certains « Jeunes Turcs » du Parti radical et par le courant néo-socialiste. Vichy la met en pratique en érigeant le corporatisme en principe de gouvernement. A la Libération, des hauts fonctionnaires comme Gabriel Ardant, Claude Gruson, Louis Armand, Etienne Hirsch, Simon Nora, François Bloch-Lainé, etc., et des patrons réformistes comme Jacques Warnier – président de l'Association des cadres dirigeants de l'industrie –, plus ou moins fascinés par l'Amérique, veulent transposer les méthodes du management à la direction de la politique de reconstruction nationale [1].

Cette approche connaît toutefois une impulsion nouvelle avec la mise en place des institutions de la Cinquième République. Une partie du personnel politique gaulliste ne manque pas une occasion pour opposer aux divisions partisanes, responsables, selon elle, de la faillite de la Quatrième, la nécessité d'une unité nationale consensuelle qui passe par une dépolitisation des problèmes. Michel Debré le rappelle en s'adressant à la nouvelle Assemblée nationale, le 15 janvier 1959 :

> La République nous impose une autre obligation. Il est nécessaire, dans l'intérêt national, de faire échapper nos problèmes vitaux aux discussions partisanes – en quelque sorte de les « dépolitiser » ... La dépolitisation de l'essentiel national est un impératif majeur [2].

Déjà auparavant, la campagne gaulliste aux élections législatives s'est caractérisée par « un retour à la politique locale et une volonté pour ainsi dire sans précédent de ne pas discuter les questions les plus importantes » [3]. Cette identification de la modernisation politique à sa dépolitisation n'est pas neutre dans la tradition politique française. Recensant les différentes utilisations du thème de l'apolitisme dans notre pays, Marcel Merle reconnaît sa dimension essentiellement conservatrice, qu'il s'agisse d'un

1. Cf. la description humoristique du portrait-charge du technocrate et son plaidoyer que nous donnent, en 1963, Touchard (Jean), Solé (Jacques), in *La planification comme processus de décision*, Paris, Presses de la Fondation nationale des sciences politiques, 1965, p. 23-34.

2. Cité in Merle (Marcel), « Inventaire des apolitismes en France » in *La dépolitisation..., op. cit.*, p. 51.

3. Williams (Philip M.), Harrison (Martin), « La campagne pour le référendum et les élections législatives » in *Le référendum d'octobre et les élections de novembre 1962, op. cit.*, p. 30.

apolitisme tactique en vue, par exemple, d'une échéance électorale – Antoine Pinay en 1951, Pierre Poujade en 1956 [1] – ou qu'il s'agisse d'une tentative plus systématique de dépolitisation, généralement à l'appui d'un régime autoritaire. A la politisation sera alors opposée la gestion, à l'amateurisme la compétence, aux divisions l'union.

Le gaullisme illustre donc et exprime au départ la modernité, et il en est en même temps la négation. Cette ambivalence fondamentale qu'il entretient au regard de la modernité explique l'ambivalence de la gauche – analysée par Olivier Duhamel – au regard du gaullisme et des nouvelles institutions. Non seulement la gauche doit, sous peine de disparaître, remettre en question près d'un siècle de pratique parlementaire et républicaine, mais elle doit également soit se rendre à même de se substituer au gaullisme comme incarnation de la modernité, soit combattre cette exigence de modernité en la démystifiant.

Dans les deux cas de figure, surtout après la réforme constitutionnelle de 1962, la gauche est renvoyée à un préalable : la réactualisation de ses analyses du rôle de l'Etat et de ses conceptions de la démocratie. D'où cette multiplication des clubs, des colloques, des tendances organisées ou pas au sein des partis, ce foisonnement d'ouvrages, de revues, de bulletins qui donnent à la gauche le quasi-monopole de l'animation du débat politique, dans les années 1960, avec une nette dominante technocratique dans l'approche des problèmes.

« Dépolitisation », technocratie et « forces vives » : la gauche moderne

Si l'on peut parler de « dépolitisation revendiquée » à propos du vocabulaire gaulliste, elle est, en revanche, déplorée à gauche où le terme apparaît dans *L'Express* sous la Quatrième République, au lendemain des élections du 2 janvier 1956 [2]. Pour cette fraction de la gauche qui refuse la dépolitisation et qui accepte la modernisation sans se résigner pour autant à laisser à la droite le monopole de la modernité, la marge de manœuvre est étroite

1. « L'apolitisme tactique est, en réalité, l'apanage de toute la droite française et pourrait être considéré comme le critère décisif de la distinction entre la droite et la gauche. » Merle (Marcel) in *La dépolitisation..., op. cit.*, p. 46.

2. Touchard (Jean), « L'apparition du terme de dépolitisation », *La dépolitisation..., op. cit.*, p. 27-32.

à partir de 1958. L'agrégat de sociétés de pensée, de clubs, d'hebdomadaires qui se reconnaissait dans la « nouvelle gauche » s'efforce de réhabiliter l'engagement politique des citoyens sans nier pour autant l'exigence de la modernité. Pour ce faire, elle va tenter de substituer à l'alternative, traditionnellement conservatrice, qui oppose la dépolitisation à la politisation, une alternative novatrice opposant les « forces vives » aux partis traditionnels. Cette nouvelle gauche revendique donc un rôle politique accru pour les « forces vives » du pays. Face aux carences des partis, leur mobilisation politique constituera une réponse à la dépolitisation qui, sinon, risque de déboucher sur un exercice de plus en plus technocratique du pouvoir. Dépolitisation, technocratie, « forces vives » : ces trois termes sont désormais associés et l'on observe, dans les années 1960, simultanément à une référence incantatoire aux « forces vives » une floraison d'ouvrages consacrés à la technocratie.

Ce désir de renouveau et de transformation est une constante, au sein d'une partie de la gauche, relancée par la rupture du tripartisme en 1947. C'est dans ce contexte que la « nouvelle gauche » apparaît initialement, avec des chrétiens de gauche du Mouvement de libération ouvrière et du Mouvement de libération du peuple, de la Jeune République, de l'Union progressiste, avec le Club des jacobins, créé en 1951 dans l'orbite de Mendès France, avec des transfuges du MRP et du Cartel des gauches indépendantes. L'étiquette « nouvelle gauche » remporte son premier succès à l'élection municipale du Havre, le 16 mai 1954. C'est toutefois à l'issue de l'expérience du gouvernement Mendès France qu'elle va rencontrer une audience nationale. Des comités de soutien à Mendès France se multiplient, avec l'appui de *L'Express* et de Jean-Jacques Servan-Schreiber, pour préparer son retour au pouvoir à l'occasion des élections de 1956. Cette nouvelle composante de la « nouvelle gauche » s'impose et relègue les autres au second plan, en même temps qu'elle s'en démarque au fond. Pour « la nouvelle gauche des trois M » – François Mauriac, André Malraux et François Mitterrand ont appelé à soutenir Pierre Mendès France – le « style », la façon de gouverner l'emportent sur le contenu du programme et, mais c'est en partie lié, le dialogue avec les communistes n'est pas à l'ordre du jour[1].

1. Le thème du « rééquilibrage » en faveur de la gauche non communiste,

Ainsi, dès le milieu des années 1950, la société française, qui a déjà largement entamé sa modernisation économique et sociale, trouve un homme en qui incarner sa modernisation politique dans le cadre parlementaire de la Quatrième République[1].

1958 redistribue brutalement ces cartes : la modernité risque d'autant plus de s'incarner dans la personne du général de Gaulle et dans l'institution présidentielle que Mendès France s'enferme dans la défense intransigeante des prérogatives révolues d'un Parlement discrédité aux yeux de l'opinion. L'isolement accru du PC et les compromissions de la SFIO avec le nouveau régime laissent pourtant un terrain d'action inespéré – à défaut d'une organisation unifiée et efficace – pour les éléments de la « nouvelle gauche » qui ne rallient pas le gaullisme. C'est dans cette conjoncture que se développent les tentatives de mobilisation des « forces vives » qui se réclament, au sein de la « nouvelle gauche », de la « gauche moderne ».

Sans que leurs promoteurs en aient toujours conscience, les « forces vives » correspondent d'abord à la substitution d'un mythe à un autre, la relève du mythe de la modernité après la marginalisation de Mendès France. De fait, nombre de ceux qui, dans les clubs, théorisent sur les « forces vives » ou entendent se consacrer à leur formation politique, sont les mêmes qui, avant

---

dont on connaît la fortune ultérieure, est déjà présent. André Malraux déclare à *L'Express* du 25 décembre 1954 : « Alors que toute la gauche française, depuis la Libération, s'est conçue comme un satellite du communisme, une situation nouvelle subordonnerait électoralement le PC à la gauche. » Même son de cloche de François Mitterrand la même année, dans *Combat* : « Nous ne considérons pas que les millions de gens qui votent communiste soient définitivement perdus pour la nation. Le PC a connu une baisse d'effectifs lorsque l'on a agi sur le plan social. C'est sur le plan des idées et des réalisations qu'il faut combattre le communisme. » Cité in Nay (Catherine), *Le noir et le rouge ou l'histoire d'une ambition*, Paris, Grasset et Fasquelle, 1984, p. 217.

1. « Le ton n'est pas celui de ses prédécesseurs : ses déclarations ont des arêtes vives et il cherche plutôt à trancher qu'à s'accommoder, ce qui lui vaut, surtout auprès des jeunes, un prestige certain ... Son ascendant sur une assemblée qui, au fond, ne l'aime pas est singulier, et intéressant à analyser : cette tactique à l'emporte-pièce surprend un Parlement qui a tout essayé et que la lassitude porte à essayer, à accepter cette ultime recrue. L'opinion de son côté apparaît comme soulagée de se trouver enfin en présence d'un Premier ministre dont on se dit " qu'il va faire quelque chose " ; elle remet à plus tard de se demander ce qu'exactement il va faire et quelle est l'orientation essentielle de sa politique ... Il y a une " attitude Mendès France " que l'on retrouve, toujours la même dans toutes les affaires que le Premier ministre entreprend de résoudre. » Siegfried (André), *De la IVe à la Ve République au jour le jour*, Paris, Grasset, 1958, p. 90-91.

1958, soutenaient activement Mendès France[1]. Mais ces « forces vives » correspondent aussi à une armée de réserve, à un potentiel politique inexploité par les partis : chefs d'entreprise modernistes, cadres supérieurs, syndicalistes, responsables paysans, animateurs socioculturels, étudiants, universitaires. Face à un Parlement mis en sommeil et face à un pouvoir exécutif concentré qui a pour corollaire la multiplication de « centres de décision » bénéficiant à la périphérie d'une autonomie relative, il s'agit d'investir ces centres pour y constituer des îlots de résistance au pouvoir, d'enrichir ces résistances isolées par la constitution de réseaux, par la mise en commun des expériences, par l'accumulation de réflexions sur des problèmes concrets, destinée à déboucher sur l'élaboration d'un projet de société qui dépasse les clivages idéologiques traditionnels, comme, par exemple, la laïcité.

Reste à mesurer l'importance de cette armée de réserve sur le terrain laissé en friche par les partis, et à se demander si ces « forces vives » ne sont pas – indépendamment des intentions de leurs promoteurs – le dernier avatar de la modernité et le dernier alibi de la technocratie.

Georges Lavau, qui nous a pourtant habitués à un scepticisme extrême mais qui est très engagé dans l'aventure des clubs, croit, à l'époque, déceler la présence de ces « forces vives » dans chaque canton[2]. En revanche, il ne se fait guère d'illusions sur leur portée et leur avenir politiques, sauf à parier sur une logique

---

1. C'est le cas de Charles Hernu au Club des jacobins ; quant au club Jean-Moulin, il utilise des locaux contigus à ceux de PMF, fournis par les Servan-Schreiber. « La " manière Jean-Moulin " semble taillée sur mesure pour Mendès France ; on y refait chaque soir la République moderne ... Nombre de ceux qui ont suivi Mendès France à un moment ou un autre de sa carrière figurent parmi les assidus : Simon Nora, Jean Saint-Geours, François Bloch-Lainé, Duverger, Hessel, les planificateurs Hirsch et Ripert, Rocard. Le secrétariat est assumé par Georges Suffert, pivot central de la galaxie moderniste : ancien rédacteur en chef de *Témoignage chrétien*, puis de *France-Observateur*, passé à *L'Express*, il assume également la responsabilité éditoriale des *Cahiers de la République*. » Rotman (Patrick), « La diaspora mendésiste », *Pouvoirs*, 37, 1983, p. 16.

2. « Ces " forces vives " existent-elles ? Elles parlent, elles écrivent, on en parle, on en écrit ; mais n'est-ce pas fantasmagorie de sociologues ou illusions d'animateurs de clubs de transformer les quelques équipes que recouvre ce vocable en un *groupe cohérent* ou une force sociale ? Pourtant on ne saurait faire halte en quelque petit canton de ce pays sans rencontrer une de ces équipes et sans reconnaître qu'elles font plus d'ouvrage que milliers d'hommes bornes ou que dizaines de notables. C'est assez pour me convaincre que ce groupe *existe* et *compte*. » Lavau (Georges), « L'élection d'un président – Acte I », *Esprit*, 2, février 1964, p. 285 (souligné dans le texte).

propre et novatrice de l'élection présidentielle au suffrage universel :

La politique est une des seules activités qui fasse apparaître aussi nettement leurs diversités sociales et leurs oppositions culturelles, et elle est ce qui pourrait compromettre leur travail technique. Peut-être les conditions de la campagne présidentielle – et l'intérêt qu'on lui attache dans ces milieux – pourraient-elles modifier ces données. Peut-être aussi, si les partis et les « professionnels de la politique » ne monopolisent pas et ne contrôlent pas toute cette vaste opération politique [1].

Effectivement, la préparation de l'élection présidentielle de 1965 est l'occasion d'une consécration de l'entrée des « forces vives » sur la scène politique en même temps qu'elle scelle l'amorce de leur déclin. En janvier 1963, le club Jean-Moulin crée une « commission présidentielle » chargée de réfléchir au « monde de désignation démocratique » d'un candidat unique de l'opposition en vue de l'élection présidentielle. Curieuse démocratie, dans laquelle on cherche à utiliser la dynamique de la campagne présidentielle pour mettre les états-majors des partis, dûment mandatés par leurs troupes, devant le fait accompli [2]. Le 4 février, Charles Hernu suggère, devant le Club des jacobins, la réunion d'une convention nationale associant cette fois les partis aux clubs pour désigner un candidat. Le 19 septembre, Jean Ferniot dresse, dans *L'Express*, le portrait robot du candidat idéal, « Monsieur X » [3]. Fidèle à son opposition aux institutions

---

1. *Ibid.*, p. 286.

2. Cf. Suffert (Georges), *De Defferre à Mitterrand. La campagne présidentielle*, Paris, Le Seuil, 1966, p. 23. Mais la fin justifie les moyens : « C'est le paradoxe des animateurs de " forces vives " que, se réclamant tellement d'une " démocratie rénovée ", ils aient été contraints d'employer des procédures peu démocratiques pour briser des monopoles qui ne le sont pas davantage. » Lavau (Georges), *Esprit*, art. cité, p. 297.

3. Laissons encore la parole à Georges Lavau, pour la dissection de ce candidat idéal : « Il y a un peu de tout dans cet homme. Cet avenant mannequin a un masque d'énergie, ne prend pas les poses roides du militant, ni celles, trop relâchées, du politicien, il sait écouter intensément et ses conseillers sont " tout à tous " ; il attire et ne repousse à peu près aucune des clientèles qu'on escompte. Il a aussi quelques traits réels qui l'apparentent à des figures connues (mais les ressemblances avec les modèles ont été assez soigneusement brouillées). Enfin et surtout, l'image du leader est idéale et un peu livresque : un portrait " pioché " chez Crozier, chez Bourricaud, chez Rovan, chez Lipset, dans *L'Etat et le citoyen* et dans la *victoire de Kennedy*. C'était d'ailleurs inévitable : où trouver, en France, l'image d'un leader présidentiel ? A moins de s'approprier, sans l'avouer, l'image imposée pour le général de Gaulle, il n'y a pas de précédent français. Il n'est d'ailleurs pas sûr que l'image gaullienne n'ait pas été un peu utilisée ; cela aussi était inévitable (et l'utilisation reste dans des limites aussi décentes qu'habiles). » *Esprit*, art. cité, p. 283.

de la Cinquième République, Mendès France a opposé une fin de non-recevoir catégorique aux sollicitations de son éventuelle candidature. Le 9 octobre, la presse révèle l'identité de « Monsieur X » : il s'agit de Gaston Defferre. Le 16 décembre, *Le Monde* publie un « Manifeste présidentiel » dont Michel Crozier a rédigé l'essentiel et qui est présenté par des clubs – le club Jean-Moulin, l'Association jeunes cadres, le Cercle Tocqueville de Lyon, Citoyens 60, le club Démocratie nouvelle de Marseille – et par le Groupe de recherche ouvrier et paysans (GROP).

En 1960-1961, des contacts avaient, en effet, été pris entre la CFTC, Force ouvrière, la FEN, l'UNEF et le Centre national des jeunes agriculteurs (CNJA) pour lancer des actions communes contre la guerre d'Algérie, sur la base d'un rapport de force qui devrait leur être favorable face au PCF et face à la CGT. Cette collaboration intersyndicale prend fin avec la guerre d'Algérie. Deux organisations vont continuer, toutefois, de se rencontrer régulièrement, au niveau national et dans le cadre de certaines régions : la CFTC et le CNJA [1]. Le GROP, créé en novembre 1962, institutionnalise ces rencontres.

Sa présence au côtés des clubs et mouvements de pensée signataires du Manifeste présidentiel semble confirmer les espoirs de ceux qui misent sur un possible élargissement qualitatif et quantitatif des « forces vives », jusque-là limitées pour l'essentiel à des milieux de hauts fonctionnaires, d'universitaires, de cadres supérieurs, d'ingénieurs, circonscrits à Paris et à quelques grandes villes de province [2]. Le GROP est, certes, juridiquement indépendant de la CFTC et du CNJA, et ses membres n'engagent qu'eux-mêmes. Il est vrai aussi que, dans cette rencontre entre intellectuels et syndicalistes, l'élargissement est pour le moment limité et tourne souvent autour des mêmes hommes. Par exemple Jacques Delors – alias Roger Jacques –, qui anime Citoyens 60 avec Pierre Lavau, a été rapporteur de la « Commission des sages » – composée de François Bloch-Lainé, Pierre Massé et Pierre Masselin – désignée par le gouvernement pour arbitrer le

1. Dans ces deux organisations, « la matrice de l'Action catholique notamment par l'aspiration moderniste dont elle est un des vecteurs, facilite cette confluence ». Hamon (Hervé), Rotman (Patrick), *La deuxième gauche. Histoire intellectuelle et politique de la CFDT*, Paris, Ramsay, 1982, p. 153.

2. Le foisonnement, la diversité et les structures généralement très informelles des clubs font qu'il est difficile d'établir une sociologie précise de leur clientèle ; cf. Mossuz (Janine), *Les clubs et la politique en France*, Paris, Colin, 1970, p. 4-8.

conflit des mineurs au printemps 1963 ; il est depuis longtemps adhérent à la CFTC et un de ses conseillers économiques les plus écoutés. Marcel Gonin, éminence grise de la minorité dans cette confédération, participe régulièrement aux travaux de Jean Moulin. Georges Lavau, qui anime au GROP un service de recherches politiques sous la présidence d'André Jeanson, est déjà membre du club Jean-Moulin et du SGEN. Mais, encore une fois, l'engagement ne serait-ce qu'individuel de responsables syndicaux d'envergure nationale – Michel Debatisse, René Bonéty, Albert Détraz, André Jeanson ont signé le Manifeste – peut laisser penser qu'il s'agit d'un essai que la dynamique de la campagne présidentielle permettra de transformer en un engagement organisationnel plus vaste.

Les difficultés apparaissent vite. Lorsque est mis en place, début 1964, un comité de soutien à la candidature de Gaston Defferre – le comité « Horizon 80 » –, les représentants des clubs n'y figurent qu'à titre individuel et les syndicalistes refusent d'y apparaître. Aux « Assises de la démocratie » réunies à Vichy, en avril 1964, à l'initiative du club Jean-Moulin et de Georges Suffert, à l'époque son secrétaire général, celui-ci constate qu'on ne compte pas un seul responsable syndical à l'échelon national, parmi les 1 100 participants [1].

Ecartés de ces Assises parce que jugés trop engagés auprès des partis et surtout trop liés à François Mitterrand, le Club des jacobins et la Ligue pour le combat républicain organisent une réunion concurrente, les 6 et 7 juin à Paris, d'où sortira ultérieurement la Convention des institutions républicaines (CIR). Les 250 délégués réunis à cette occasion sont essentiellement parisiens et, si les représentants des radicaux « sont en force », ceux de la CFDT ne sont là qu'au titre d'observateurs invités, à l'exception du SGEN qui est partie prenante à l'opération.

Les promoteurs des « forces vives » qui entendaient travailler à un renouvellement du politique sont désormais divisés sur la politique. Les comités départementaux « Horizon 80 », à part deux ou trois exceptions, ne mobilisent guère. En juillet 1964, au congrès du SNI à Lille, les « modernistes » sont accusés de favoriser l'intégration du syndicalisme et les attaques contre la laïcité. En novembre, à l'occasion du congrès extraordinaire entérinant la transformation de la CFTC en CFDT, Eugène

1. Suffert (Georges), *De Defferre à Mitterrand...*, *op. cit.*, p. 54.

Descamps prend ses distances par rapport à la candidature Defferre, se bornant à déclarer : « Nous ne pouvons pas croire que les démocrates ne se rassembleront pas finalement. »

Si les élections municipales de mars 1965 voient le succès de la liste se réclamant des « forces vives » à Grenoble, sous la conduite d'Hubert Dubedout, leur « présidentiable » connaît, en revanche, de sérieuses difficultés à Marseille, où il ne conserve la mairie qu'au prix d'une campagne violemment anticommuniste qui entraîne une scission chez les socialistes des Bouches-du-Rhône.

Début juin, au congrès SFIO de Clichy, Guy Mollet est contraint d'accepter la proposition Defferre de constitution d'une « Fédération démocrate et socialiste » – qui regrouperait, autour de la SFIO, les radicaux, l'UDSR, la CIR et le MRP – mais il obtient que son parti rappelle son attachement à la laïcité et à la prise en compte de l'évolution des communistes.

Les négociations entamées par Defferre pour obtenir la constitution de cette « grande fédération » échouent dans la nuit du 17 juin, la SFIO et le MRP refusant de faire les concessions qui auraient été nécessaires. Defferre annonce le retrait de sa candidature le 25 juin.

Le reflux de la référence aux « forces vives » commence. A l'occasion d'une journée d'étude de l'Association française de science politique, qui épilogue, en novembre 1965, sur les raisons de l'échec de la candidature Defferre, on constate que le terme a pratiquement disparu des débats. Léo Hamon peut rétorquer à Claude Neuschwander, qui est un des seuls participants à invoquer leur insuffisante mobilisation : « J'ai entendu M. Neuschwander parler tout à l'heure de ces 5 000 que l'on promène toujours, un peu comme dans certaines marches les cohortes inlassables d'un défilé qui ne s'arrête jamais parce qu'il tourne toujours. [1] »

Le succès relatif de François Mitterrand qui, avec l'aval des partis de gauche traditionnels, parvient à mettre de Gaulle en ballottage au premier tour de l'élection présidentielle, accroît

1. Association française de science politique, *La candidature Defferre : analyse rétrospective*, débats introduits par Georges Vedel, Paris, doc. ronéo., 1965, p. 59 ; scepticisme qui n'empêche pas Léo Hamon de les invoquer à son tour et à son profit, en demandant au pouvoir « d'organiser de façon plus efficace, pour une vitesse de croisière, le dialogue avec les forces vives de la nation », in « La mutation en question », *Le Monde*, 25 décembre 1965.

encore leur marginalisation. Les « forces vives » connaissent une dernière rémission en même temps qu'un retour aux sources, le 30 avril et le 1er mai 1966 avec le « colloque socialiste » de Grenoble, puisqu'il s'agit d'élaborer un programme socialiste moderne et réaliste, et que c'est Mendès France qui est chargé de clore la rencontre en lisant le texte du comité d'initiative rappelant « l'esprit de Grenoble »[1]. Ce colloque reste toutefois sans suite dans l'immédiat.

Dans ces conditions, les « forces vives » n'ont-elles été qu'un alibi technocratique face à une modernité impossible, dès l'instant où Pierre Mendès France se refusait à jouer le jeu des institutions de la Cinquième République ? La place qu'elles occupent dans le débat politique et dans les médias, pendant la dizaine d'années qui précèdent 1968, est considérable et assurément disproportionnée par rapport à leur importance numérique réelle. Mais qu'importe après tout qu'un alibi soit fondé ou pas, dès lors qu'il est crédible et accepté. Les élites qui ont des responsabilités politiques ou syndicales dans les années 1960 – en particulier celles qui se situent dans la mouvance catholique à la CFDT ou au PSU – seront d'autant plus sensibles à ce discours qu'elles auront compris qu'il les sert, en appelant à leur hégémonie politique – un discours qu'il nous faudra mettre en regard, le moment venu, avec l'appel aux « nouvelles couches moyennes salariées » des années 1970. Alibi et vecteurs présumés d'une modernité technocratique, ces élites sont ainsi, pendant ces dix ans, l'interlocuteur privilégié d'un projet politique dont il nous reste à rappeler les grandes lignes.

Le « Manifeste présidentiel » de décembre 1963 fournit, tant dans la forme, le vocabulaire[2], que dans le fond un excellent

1. Cf. Mouriaux (René), « L'esprit de Grenoble », *Projet*, 6, juin 1966, p. 730-736, et Mossuz (Janine), « La rencontre socialiste de Grenoble », *Revue française de science politique*, 5, octobre 1966, p. 967-974.

2. « Il y a presque un parti pris de provocation dans le rejet des vocables-signes de langage électoral français et dans le souci de faire entrer dans le langage des manifestes politiques des mots jusque-là réservés à d'autres langages.

Un rapide pointage révèle bien ce parti pris :

« Socialisme » : le mot n'est pas écrit (non plus que « capitalisme »).

« Démocratie » : quatorze mentions.

« Dialogues », « Echange » : huit références.

L'antithèse « nouveau, moderne/désuet, anachronique » : plus de vingt fois.

« Avenir, changement, conversion, prospective » : sept fois.

« Participation, responsabilité » : cinq mentions.

résumé de la littérature abondante qui, entre 1959 et 1965, s'efforce de préciser et de populariser ce projet politique.

Tout en aspirant à une pacification du débat politique, les auteurs du Manifeste condamnent le nationalisme « anachronique » du pouvoir et récusent aussi bien la fuite en avant dans l'expansion à travers un « monde pour technocrates et pour robots » que le rêve à « la grande révolution purificatrice ». Ils en appellent à « une volonté de réforme » pour construire une société d'individus « plus libres » et « plus responsables ». On reconnaît ici une synthèse entre l'exaltation, chère à Mendès France, du volontarisme en politique, et la référence aux valeurs du personnalisme, chère à la CFTC puis à la CFDT.

Ils confirment leur attachement à la planification démocratique mais ne cachent pas leurs craintes quant à son avenir. La démocratisation du plan a été, dès 1950, au centre des préoccupations des minoritaires du groupe Reconstruction, à la CFTC. Cette préoccupation évolue jusqu'à devenir un des axes doctrinaux officiels de la centrale avec l'adoption par le XXXe congrès confédéral, en 1959, du rapport de Gilbert Declercq : « Pour une planification démocratique ». A partir de 1960, la CGT et FO participent à leur tour, aux côtés de la CFTC, aux « commissions de modernisation » mises en place pour la préparation du Ve Plan [1]. Les 17 et 18 mars 1962, un colloque sur la planification démocratique réunit à Paris des responsables politiques, des animateurs des clubs, des syndicalistes et des hauts fonctionnaires. Y assistent notamment René Capitant, Léo Hamon, Michel Rocard (alias Servet), Serge Mallet, Eugène Descamps, Michel Debatisse, Georges Suffert, Pierre Massé, Pierre Mendès France. Ce dernier consacre deux chapitres à la planification dans *La République moderne*. Le nombre de colloques, d'ouvrages, d'articles ou de numéros spéciaux de revues consacrés au

---

« Gauche » : donne lieu à deux soupirs excédés.

« Parti » : le mot est écrit une fois (pour exorcisme).

Des termes sont rigoureusement proscrits : « droite », « réaction », « conservatisme », « classes » (on dit « groupes »), « patronat », « salariat » (on dit « travailleurs », et « dirigeants »). « Révolution » est assorti d'un qualificatif ironique (« purificatrice »), tandis qu'on appelle « une volonté nouvelle de réforme » et qu'on souligne « la dignité du compromis ». Lavau (Georges), *Esprit*, art. cité, p. 281-282.

1. La participation de la CFTC reste toutefois prépondérante. A l'occasion du Ve Plan encore, sur 290 syndicalistes qui participent aux commissions, 200 viennent du seul Square Montholon. Bauchet (Pierre), *La planification française, vingt ans d'expérience*, Paris, Le Seuil, 1966, p. 81.

Plan, entre 1960 et 1965, est impressionnant. Associée à la croissance, la planification fait, dans la première moitié des années 1960, la quasi-unanimité de l'opinion – à l'exception des communistes – et risque, de ce fait, de se vider de son contenu [1].

Le Plan devra donc fournir, pour les auteurs du Manifeste, des « indications nettes » en matière de transferts sociaux, d'investissements à caractère collectif sociaux et culturels, d'aides régionales. Le gouvernement, les organisations professionnelles et les syndicats négocieront, par ailleurs, « un véritable contrat national de progrès ». Le XXXIe congrès de la CFTC a en effet adopté, en juin 1961, un rapport de René Bonéty proposant l'élaboration d'une « politique négociée et équitable des salaires ». Sous l'influence de l'exemple des Pays-Bas et face aux pressions inflationnistes, le IVe Plan prévoit, de son côté, l'adoption progressive d'une politique des revenus, recommandation reprise dans le rapport remis par la Commission des Sages à l'occasion de la grève des mineurs. Curieuse modernité que ce projet planiste au service d'une économie concertée qui n'est pas sans rappeler Henri de Man et ses émules des années 1930.

Autres thèmes du Manifeste : la réforme de l'entreprise et la « promotion » de la section syndicale. Le rapport de Gilbert Declercq reliait déjà, en 1959, la reconnaissance de la section syndicale d'entreprise à la démocratisation du Plan. En cette année 1963, un colloque sur ce sujet a eu lieu à Grenoble et deux projets de loi sont défendus dans le pays par la CFTC et la CGT. Enfin, la parution de l'ouvrage de François Bloch-Lainé, alors membre du club Jean-Moulin et directeur de la Caisse des dépôts, confirme l'actualité de ce thème [2] qui figurera en bonne

1. Dans son intervention sur le rapport d'activité au XXXIIe congrès de la CFTC, en 1963, Gilbert Declercq constate que « tout le monde maintenant parle de planification démocratique ... ; la mariée est trop belle, tout le monde en veut, ce qui fait douter de sa vertu ! » Cité in Oppenheim (Jean-Pierre), *La CFDT et la planification*, Paris, Tema éditions, 1973, p. 198. De leur côté, les auteurs du Manifeste remarquent que, pour le futur candidat, « il ne sera pas original non plus de promettre la mise en œuvre d'une planification démocratique ». De fait, cette promesse apparaît en bonne place, le 9 septembre 1965, dans le communiqué de quelques lignes par lequel François Mitterrand annonce sa candidature à l'AFP : « Il s'agit essentiellement pour moi d'opposer à l'arbitraire du pouvoir personnel, au nationalisme chauvin et au conservatisme social, le respect scrupuleux de la loi et des libertés. La volonté de saisir toutes les chances de l'Europe et le dynamisme de l'expansion ordonnée par la mise en œuvre d'un plan démocratique. »

2. Bloch-Lainé (François), *Pour une réforme de l'entreprise*, Paris, Le Seuil, 1963, en particulier p. 45-47. Il insiste dans son avant-propos sur le rôle du club Jean-Moulin dans ce qu'il présente comme une réflexion collective.

place dans la plate-forme revendicative conclue entre la CGT et la CFDT le 10 janvier 1966. Notons la prudence des auteurs du Manifeste qui ne vont pas jusqu'à exiger la reconnaissance légale de la section syndicale d'entreprise.

Le Manifeste demande aussi la constitution progressive d'un « véritable Etat fédéral européen » et une « véritable décentralisation administrative ». La fréquence du recours à cette épithète « véritable » s'explique par la nécessité, pour les auteurs du Manifeste, de se démarquer de la modernité factice dont le gaullisme se réclame en lui opposant la modernité authentique, qu'ils revendiquent. Un dernier point doit être relevé, qui renvoie également à cette ambiguïté qu'entretiennent une partie des « forces vives » et le gaullisme, au regard de la modernité : le Manifeste exprime, pour finir, l'espoir qu'un accord se fera « sur un candidat également acceptable par les deux grands courants de la démocratie française ». Ce ne sont pas encore, en 1963, deux gauches – l'« archaïque » et la « moderniste » – que l'on oppose mais plutôt, en deçà ou au-delà de l'opposition droite/gauche, les partis aux « forces vives ».

Soucieuse de constituer un pôle qui – du centre droit à la SFIO, en passant par les syndicats et les clubs – rééquilibrerait le rapport des forces avec le PCF, la « gauche moderne », cohérente avec ce projet, se veut d'abord moderne avant de se situer à gauche. C'est contre cette tentation moderniste qui risque de perpétuer son isolement que le PCF propose, à partir de 1962, la négociation d'un programme commun, et qu'il réactualise sa doctrine avec la dénonciation de l'Etat de monopoles et ses thèses sur le CME.

Une modernité au service du « capitalisme monopoliste d'Etat »

La réponse du Parti communiste est immédiate, dès l'apparition de ces thèses modernistes au milieu des années 1950, d'abord brutale et sur la défensive, puis progressivement plus élaborée et plus offensive au fur et à mesure que leur audience s'étend.

Dans un premier temps, la modernisation de la société française est, en effet, purement et simplement niée. Le 15 janvier 1955, Douglas Dillon, secrétaire d'Etat américain au Trésor, prononce un discours saluant le redressement de l'économie française. Le 25 janvier, reprenant les conclusions du *Manuel d'économie politique*, publié l'année précédente à Moscou, Maurice Thorez réplique en affirmant que les classes ouvrières des pays capitalistes développés connaissent une paupérisation absolue. Les 26 et 27 janvier, le Comité central attaque « la nouvelle gauche ». Derrière cette polémique sur la paupérisation, c'est Pierre Mendès France et le modernisme qu'il incarne qui sont visés [1].

Cette année 1955 est également marquée par une redéfinition des tâches entre le parti et le syndicat, à l'occasion du XXXe congrès confédéral de la CGT. Dans le contexte de la guerre froide, cette dernière a souvent privilégié des mots d'ordre politiques au détriment de la lutte économique traditionnelle sur des revendications immédiates. La base suit de moins en moins facilement. Mais, surtout, certains des objectifs programmatiques avancés par la confédération en 1953 ont été repris par le gouvernement Mendès France, cautionnant ainsi à gauche le courant moderniste. La CGT substitue donc à son *Programme pour une économie de paix, d'indépendance et de progrès social* un *Programme d'action* dans lequel l'augmentation du pouvoir d'achat occupe une place centrale. Les « thèses » sur la paupérisation dominent les interventions du congrès et Benoît Frachon dénonce le caractère illusoire des velléités programmatiques et planificatrices de Pierre Le Brun [2].

Il faut attendre le second semestre de 1963 pour que les économistes du parti commencent à nuancer ces thèses initiales sur la paupérisation, en élargissant le contenu de cette notion jusqu'à la vider de son sens. Ainsi, André Barjonet recourt à l'idée de « nouveaux besoins non satisfaits » [3], tandis que Jean Magniadas, dans le même numéro d'*Economie et politique*, assimile à la paupérisation l'endettement résultant du crédit [4]. L'année suivante, la paupérisation déborde la sphère de la consommation et s'étend à celle de la production, avec l'inten-

---

1. Les positions de Thorez sont reprises en août dans une brochure dont le titre ne laisse aucun doute : Thorez (Maurice), *Nouvelles données sur la paupérisation. Réponse à Mendès France*, Paris, Editions sociales, août 1955, 24 p.
2. Cf. Mouriaux (René), *La CGT*, Paris, Le Seuil, 1982, p. 99-101.
3. Barjonet (André), « Présentation du Traité d'économie marxiste d'E. Mandel », *Economie et politique*, juin-juillet 1963, p. 140.
4. Magniadas (Jean), « Les ventes à crédit », art. cité, p. 28.

sification du travail[1]. La référence explicite à une paupérisation absolue de la classe ouvrière ne disparaît cependant qu'en 1965. L'intervention de Waldeck Rochet – à une journée d'étude réunissant à Saint-Ouen, le 3 octobre 1965, les économistes du parti et l'ensemble des participants aux activités de la section économique du Comité central – consacre ce tournant, sans désavouer toutefois les positions antérieures.

Parallèlement à la défense de ces thèses puis à leur révision, le Parti communiste oppose à la prétendue modernisation de l'Occident la modernité authentique de l'URSS. Après le flottement provoqué dans les rangs du parti par la diffusion du rapport Khrouchtchev et par les événements de Hongrie, deux éléments viennent réhabiliter l'image de l'Union soviétique aux yeux des militants : les succès remportés dans la course à l'espace et l'annonce par Khrouchtchev de l'entrée imminente de son pays dans la phase de construction du communisme. L'éditorial de Georges Frischmann – alors secrétaire de la fédération cégétiste des PTT – dans *Economie et politique* d'octobre 1961 est significatif de ce regain de fascination des communistes français vis-à-vis de l'URSS :

> Nous vivons une époque extraordinaire qui restera dans l'histoire humaine parmi les plus fertiles, les plus denses ...
>
> L'homme va ainsi son chemin vers la liberté de toutes ses patries et vers la domination totale sur la nature ...
>
> Et voici le couronnement : l'annonce de la création des bases matérielles de la société communiste ...
>
> Les succès grandioses du socialisme rayonneront d'évidence au point d'amener des millions de personnes à chercher la voie française, la voie unitaire vers une France socialiste ...
>
> Le socialisme, en triomphant en URSS et dans les démocraties populaires, fécondera les luttes populaires en France et ailleurs[2].

Cet éditorial ne constitue pas, à l'époque, un point de vue isolé : la presse communiste abonde de professions de foi enthousiastes sur le développement de la « division internationale du travail socialiste » et sur les perspectives nouvelles ouvertes par les applications des découvertes scientifiques en Union sovié-

---

1. « La paupérisation absolue résulte ... aussi, à salaire égal et même supérieur, d'une plus forte dépense de force de travail. » Kahn (J.), « A propos de la situation économique : niveau de vie, profits et inflation », *Economie et politique*, octobre 1963, p. 14.

2. *Economie et politique*, octobre 1961, p. 2-6.

tique. Des économistes soviétiques vont même jusqu'à mettre en parallèle la « chimisation de l'économie » avec l'électrification prônée par Lénine en 1917. Seuls les échecs soviétiques en matière agricole viennent troubler ce panégyrique scientiste, et encore. Ainsi Jean Flavien, chargé d'expliquer aux lecteurs d'*Economie et politique*, en novembre 1963, les raisons de l'effondrement de la production agricole soviétique et les importations de blé aux Etats-Unis, prend avec un humour involontaire ses lecteurs à témoin du fait qu'« à l'encontre du système capitaliste, l'agriculture soviétique ne redoute pas la surproduction »[1]. Il faut attendre 1965 et les débats sur les réformes économiques dans les pays de l'Est pour que l'éloge de ces pays devienne plus mesuré.

A partir de 1962, l'ampleur des transformations de la vie politique française – dont le recul électoral du parti – liées à la mise en place de la Cinquième République et à son acceptation par le peuple contraignent pourtant le PCF à un réajustement idéologique d'envergure. En même temps, les nouvelles institutions inscrivent l'aspiration à la modernité au cœur non seulement du débat politique mais aussi, nous l'avons vu, des pratiques politiques.

Ce refus initial de reconnaître toute consistance aux aspirations modernistes est la raison qui, au fond et au-delà des rivalités personnelles, conduit Maurice Thorez et ses proches à condamner la ligne défendue par Marcel Servin et Laurent Casanova. C'est ce refus qui explique l'éviction de Jean Pronteau de la direction d'*Economie et politique*. C'est encore ce refus qui conduit la direction du PCF à condamner sans appel les thèses de tous ceux qui, dans le parti ou à l'extérieur, au PSU, aux *Temps modernes* ou ailleurs, voient dans le gaullisme l'expression d'un néo-capitalisme moderne et compétitif, opposé aux éléments les plus réactionnaires de la bourgeoisie française. Ce refus pur et simple de prendre en compte les transformations qui affectent la société et la scène politique française n'est toutefois pas tenable durablement. La disparition de Maurice Thorez et le secrétariat de Waldeck Rochet facilitent le réajustement politique qui va consister à admettre les manifestations de la modernisation et à y voir la mainmise du capitalisme monopoliste d'Etat sur la société et les institutions.

Le PCF joue, au sein du mouvement communiste international,

---

1. *Ibid.*, novembre 1963, p. 73.

un rôle moteur dans l'approfondissement de la notion de capitalisme monopoliste d'Etat (CME), rôle qui culmine avec la tenue à Choisy-le-Roi, à l'invitation du PCF et d'*Economie et politique*, d'une conférence internationale réunissant du 26 au 29 mai 1966 des responsables politiques et des théoriciens des Partis communistes d'Europe de l'Est et de l'Ouest [1].

Dès février 1961, un des principaux animateurs du collectif d'*Economie et politique* qui va réaliser ce travail de réajustement théorique précise son enjeu : il s'agit de rendre compte « des transformations profondes constatées dans le fonctionnement du capitalisme » durant la période récente [2]. C'est en fait, pour le parti, la signification même du gaullisme qui est en question. Le gaullisme est-il le produit, en particulier à travers sa politique européenne et son action décolonisatrice, des contradictions inter-impérialistes ? Pèse-t-il à terme dans le sens d'une indépendance nationale accrue face aux Etats-Unis ? Faut-il voir, avec Serge Mallet ou Pierre Le Brun, dans la politique gaulliste de décolonisation et d'indépendance nationale, l'expression d'une contradiction d'intérêts entre un capitalisme statique et malthusien d'une part, et un capitalisme dynamique et compétitif face aux Etats-Unis d'autre part ? Ou bien, à l'inverse, le gaullisme n'est-il que l'expression politique de la « fraction monopoliste » du capitalisme français, fraction intégrée dans une restructuration mondiale du capital sous le contrôle direct des Etats-Unis ? Les péripéties de la politique européenne gaulliste – d'un côté, on renforce l'application des traités de Rome et on développe les échanges intra-communautaires, de l'autre, on freine la construction communautaire en défendant des positions nationalistes – et l'évolution de l'Union soviétique vis-à-vis de l'Europe [3] compliquent encore la question.

En mars 1961, un éditorial autocritique de Jean Pronteau dans

1. Cette même année 1966, du 11 au 13 mars, le comité central d'Argenteuil consacre son ordre du jour aux problèmes idéologiques. Le renouvellement idéologique du PCF atteint alors son rayonnement maximal, sensibilisant par exemple des membres de la « gauche moderne » comme Georges Lavau. Cf. « Vers une renaissance du Parti communiste ? », *Esprit*, numéro spécial consacré au PC, octobre 1966, p. 485 et suiv.

2. Boccara (P.), « Quelques hypothèses sur le développement du " capital " », *Economie et politique*, février 1961, p. 13 et suiv.

3. En août 1962, une réunion d'économistes communistes à Moscou, à laquelle participent Henri Claude et Henri Jourdain, aboutit à la conclusion que la CEE ne saurait être réduite au seul rôle d'instrument des Etats-Unis en Europe.

Economie et politique recadre ce débat[1]. Désormais, pour le PCF, les contradictions de la politique européenne gaulliste ne sont qu'apparentes et traduisent, en fait, une pression des monopoles français qui, tout en étant favorables au Marché commun et à l'ouverture des frontières, souhaitent gagner du temps dans son application pour achever leur concentration et combler leur retard.

L'objectif prioritaire du PCF, en s'engageant dans ces débats et en les cadrant étroitement, est d'éviter l'élargissement d'un courant réformiste favorable à un interventionnisme étatique accru dans le cadre d'une « troisième force rénovée ». Pour ce faire et face aux propositions de la « gauche moderne », les communistes doivent actualiser leurs analyses de l'Etat. De fait, à partir de 1961, *Economie et politique* consacre un nombre croissant d'articles à la critique des catégories de la Comptabilité nationale, du Plan, de la gestion des entreprises, à la critique aussi des théories néo-keynésiennes. L'« économie bourgeoise » cesse d'être uniquement comprise comme une idéologie mystificatrice de la réalité, pour être prise en considération au moins en tant que description partielle des mouvements économiques concrets et instrument de politique économique. L'analyse du secteur public proprement dit n'intervient – mais alors de façon prépondérante – dans les travaux des économistes qu'à partir du second semestre 1963.

Après les accords de désistement électoraux réalisés avec la SFIO aux élections législatives de 1962, le PCF lance la proposition d'un « Programme commun de gouvernement de législature, pour une alternative au gaullisme », et il préconise à cette

---

1. « Déjà en juin dernier, ... nous avions été amenés à corriger ce qu'avaient d'outrancier et d'erroné certaines appréciations portées par la revue ... sur le recul relatif de l'économie américaine dans les récentes années et, plus généralement, sur la nature et la portée des contradictions inter-impérialistes. ... Au cours des récentes discussions du CC, un autre article ... a été à juste titre mis en cause. ... Partant des progrès de la production et du renforcement des monopoles en France depuis la dernière guerre ... l'auteur a été conduit à apprécier de manière erronée les conflits internes au capitalisme français et à ses couches dirigeantes, et surtout à leur attribuer trop d'importance ... De telles erreurs d'appréciation et de formulation pouvaient alimenter l'opinion que la politique extérieure gaulliste aurait un caractère, sinon national, du moins " nationaliste " et s'opposerait à celle voulue par une autre tendance de la grande bourgeoisie. Le lecteur était conduit à conclure que se développait en France à l'intérieur de certains milieux dirigeants une tendance à renforcer les organismes économiques d'Etat et à les opposer au capitalisme international. » *Economie et politique*, mars 1961, p. 2-4.

occasion la « nationalisation des industries de base et des secteurs clés de l'économie ». Il y a là un nouveau tournant. Le PCF doit maintenant à la fois rendre compte de l'évolution de la gestion du secteur public depuis 1958 et de son extension, les dénoncer, et justifier enfin sur une base antimonopoliste son propre programme de nationalisations. Enfin, s'il veut être crédible, le parti ne peut plus nier en bloc la croissance observée dans les pays capitalistes et ses conséquences. Il lui faut réagir contre une lecture « catastrophique » du capitalisme tout en réintroduisant la notion de crise dans le contexte de croissance rapide qui est celui des années 1960 [1]. C'est dans le cadre de ces exigences contradictoires et suscitées par la lutte contre le modernisme, qu'il faut comprendre les thèses sur le CME.

Ces thèses partent d'un constat : le financement public joue, dans les pays capitalistes développés, directement ou indirectement, un rôle croissant dans la production. Echappant partiellement au mécanisme de la péréquation des taux de profit, ces fonds publics n'entrent pas en concurrence avec le capital privé pour le partage de la plus-value au niveau global, mais la part de la plus-value qui reviendrait normalement à ces capitaux publics n'est pas répartie à l'ensemble des capitaux privés. Seule la « fraction monopoliste » du capital en bénéficie, ce qui lui permet de redresser ses taux de profit malgré la composition organique élevée de son capital. Les taux de profit monopolistes et la croissance peuvent ainsi être maintenus au prix toutefois d'une modification structurelle du fonctionnement du capitalisme, grâce à la régulation exercée par l'Etat à travers un processus permanent de « dévalorisation du capital » [2]. La crise ne se

1. « C'était précisément l'erreur des années trente de ne pas mettre l'éclairage sur ce changement profond de la structure capitaliste, dont la portée est perceptible pourtant dès 1917, pour s'attacher presque uniquement aux phénomènes de stagnation, et essayer d'en tirer un modèle d'évolution. Il ne faudrait pas recommencer cette erreur à propos de la croissance actuelle ... La crise du capitalisme contemporain ne réside pas seulement dans la stagnation, la régression ou le freinage de la croissance mais, dialectiquement, dans les conditions nouvelles de la croissance. » Boccara (P.), « La crise du capitalisme contemporain : à propos de la croissance », *Economie et politique*, novembre 1963, p. 54. P. Boccara renvoie, dans cet article et de façon significative, à l'ouvrage de Varga paru en 1935, *La crise économique, sociale et politique*.

2. Les différentes modalités de transfert de capitaux en faveur des monopoles – subventions, prises de participation, tarifs préférentiels, marchés publics, fiscalité, etc. – sont longuement décrites dans *Economie et politique*. L'une d'entre elles y occupe une place privilégiée jusqu'en 1966 : le budget militaire, ce que les économistes du parti dénomment alors la « militarisation de l'économie ».

manifeste plus dans des récessions cycliques. Elle devient permanente, inhérente aux mécanismes mêmes de régulation du système. Ce dernier, confronté à une concurrence monopoliste de plus en plus vive, serait condamné à une fuite en avant dans la monopolisation et la sur-accumulation de capital [1].

On voit l'intérêt de cette analyse, pour le PCF, par rapport à ses exigences politiques du moment. D'une part, non seulement la réalité de la croissance économique est admise, mais la crise du système capitaliste est réintroduite au sein même de cette croissance. D'autre part, le secteur public et l'Etat y sont présentés comme étant au service exclusif du capital monopoliste. Ce dernier point n'est pas négligeable : il justifie que l'on combatte aussi résolument le gaullisme que les propositions modernistes visant à réformer l'Etat, au moins tant que l'on n'aura pas exproprié le capital monopoliste. En clair : toute réflexion ou proposition sur la planification démocratique, le contre-plan, la politique des revenus, etc., est nulle et non avenue tant que n'ont pas été nationalisés au préalable « les industries de base et les secteurs clés de l'économie ».

Contrairement à une opinion répandue qui voit dans les nationalisations une revendication traditionnelle du PCF influencé par la fascination qu'exerce sur lui le modèle soviétique, cette importance désormais accordée aux nationalisations est tout à fait nouvelle dans les années 1960. Les communistes français ont, certes, défendu les nationalisations à la Libération, mais avec réticence par rapport aux velléités nationalisatrices des éléments réformistes de la SFIO et de la CGT, en y voyant d'abord une sanction des actes de collaboration, puis un instrument au service de la reconstruction nationale, dans une optique productiviste et dans le cadre de la majorité tripartite dont ils font partie. Très vite, avec leur éviction du gouvernement et l'entrée dans la guerre froide, ils vont dénoncer l'Etat-patron et assimiler les entreprises nationalisées aux entreprises privées [2].

---

1. Une synthèse de ces analyses est présentée à la conférence de Choisy-le-Roi ; cf. « Le capitalisme monopoliste d'Etat », *Economie et politique*, 26, 29, numéro spécial, 1966, t. 1, 245 p.

2. Au XXXe congrès de la CGT, mentionné plus haut, Benoît Frachon déclare : « De 1944 à 1947, c'était l'intérêt de la classe ouvrière de redresser l'économie ... Nous avons participé sans réserve à l'effort de reconstruction ... Dans cette période, les nationalisations ont contribué, dans une certaine mesure, à la réalisation de toutes nos tâches, depuis la reconstruction économique jusqu'aux revendications ouvrières. A partir de 1947, les choses ont changé. Les ministres

De fait, ce n'est qu'à partir d'août 1963 que les articles favorables à la nationalisation – en général ou à propos d'un secteur particulier – occupent la première place dans *Economie et politique*. En mai 1964, le XVIIe congrès du parti se prononce pour « l'application d'un plan de développement du secteur nationalisé et des secteurs prioritaires de l'économie, élaboré démocratiquement avec la participation des organisations ouvrières »[1], les nationalisations devenant « une des conditions essentielles pour que l'Etat cesse d'être l'instrument des monopoles ».

La simultanéité dans le temps, entre d'un côté le lancement de la tentative Defferre, et, de l'autre, ce tournant du PCF vis-à-vis des nationalisations, révèle une des fonctions dorénavant décisives de ces dernières : l'exigence d'un seuil élevé de nationalisations va servir de contre-feu aux offensives de la « gauche moderne ». Il n'est pas sûr que ce contre-feu soit le plus efficace à terme – nous aurons naturellement l'occasion d'y revenir – même si les nationalisations vont rencontrer un accueil plutôt favorable dans l'opinion, et même si le parti s'efforce, à partir de la fin de l'année 1965, de les rendre plus attrayantes en multipliant les propositions pour une « gestion démocratique » des entreprises nationalisées et en multipliant les références consensuelles aux « conquêtes » de la Libération.

Insérées dans l'analyse du CME, circonscrites aux « fractions monopolistes » du capital, les nationalisations présentent un avantage dans l'immédiat : en limitant l'expropriation du capital aux seuls monopoles – version actualisée des « deux cents familles » –, elles permettent l'alliance, derrière la classe ouvrière,

---

communistes qui nous soutenaient au sein du gouvernement ont été chassés. Il ne faut pas oublier que le prétexte qui a servi à leur éviction fut le soutien des ouvriers de chez Renault qui réclamaient une augmentation de salaire de dix francs de l'heure. On sait ce que sont devenues les nationalisations entre les mains de gouvernements entièrement soumis aux monopoles et aux grandes sociétés capitalistes. » CGT, *XXXe congrès national de Paris*, 12-17 juin 1955, Paris, édition de la CGT, [sd], p. 52-53. Cf. aussi Bergounioux (Alain), « La CGT », et Becker (Jean-Jacques), « Le PCF » in *Les nationalisations de la Libération. De l'utopie au compromis*, Paris, Presses de la Fondation nationale des sciences politiques, 1987, p. 125-139 et 153-163.

1. Au début des années 1960, la CFTC n'est guère favorable aux nationalisations – à l'exception de celle des banques privées – mais elle ne partage pas non plus l'hostilité qu'elle connaîtra plus tard à leur égard. Le PCF peut donc penser, à l'époque, qu'il pourra s'appuyer sur la CGT et éventuellement sur la future CFDT.

de toutes les autres couches sociales dans un rassemblement antimonopoliste qui se pose en alternative crédible à la tentative de rassemblement des centres préconisée par Gaston Defferre.

Encore faut-il, pour que le parti justifie son rôle moteur dans une telle alliance, que la classe ouvrière, dont il tire sa légitimité, ne s'y trouve pas minoritaire, voire diluée.

Le PCF est, en effet, confronté à la stagnation, sinon au recul relatif, de la population ouvrière française par rapport à l'ensemble de la population active. Deux thèses contradictoires coexistent d'abord au sein du parti. La première, en filiation avec les thèses sur la paupérisation, voit dans cette stagnation de la population ouvrière la conséquence d'une longue période de stagnation de la production [1]. La seconde y voit, au contraire, une tendance à long terme du capitalisme monopoliste d'Etat, liée à l'augmentation de la productivité. Les résultats des recensements – en particulier celui de 1962 – imposent cette seconde thèse mais, du coup, mettent en cause l'identité du parti comme « parti de la classe ouvrière », donnant prise aux interpellations des tenants de la « nouvelle classe ouvrière ». La réponse des communistes va se faire en plusieurs temps.

Ils mettent d'abord l'accent sur l'accroissement de l'ensemble du salariat et sur l'alliance nouvelle de certaines couches sociales (les ingénieurs, les techniciens, les employés) avec la classe ouvrière. Mais même lorsqu'une « avant-garde » de ces couches s'engage dans la CGT, elle ne saurait faire partie de la classe ouvrière [2]. A partir de 1965, il est fait référence à « l'apparition d'éléments nouveaux au sein de la classe ouvrière » [3]. Henri Jourdain, annonçant, dans *Economie et politique*, la conférence de Choisy-le-Roi, invite ses collaborateurs, devant les problèmes nouveaux posés par les ingénieurs, les techniciens et les cadres, à développer « l'analyse théorique marxiste de catégories économiques comme " travail productif et travail improductif ", " travail simple et travail complexe " » [4]. Enfin, le rapport de Serge

---

1. C'est, par exemple, la position d'André Barjonet. Cf. « La classe ouvrière française : nouveaux problèmes », *Economie et politique*, novembre-décembre 1962, p. 172.
2. Houet (R.), « Les ingénieurs », *Economie et politique*, juin-juillet 1963, p. 16.
3. Mury (G.), « A propos de la " nouvelle classe ouvrière " », *Economie et politique*, janvier 1965, p. 105.
4. Jourdain (H.), éditorial d'*Economie et politique*, novembre-décembre 1963, p. 28.

Laurent à Choisy-le-Roi consacre cette évolution en la justifiant par le recours à la notion de « travailleur collectif » :

> Le travail d'étude préparatoire devient de plus en plus un élément même du processus de production. Il fait corps avec le travail productif ... Travailleur collectif, la classe ouvrière comprend donc également ceux qui accomplissent le travail physique et ceux – de plus en plus nombreux – qui concourrent à la fabrication du produit par leur travail intellectuel ou effectuent diverses opérations auxiliaires. Font donc partie de la classe ouvrière non seulement les prolétaires des champs, des usines, des mines et des chantiers qui en forment le cœur, mais aussi l'ensemble des travailleurs – dont l'activité est créatrice de plus-value – intervenant dans la préparation du travail industriel (techniciens et ingénieurs de fabrication, dessinateurs, employés des services de planning et centres de calcul) ou contribuant à l'achèvement du processus de fabrication (travailleurs des transports et télécommunications, conditionneuses, emballeurs, etc.) [1].

Ainsi la classe ouvrière s'accroîtrait numériquement en tant que classe, au prix toutefois d'une diversification accrue de sa composition. Sans revenir davantage sur les débats de l'époque, nombreux, complexes et parfois un peu byzantins, on mesure le chemin parcouru par rapport aux « Thèses » sur la paupérisation absolue, encore mentionnées, rappelons-le, en 1965.

A travers ces débats sur la délimitation de la classe ouvrière, ce qui est en jeu, c'est la réaffirmation de son rôle – et indirectement la réaffirmation du rôle du parti – face à la floraison des discours sur les « forces vives ». Mais c'est aussi et d'abord la direction des mouvements revendicatifs qui commencent à se développer. Le PCF s'efforce donc de rassembler autour de la classe ouvrière le plus grand nombre de salariés. Il faut pour cela dégager des thèmes revendicatifs unifiants et communs à l'ensemble des salariés. Les luttes pour le pouvoir d'achat d'abord, puis pour la défense de l'emploi et de la Sécurité sociale à partir de 1966, permettent effectivement un certain élargissement du mouvement revendicatif. Mais le PCF doit aussi éviter que ce mouvement ne réveille une tradition anarcho-syndicaliste

---

1. Laurent (S.), « Capitalisme monopoliste d'Etat et exploitation de la population laborieuse », *Economie et politique*, numéro spécial sur la conférence de Choisy-le-Roi, art. cité, p. 81. Dans le numéro d'*Economie et politique* de décembre 1966-janvier 1967, Serge Laurent va encore plus loin, parlant, à propos des techniciens non directement liés à la production, de « tendance à une fusion toujours plus accentuée avec la classe ouvrière » (« Données sur les classes sociales en France à l'époque du capitalisme monopoliste d'Etat », p. 55).

latente dans la classe ouvrière française, ou qu'il ne soit dévoyé vers des objectifs réformistes.

Le PCF est ainsi confronté, sinon à des exigences contradictoires, du moins à une marge de manœuvre étroite. Il doit souligner la portée politique des luttes salariales revendicatives développées dans le cadre du capitalisme monopoliste d'Etat et y prendre une part active. Mais il doit aussi, en même temps, en rappeler les limites sans apparaître pour autant comme démobilisateur, s'il veut être à même d'imposer un prolongement politique à ce front revendicatif, dans lequel un rôle prépondérant lui soit reconnu.

Le parti s'efforce donc, avec la CGT, d'inciter à la constitution d'un front syndical commun axé sur des revendications exigeant une relance – directement ou indirectement – du pouvoir d'achat. Sa tâche est facilitée, nous l'avons vu, par la politique salariale recommandée par le pouvoir à partir du plan de stabilisation de novembre 1963. La plate-forme revendicative commune adoptée par la CGT et la CFDT, le 10 janvier 1966, conforte ce premier volet de sa stratégie. Parallèlement, dans le débat qui s'instaure entre la SFIO et le PCF à partir de 1964, celui-ci place l'élévation du pouvoir d'achat au premier rang des objectifs d'un « programme démocratique ».

Cette priorité à la relance du pouvoir d'achat présente, du point de vue du PCF, plusieurs avantages. Elle relègue au second plan les propositions de ceux qui, à gauche, souhaiteraient négocier une politique des revenus, des aménagements aux objectifs du Plan, des mesures d'intéressement et de participation du personnel à la gestion des entreprises, etc. Elle s'oppose fondamentalement à la politique salariale du gouvernement. Elle permet d'opposer les « besoins réels » aux besoins solvables, de dénoncer les « consommations parasitaires » comme la force de frappe et le « gaspillage monopoliste »[1] ; d'opposer plus fondamentalement une gestion économique de plus en plus irrationnelle – celle des monopoles et de leur Etat – à la possibilité d'un autre type de gestion qui s'appuierait à la fois sur les acquis de la « révolution scientifique et technique » et sur un secteur natio-

1. Ce thème du « gaspillage monopoliste » – gaspillage qui résulte principalement, pour les communistes, d'une politique de sur-investissement imposée par une concurrence monopoliste accrue – occupe une place de premier plan dans les écrits économiques du PCF à partir de la fin de l'année 1966.

nalisé, soustrait à la concurrence monopoliste. Le parti pense pouvoir appuyer, de cette façon, sur le mouvement revendicatif immédiat, les fondements de sa stratégie d'alliances antimonopolistes et justifier l'importance accordée aux nationalisations, dans le programme qu'il cherche à négocier avec la SFIO.

Même si l'on tient compte de la dépendance idéologique du PCF vis-à-vis de l'Union soviétique à l'époque[1], et de la contrainte spécifique des transformations institutionnelles de la Cinquième République, cette évolution du discours communiste, du milieu des années 1950 au milieu des années 1960, n'est compréhensible qu'au regard de l'essor du courant réformiste moderniste qui aspire, au même moment, à l'hégémonie au sein de la gauche et menace de marginaliser le parti. Ces deux tentatives de renouvellement idéologique à gauche s'opposent et se conditionnent étroitement. Peut-être est-ce ce qui explique que cette réponse communiste à la technocratie de la « gauche moderne » soit tout aussi technocratique dans son élaboration. La stratégie antimonopoliste et l'analyse qui la fonde ne sont pas d'abord élaborées à partir d'un bilan des aspirations populaires, des luttes locales ou catégorielles, mais, à l'inverse, à partir d'une théorisation au sommet dans laquelle les experts économiques du PCF jouent un rôle majeur[2].

Peut-être est-ce aussi ce rôle prépondérant des experts économiques, finalement dépendants des thèses qu'ils critiquent, qui explique que les thèses du CME reposent, contrairement à la logique du *Capital* de Marx dont elles se veulent un approfondissement, sur une approche positiviste du capital. Isoler des « fractions monopolistes » au sein du capital et les créditer d'une réelle autonomie, c'est cesser de concevoir le capital comme un rapport social d'ensemble[3]. C'est réifier le capital au risque de sous-estimer les dépendances internationales et de surestimer, en revanche, la marge de manœuvre de l'Etat. Les thèses de la « gauche moderne » et celles du PCF s'opposent, certes, fonda-

1. Cf. par exemple Bon (Frédéric), « Structure de l'idéologie communiste » in *Le communisme en France*, Paris, Presses de la Fondation nationale des sciences politiques, 1969, p. 107-140.

2. L'étalage de titres universitaires qui accompagnent la présentation du Traité marxiste d'économie politique consacré au CME est révélateur de ce technocratisme. Cf. *Le capitalisme monopoliste d'Etat*, Paris, Les Editions sociales, 1971, t. 1, p. 5-6.

3. Cf. la critique qu'en fera, après 1968, Jacques Valier, *Le Parti communiste français et le capitalisme monopoliste d'Etat*, Paris, Maspero, 1976, p. 67-102.

mentalement dans leurs démarches : les premières partent d'une analyse purement phénoménale et éclatée des fonctions de l'Etat et du politique ; les secondes privilégient les intérêts économiques et les forces sociales en présence, derrière les institutions et la scène politique. Les premières abondent en propositions concrètes de réforme partielle de telle ou telle modalité de l'intervention étatique. Dans les secondes, l'Etat, constamment nommé et dénoncé, est en même temps absent du point de vue de ses analyses concrètes. Dans l'un et l'autre cas, pourtant une réflexion au fond sur les fonctions spécifiques et le degré d'autonomie de l'Etat moderne dans les pays capitalistes développés n'est pas prise en compte.

Enfin, en se mobilisant de la sorte presque exclusivement contre l'offensive moderniste – plus exactement contre ses manifestations – le PCF risque d'enfermer ses efforts de réactualisation théorique et la révision stratégique qui en découle dans un cadre étroitement conjoncturel, ceci quelles que soient, par ailleurs, les ambitions des théoriciens du CME. Les clubs, le PSU, à un degré moindre la CFTC – future CFDT – sont les premières visées tandis que la SFIO est épargnée. Que la modernité vienne à renouveler sa stratégie – que les velléités affichées de recours à une troisième force fassent place à une réaffirmation incantatoire de fidélité à l'union de la gauche – qu'elle vienne à renouveler ses vecteurs – que les « nouvelles couches moyennes salariées » remplacent les « forces vives », que les clubs, le PSU, la CFDT s'effacent au profit d'une SFIO rénovée – qu'à l'expansion succède la récession, bref, que la conjoncture économique et politique change, le contre-feu communiste à l'offensive moderniste ne risque-t-il pas d'être daté, dépassé, inopérant ?

Le refus de l'alternative « réforme ou révolution » : la nébuleuse déchirée

Ce rappel de l'importance du renouvellement idéologique de la gauche pendant la décennie qui précède les événements de 1968 serait incomplet si l'on omettait l'apport de ceux qui, au sein de la nouvelle gauche, sans nier les thèmes de la modernité, rejettent les thèses de la « gauche moderne » – moins d'ailleurs au fond, dans leur contenu réformiste, que dans leur formulation technocratique –, sans souscrire pour autant à la stratégie du rassemblement antimonopoliste préconisée par les communistes.

Un bon nombre d'entre eux sont des chrétiens de gauche ou des transfuges du PCF. Certains militent au sein de l'UGS, puis du PSU dont ils disputent âprement la direction politique aux éléments de la gauche « moderne » qui adhèrent à ce parti. D'autres, souvent les mêmes, sont engagés à la CFTC, au CNJA, à l'UNEF. D'autres encore, ou les mêmes, participent au débat politique par l'intermédiaire de chroniques dans *France-Observateur* – hebdomadaire, à l'époque, d'une audience non négligeable et proche du PSU – ou en animant des revues à diffusion plus restreinte, tantôt proches du PSU, comme *Les Cahiers du Centre d'Etudes socialistes* ou *Perspectives socialistes*, tantôt indépendantes de toute attache partisane, comme *Les Temps modernes, Arguments, Socialisme ou barbarie*, etc. D'autres enfin, ou toujours les mêmes, cherchent à utiliser politiquement la légitimation personnelle que leur donnent leur condition d'universitaire ou de chercheur et l'impact de la publication de leurs travaux scientifiques.

Encore une fois, cet univers n'est pas cloisonné et les mêmes individus cumulent souvent un engagement politique au PSU, un engagement syndical et une présence éditoriale dans telle ou telle revue. Par ailleurs, et indépendamment de la coexistence institutionnalisée au sein du PSU, cette nébuleuse n'est pas non plus absolument coupée de la « gauche moderne » qu'elle côtoie dans les syndicats, dans les colloques, les tables rondes et les rencontres organisées des revues ou des clubs [1]. L'ouvrage de Serge Mallet, un des principaux animateurs de cette nébuleuse et futur théoricien des luttes pour le contrôle ouvrier, contient ainsi un

---

1. Ecoutons un de ces chefs de file du mouvement, en 1962 : « Sa grande chance – et en même temps sa justification –, c'est la présence, dans ses rangs ou à ses côtés, d'un nombre important de militants syndicalistes, de cadres techniques, de responsables d'organisations de jeunesse et d'organisations culturelles. Il lui faut s'organiser de manière à mettre ces éléments au centre de son action, quitte à bousculer les règles habituelles de la formation d'un parti : l'adhésion formelle au PSU importe moins à mes yeux que la participation effective aux efforts de coordination entrepris dans tel ou tel secteur déterminé. » Martinet (Gilles), *Le marxisme de notre temps*, Paris, Julliard, 1962, p. 159. On retrouve les « forces vives » chères à la « gauche moderne » sans toutefois le projet de constitution du grand parti centriste.

important chapitre introductif déjà publié auparavant dans *L'Etat et le citoyen*, du club Jean-Moulin[1].

A l'image de la diversité de ses origines et des modalités de son engagement, cette nébuleuse apporte dans le débat politique en cours une contribution infiniment moins homogène que celle de la « gauche moderne » et, a fortiori, que celle du PCF.

Contrairement à la « gauche moderne » qui rejette purement et simplement le marxisme comme étant inadéquat à la compréhension des sociétés industrielles développées, différemment aussi du PCF qui le considère comme un instrument d'analyse irremplaçable, ayant simplement besoin d'être actualisé, tous ici se réfèrent au marxisme de Marx tout en considérant qu'il doit être sérieusement révisé. En revanche, sur le type de révision nécessaire, les divergences théoriques sont importantes sans qu'il y ait toujours un rapport étroit entre celles-ci et les divergences plus immédiatement politiques. Cette référence au marxisme doit être mise en rapport avec le réveil de la réflexion marxiste au début de ces années 1960 et la redécouverte des œuvres du « jeune Marx »[2]. Elle concerne toute une partie de l'intelligentsia. Elle n'est pas toujours dépourvue d'opportunisme[3]. De toute façon, qu'y a-t-il de commun entre ceux qui prônent avec Sartre un retour à une ontologie plus heideggerienne que marxiste, le projet anthropologique biologisant d'un Edgar Morin, la réflexion sur les formes contemporaines de l'aliénation d'un Henri Lefebvre, la critique provocatrice et esthétisante d'un Guy Debord ou d'un Raoul Vaneigem, et les sociologies empiriques d'un Serge Mallet ou d'un Pierre Belleville ?

Les divergences opposent les différentes chapelles quand elles ne les traversent pas. Elles caractérisent évidemment les organes de réflexion qui se veulent précisément des lieux d'échange et de confrontation, comme la revue *Arguments*[4]. Mais l'existence de ces divergences se retrouve aussi, ce qui est moins évident, non seulement au sein de l'ensemble du PSU mais au sein même de

---

1. Cf. « Syndicalisme et société industrielle » in Mallet (Serge), *La nouvelle classe ouvrière*, Paris, Le Seuil, 1963, p. 27-74.
2. Notamment sous l'impulsion de Louis Althusser dès 1960.
3. Par exemple, que reste-t-il de marxiste, en fin de course, dans un ouvrage comme *Le marxisme de notre temps* ?
4. Cf. Delannoi (G.), « Arguments, 1956-1962, ou la parenthèse de l'ouverture », *Revue française de science politique*, 1, février 1984, p. 127-145.

chacune des tendances de ce parti[1]. Ces divergences idéologiques compromettent constamment le regroupement de tous ceux qui s'affrontent, à l'intérieur du PSU, aux représentants de la « gauche moderne », lesquels sont d'ailleurs également divisés.

Il n'est pas question de retracer ici l'histoire de ces rivalités et de ces affrontements, qui demanderait plusieurs ouvrages à elle seule. Notons simplement que l'exemple des déchirements internes du PSU est utilisé comme repoussoir par les directions du PCF et de la SFIO, lorsqu'elles sont confrontées à une contestation interne. La plupart des membres de cette nébuleuse partagent néanmoins un double refus, sur lequel il convient de s'arrêter : le refus du recours à une troisième force – ce qui devrait les écarter de la « gauche moderne » et les rapprocher du PCF – et celui du dilemme « réforme ou révolution », dont ils estiment que c'est une fausse alternative.

Cette nébuleuse s'efforce vainement, à l'occasion des tentatives de coordination des actions des forces de gauche contre la guerre d'Algérie, de mettre fin à l'isolement du PCF. Jean-Paul Sartre et *Les Temps modernes* dénoncent avec constance l'anticommunisme de la bourgeoisie mais ils sont assurément plus proches des communistes italiens que du PCF[2]. L'anticapitalisme de *Socialisme ou barbarie* est constant mais coexiste avec une dénonciation tout aussi constante de la « bureaucratisation » des organisations ouvrières. Dès sa création, en avril 1960, les statuts de la principale expression politique partisane de cette nébuleuse, le PSU, se réfèrent à une « Charte pour l'unification socialiste » mais cette charte reste, dans son esprit, fondamentalement social-démocrate. Si cette ligne politique unitaire n'est pas dépourvue d'ambiguïté, elle a toutefois le mérite d'exister. Lorsqu'en décembre 1962, Georges Brutelle lance à la SFIO l'idée des « colloques socialistes », les « unitaires » au PSU refusent d'y participer tant que le PCF n'y sera pas également invité. Claude Bourdet s'efforce de populariser le thème d'un « front socialiste » qui regrouperait nationalement et localement l'ensemble des par-

1. Cf. Nania (Guy), *Un parti de la gauche, le PSU*, Paris, Gedalge, 1966, p. 193-206. Ainsi au congrès d'Alfortville, en janvier 1963, six motions s'affrontent. Pour accroître encore la confusion des débats, ces clivages ou ces sensibilités partagent chaque militant.

2. Cf. Burnier (Michel-Antoine), *Les existentialistes et la politique*, Paris, Gallimard, 1966, p. 158-159.

tis et des organisations syndicales de gauche[1]. Le PSU condamne très vite le projet Defferre de constitution d'une grande fédération[2]. Si, en octobre 1965, le conseil national du PSU se rallie à la candidature de François Mitterrand, il décide en même temps – à la suite d'une motion présentée par Michel Rocard – de faire campagne sur ses propres thèmes en faveur d'une « alternative socialiste ».

Nous avons rappelé la confusion des clivages politiques qui opposent, au sein du PSU, ces « unitaires » aux partisans de la « gauche moderne ». Le PCF n'apprécie guère, par ailleurs, la présence de nombreux anciens communistes au sein de ces « unitaires ». Surtout, il ne souhaite pas entamer avec la « petite gauche » un dialogue qui risquerait de compromettre le rapprochement en cours avec son allié « naturel », la SFIO. Cette dernière, de son côté, n'a aucune raison d'encourager une force politique directement concurrente avec elle, sur sa gauche. De fait, quels que soient les préalables que met le PSU à une participation du PCF, ses appels à des manifestations unitaires restent sans effet, hormis quelques manifestations locales isolées contre la guerre d'Algérie.

Le raidissement de la direction communiste envers Jean-Pierre Vigier et l'UEC, après le meeting tenu à la Mutualité le 27 octobre 1960, à l'initiative de l'UNEF, en l'absence du PCF mais avec la participation de la FEN, des unions départementales de Force ouvrière et de la CFTC, de personnalités comme Manuel Bridier ou François Mitterrand et du PSU, annonce, presque dès sa création, l'isolement de ce dernier. La part active qu'il prend à la rencontre de Grenoble, en 1966, consacre l'hégémonie des thèses modernistes en son sein. L'accession de Michel Rocard à sa direction, à l'issue de son congrès en juin 1967, entérine la défaite des « unitaires » et sanctionne son ambiguïté constitutive. Alors que la constitution de la FGDS et la reprise du dialogue de celle-ci avec le PCF commencent, certes difficilement, à se concrétiser, le PSU choisit de réaffirmer sa

1. Bourdet (Claude), *Les chemins de l'unité*, Paris, Maspero, 1964, p. 36-37.

2. « N'ayant ni le nombre, ni la dimension, le PSU ne peut jouer un rôle qu'en exploitant sa position stratégique, c'est-à-dire en axant sa politique sur le thème de " l'unité de la gauche ", en se présentant comme l'anti-Defferre. La candidature Defferre, qui casse en deux la SFIO, lui offre une occasion exceptionnelle. » Poperen (Jean), *La gauche française. Le nouvel âge, 1958-1965*, Paris, Fayard, 1972, p. 435.

spécificité et son autonomie, sur la base de l'alliance contre nature conclue entre Michel Rocard et Marc Heurgon.

Le refus, par cette nébuleuse, de l'alternative « réforme ou révolution » est aussi ambigu, encore qu'il a le mérite de reconnaître les difficultés concrètes que rencontrent les organisations syndicales, sur le terrain, en France mais aussi dans des pays comme la Grande-Bretagne – on suit attentivement dans cette nébuleuse, à l'époque, le mouvement des *shop-stewards*, les délégués d'atelier[1] – ou l'Italie, là aussi, des contacts nombreux existent entre des groupes comme les *Quaderni rossi* ou un leader comme Bruno Trentin, et des revues comme *Les Temps modernes*[2]. A ces tentatives de théorisation des expériences de luttes syndicales développées dans le cadre du « néocapitalisme » – appellation qu'on préfère généralement ici à celle de « société industrielle » ou à celle de CME – s'ajoute, à partir de 1963, l'influence de la révolution culturelle chinoise, en particulier dans sa critique de la division sociale et technique du travail.

Contrairement au PCF qui réaffirme, au même moment, le rôle éminent de la classe ouvrière, quitte à en élargir abusivement ses frontières, contrairement aussi à la « gauche moderne » qui privilégie l'émergence interclassiste des « forces vives », cette nébuleuse se réfère à la classe ouvrière en mettant l'accent sur son hétérogénéité sociologique. La « nouvelle classe ouvrière », en général les éléments les plus qualifiés, dans les industries de pointe[3], est présentée comme étant destinée à prendre la relève

---

1. Ce mouvement est remarqué dès 1956 ; cf. Chaulieu (Paul), « Les grèves de l'automation en Angleterre », *Socialisme ou barbarie*, 19, juillet-septembre 1956, p. 101-115, et suivi ensuite régulièrement. Cf., par exemple, Cardan (Paul) (pseudonyme de Castoriadis), « Le mouvement révolutionnaire sous le capitalisme moderne », *Socialisme ou barbarie*, 33, décembre 1961-février 1962, p. 69 et suiv. Cf. aussi Anderson (Perry), « Les origines de la crise présente » et Topham (Tony), « Shop-stewards, contrôle ouvrier et syndicats », *Les Temps modernes*, 219-220, août-septembre 1964, p. 402-461.

2. Bruno Trentin fournit, par exemple, des contributions importantes aux deux numéros que *Les Temps modernes* consacrent aux « problèmes du mouvement ouvrier » en août-septembre 1964 et en février 1967. Collaborent aussi à la revue Lelio Basso, Lucio Magri, Pietro Ingrao, Paolo Santi, etc.

3. Les travaux d'Alain Touraine ont amorcé cette réflexion mais c'est surtout la publication, en 1963, des ouvrages de Belleville (Pierre), *Une nouvelle classe ouvrière*, Paris, Julliard, 316 p., Mallet (Serge), *La nouvelle classe ouvrière, op. cit.*, p. 266, qui popularise ce thème. Des nuances importantes séparent ces deux analyses. Pierre Drouin en rend compte dans *Le Monde* le lendemain, coïncidence fortuite ?, de la publication dans ce journal du Manifeste présidentiel des « forces vives », le 17 décembre.

de la classe ouvrière traditionnelle. On estime que des grèves d'ores et déjà menées par cette nouvelle classe ouvrière, qui serait plus motivée par des actions contre l'organisation ou les conditions de travail que par les revendications salariales traditionnelles, préfigurent ce que pourrait être une stratégie de rupture progressive, dans le cadre du néocapitalisme.

Sont ainsi renvoyés dos à dos ceux qui, avec la « gauche moderne », proposent des réformes technocratiques au sommet indépendamment d'une mobilisation populaire sur les lieux de production, et ceux qui appellent, à la CGT et au PCF, à une mobilisation de masse sur des revendications économiques immédiates sans avancer en même temps des propositions de réformes politiques de structure, tout aussi immédiates. Plus fondamentalement, c'est la distinction entre lutte économique réformiste et lutte politique révolutionnaire qui est récusée, comme est récusée la distinction traditionnelle, au sein du marxisme et réaffirmée par le XXXe congrès confédéral de la CGT entre les tâches du syndicat et celles du parti :

> Il est devenu impossible de séparer la lutte syndicale, portant sur les conditions et sur l'organisation du travail à l'usine, de la lutte politique ou politico-économique, concernant, par exemple, l'enseignement, l'urbanisme, les services sociaux, les plans de reconversion et de développement des régions et des branches, etc. [1].

Nombreux sont ceux, dans cette nébuleuse, qui estiment avec André Gorz que les campagnes en faveur d'une démocratisation de l'Etat risquent de rester abstraites et démobilisatrices si elles ne s'accompagnent pas d'une mobilisation contre l'arbitraire patronal dans l'entreprise.

D'une certaine façon, ces positions ne sont pas très éloignées, au fond, des proposition d'un André Philip sur la démocratie industrielle ou de celles de François Bloch-Lainé sur la réforme de l'entreprise. Dans la mesure où ils estiment que cette revendication au contrôle ne doit pas s'en tenir à l'atelier, mais s'étendre à la gestion d'ensemble de l'entreprise, de la firme, voire à l'organisation de la branche, on n'est pas très éloigné non plus du contre-plan ou des propositions pour une planification démocratique. En revanche, il y a chez ces théoriciens un souci de la pédagogie de masse, pas toujours exempte d'ouvrié-

---

1. Gorz (André), *Le socialisme difficile*, Paris, Le Seuil, 1967, p. 30.

risme, qui les conduit à privilégier le lien entre le vécu concret de l'exploitation et sa compréhension abstraite. On est ici plus proche de l'action directe chère à la tradition anarcho-syndicaliste que de l'école de citoyenneté revendiquée par la « gauche moderne ». Il y a chez eux, à la différence du reste de la gauche, une attention particulière accordée aux conflits sociaux dans les autres pays capitalistes développés, qui se traduit par la reconnaissance prémonitoire d'une convergence possible entre les luttes ouvrières et les luttes étudiantes. Il y a là une influence de la Révolution culturelle chinoise, que l'on retrouve dans leur tendance à privilégier la contradiction et l'utopie plutôt que le consensus et le réalisme, et qui les oppose profondément à la « gauche moderne ».

L'IMPOSSIBLE ALTERNANCE

En mettant définitivement fin aux espoirs de ceux qui entendaient revenir, une fois la question algérienne résolue, aux pratiques parlementaires de la Quatrième République, l'adoption de l'élection du président de la République au suffrage universel joue un rôle décisif, nous venons de le voir, dans l'effervescence et le renouveau idéologique de la gauche.

Les résultats du référendum d'octobre 1962 et, indirectement, ceux des élections de novembre sont ambigus.

L'hostilité à la révision constitutionnelle rassemble, derrière l'autorité du président du Sénat[1], le PCF, le PSU, la SFIO, le CNI (Centre national des indépendants), les radicaux de l'Entente démocratique, les principales organisations professionnelles et syndicales, la quasi-totalité de la presse écrite[2] et des professeurs de droit public, l'unanimité du Conseil d'Etat, à l'exception du rapporteur sur le projet. Dans ces conditions, le ralliement de

1. Le 30 septembre, devant le congrès du Parti radical à Vichy, Gaston Monnerville parle, à propos de la révision constitutionnelle et du recours au référendum, de « forfaiture ». Le Sénat fait afficher dans toutes les mairies le discours prononcé le 9 octobre par son président, à l'occasion de l'installation du bureau. Cf. Viansson-Ponté (Pierre), *Histoire de la République gaullienne. Mai 1958-avril 1969*, Paris, Laffont, 1984, p. 326.

2. « Pierre Brisson lui-même informe les lecteurs du *Figaro*, le 26 octobre, des difficultés qu'il a à dire *Oui* et de son intention de voter blanc. » Chapsal (Jacques), *La vie politique sous la Ve République*, Paris, PUF, 1984, p. 254.

62,25 % des suffrages exprimés au *Oui* est assurément une victoire pour le gaullisme, que confirment d'ailleurs les élections législatives qui suivent. Mais cette victoire doit d'abord être relativisée : les abstentions représentent 23 % des inscrits ; par rapport à l'ensemble du corps électoral, c'est une minorité – 47 % de *Oui* – qui a répondu favorablement à l'appel du général. Ensuite, cette victoire doit-elle être interprétée comme l'adhésion globale d'une majorité relative du corps électoral à la politique du pouvoir ou, plus spécifiquement, au seul principe de l'élection présidentielle au suffrage universel ?

Intervenant dans la foulée du référendum à l'issue d'une campagne des gaullistes axée sur sa confirmation, le succès inattendu remporté aux élections législatives par les candidats ayant bénéficié du label de l'Association pour la Cinquième République[1] ne lève pas totalement cette ambiguïté. L'élection du président de la République au suffrage universel est une réforme dont la popularité certaine brouille les cartes. Si l'on en croit les sondages disponibles, moins de dix-huit mois plus tard, les trois quarts des Français estiment que c'est « une bonne chose »[2].

Aux élections municipales de mars 1965, malgré une réforme du scrutin pour les villes de plus de 30 000 habitants, l'UNR ne réussit pas la « percée » qu'elle espérait[3]. Le 5 décembre suivant, François Mitterrand réussit à mettre le général de Gaulle en ballottage au premier tour de l'élection présidentielle et il obtient, au second, 45,49 % des suffrages exprimés. Enfin, aux élections législatives de mars 1967, si le rapport des forces électorales reste

---

1. Créée par André Malraux, l'Association pour la Cinquième République accorde son investiture à la totalité des candidats Union pour la nouvelle République (UNR) et Union démocratique du travail (UDT) qui regroupe les « gaullistes de gauche » – ainsi qu'une cinquantaine de candidats indépendants et MRP fidèles au gaullisme. Le 7 novembre, de Gaulle intervient personnellement dans la campagne pour appeler les électeurs à une confirmation du référendum : « Ah ! Puissiez-vous faire en sorte que cette deuxième consultation n'aille pas à l'encontre de la première ! En dépit, le cas échéant, de toutes habitudes locales et considérations fragmentaires, puissiez-vous confirmer, par la désignation des hommes, le choix, qu'en votant *Oui*, vous avez fait quant à notre destin. » Cf. Charlot (Jean), « La tactique et la campagne des partis », *Le référendum d'octobre et les élections..., op. cit.*, p. 78.

2. Parodi (Jean-Luc), Platone (François), « L'adoption par les gouvernés » in *La Constitution de la Cinquième République*, Paris, Presses de la Fondation nationale des sciences politiques, 1985, p. 180-212.

3. Elle ne parvient pas à prendre à l'opposition des villes comme Lyon, Marseille, Toulouse, Lille, Arras, Toulon. Cf. Chapsal (Jacques), *op. cit.*, p. 295.

stable, la discipline des désistements au second tour permet à l'ensemble des formations de gauche de gagner 60 sièges, tandis que la coalition gaulliste en perd 40[1]. La majorité dispose désormais d'une marge de manœuvre extrêmement étroite. Aux yeux de nombreux observateurs, le gaullisme semble usé.

Face à cette usure, la gauche apparaît-elle en mesure, à plus ou moins court terme, de s'imposer comme relève ? L'élection présidentielle a montré que ses chances d'arriver au pouvoir dépendaient de sa capacité à surmonter ses divisions. Les législatives de mars 1967, en renforçant la bipolarisation électorale, placent du même coup l'union de la gauche en situation de seule alternative crédible au gaullisme[2].

Dans l'immédiat, toutefois, ces élections de 1967 se traduisent d'abord, aux yeux des électeurs les moins politisés, le plus grand nombre, par une reconduction – même si c'est grâce à l'appoint des sièges gagnés dans les territoires et les départements d'outre-mer – de la majorité sortante, tandis qu'un long chemin reste à faire pour parvenir à une union de la gauche effective, qui dépasse le simple accord tactique sur un désistement au second tour en faveur du candidat de gauche le mieux placé. Les frustrations risquent d'être d'autant plus grandes, pour ceux qui aspirent à un changement politique, que *La gauche française en mouvement*[3] semble faire du sur-place et que le fait majoritaire les condamne à rester durablement dans l'opposition.

---

1. Cf. Lancelot (Alain), Platone (François), « L'union des gauches au second tour des élections de mars 1967. Présentation statistique » in *Les élections législatives de mars 1967*, Paris, Presses de la Fondation nationale des sciences politiques, 1970, p. 389-399.

2. « La " Ve République " s'est battue contre toutes les formations, mais en fait, au premier comme au second tour, son adversaire a bien été, dans la majorité des circonscriptions, un candidat de gauche. Cela suffit, sur le seul plan électoral, à la camper comme *l'anti gauche*, même si depuis 1958 une bonne partie de l'électorat jadis orienté à gauche ne lui a pas encore retiré sa confiance. *Dans le rapport des forces politiques*, il est devenu parfaitement vrai que " la " gauche fait figure maintenant d'alternative du gaullisme. » Lavau (Georges), « Les élections de mars 1967 », *Esprit*, 5, mai 1967, p. 946 (souligné dans le texte).

3. Cf. Barrillon (Raymond), *La gauche française en mouvement*, Paris, Plon, 1967, 231 p.

L'usure du gaullisme et son échec comme vecteur de la modernité

Si un certain consensus accueille les nouvelles institutions et accompagne la politique étrangère du général de Gaulle au cours de la période, la politique économique et sociale constitue, en revanche, le talon d'Achille du pouvoir. Les Français sont pessimistes quant à leur avenir économique et ce pessimisme gagne brutalement du terrain à partir de 1966 : ils ne sont que 14 % à « penser que, dans les mois qui viennent, la situation économique de la France va se détériorer », en septembre 1965, contre 31 % en juillet 1967 et 50 % en avril 1968 [1]. Ils croient massivement au caractère inéluctable de l'inflation. Ceux d'entre eux qui estiment que leur niveau de vie a augmenté restent, comme c'était déjà le cas sous la Quatrième République, très minoritaires [2]. Enfin, s'ils ne sont, en août 1963, que 26 % à « penser que le chômage va augmenter dans les six prochains mois », ce diagnostic inquiétant est partagé par 50 % des interviewés en février 1966 et par 53 % d'entre eux en avril 1967 [3].

La popularité du général n'a jamais été aussi grande qu'aux temps de l'incertitude algérienne : 74 % des Français se déclarent « satisfaits du général de Gaulle comme président de la République » en février 1960, au moment de l'affaire des barricades d'Alger [4]. Moins d'un an après la fin de la guerre et l'indépendance de l'Algérie, 70 % d'entre eux estiment que les problèmes économiques et sociaux sont « les plus importants pour la France ».

En cette année 1963 – année dont l'UNR-UDT voulait faire une « année sociale » et qui voit la généralisation de la quatrième semaine de congés payés – la popularité du général tombe à son niveau le plus bas, 42 %, à l'occasion de la grève des mineurs. Se sentant peut-être conforté par les résultats du référendum et des élections obtenus quelques mois plus tôt, confronté aux revendications d'un secteur condamné par la modernisation économique, le pouvoir a choisi l'épreuve de force en multipliant

1. Sur l'état de l'opinion vis-à-vis du gaullisme et de sa politique, cf. la synthèse très complète établie par Jean Charlot à partir des sondages de l'IFOP, *Les Français et de Gaulle*, Paris, Plon, 1971, p. 296.
2. *Ibid.*, p. 299.
3. *Ibid.*, p. 300.
4. *Ibid.*, p. 39-55.

les maladresses[1] pour finalement capituler. La popularité du général remonte ensuite, mais elle n'atteindra jamais plus ses niveaux antérieurs. Cette grève illustre l'ambiguïté fondamentale qu'entretient le gaullisme au regard de la modernité[2], ambiguïté que l'on retrouve dans la composition des bases sociales sur lesquelles il s'appuie.

Les mécontents dominent largement chez les personnes ayant fait des études supérieures – ceci durant toute la période, quels que soient leur âge, leur sexe, leur profession ou leur lieu de résidence – et chez les jeunes ouvriers ; la vieillesse et la ruralité incitent au contraire grandement à la satisfaction vis-à-vis du général[3]. Les bastions sociologiques du gaullisme sont en quelque sorte le négatif des « forces vives » exaltées par la gauche moderne. Tout, chez eux, les oppose à cette modernité dans laquelle le nouveau régime et ses dirigeants voudraient s'incarner.

Le gaullisme entend s'allier aux fractions les plus dynamiques du patronat et du monde du travail pour imposer la modernisation économique et sociale face aux conservatismes notabiliaires, mais il refuse en même temps, au fond, de prendre en compte ces intermédiaires obligés que sont les organisations professionnelles et syndicales. La mise en place des institutions régionales est, de ce point de vue, exemplaire[4].

La création, en mars 1964, des Commissions de développement économique régional aurait pu être l'amorce d'une alliance avec les « forces vives » – en particulier avec la CFDT, dont nous

1. Ainsi, le décret de réquisition pris par le général de Gaulle, le 2 mars 1963, est signé de Colombey-les-deux-Eglises.

2. « Comme il a dû assumer les responsabilités de l'amputation algérienne, il lui faut maintenant faire exécuter le projet de réduction de 14 % de la production charbonnière décidée en 1960 ... Ainsi le grand affrontement de 1963 manifeste-t-il le double visage de ce régime d'ordre et de modernité, d'autorité et de mutation, qui réquisitionne les mineurs aussi brutalement que l'eût fait Clemenceau, mais dans une perspective qui change le sens de cette opération punitive. » Lacouture (Jean), *De Gaulle*, Paris, Le Seuil, t. 3, *Le souverain*, 1986, p. 595.

3. Charlot (Jean), *Les Français et de Gaulle*, *op. cit.*, p. 109-123.

4. Cf. Grémion (Pierre), *Le pouvoir périphérique. Bureaucrates et notables dans le système politique français*, Paris, Le Seuil, 1976, 478 p. Cet auteur estime qu'il ne faut pas voir dans cette réforme une tentative du gaullisme pour développer son implantation locale. Ces institutions répondent toutefois au désir d'affaiblir des assemblées départementales qui lui sont alors le plus souvent hostiles. Cf. Marchand (Marie-Hélène), *Les conseillers généraux en France depuis 1945*, Paris, Presses de la Fondation nationale des sciences politiques, 1970, p. 192. Que cette tentative se soit soldée par un renforcement de l'échelon départemental est une autre affaire.

avons vu la sensibilité aux thèmes planificateurs et participationnistes – contre les réseaux notabiliaires traditionnels. Si le quart des membres des CODER sont nommés par le Premier ministre et le quart par les conseils généraux, la moitié d'entre eux sont, en effet, nommés par les chambres de commerce, d'agriculture et de métiers, et par les organisations syndicales d'employeurs et de salariés. Or ces CODER n'ont ni budget, ni droit de saisine. Leurs avis n'engagent même pas leur préfet de région. Le 20 novembre 1964, d'ailleurs, des instructions du Premier ministre recommandent aux préfets une pratique restrictive des procédures de consultation [1]. « Dès 1967, c'est-à-dire dès la fin de la phase d'élaboration de la régionalisation du Ve Plan, il est clair que la CODER est un échec. [2] »

Qu'on nous permette de rappeler ici notre témoignage sur une anecdote significative des rapports que le pouvoir entretient avec les organisations syndicales. Le 8 janvier 1968, Jacques Chirac, alors secrétaire d'Etat à l'Emploi, doit participer à une réunion de la CODER Rhône-Alpes qui se tient à la préfecture du Rhône. En arrivant à la réunion, le matin, les membres de la CODER apprennent que l'ordre du jour, initialement limité aux problèmes régionaux de l'emploi, a été étendu à l'ensemble de la situation économique locale. A midi trente, les représentants de la CGT et de la CFDT demandent, avant la suspension de séance, que l'on reporte le vote de l'avis sur l'emploi à la reprise des travaux qui a habituellement lieu à quinze heures. Ils déclinent ensuite l'invitation au déjeuner de la préfecture pour se rendre dans un restaurant voisin, afin d'y préparer un texte de compromis qui puisse rallier les votes des autres organisations syndicales. Lorsqu'ils regagnent la salle de réunion, un peu avant quinze heures, ils apprennent que le vote a eu lieu en leur absence, la séance ayant repris un quart d'heure plus tôt que l'horaire habituel.

La première ordonnance sur l'intéressement des travailleurs, le 7 janvier 1959, suscite l'hostilité de la plupart des organisations syndicales. Fidèle à sa vision consensuelle de l'ordre économique et aux projets d'« association capital-travail » du RPF, le général associe, le 31 décembre 1960, à l'occasion de la présentation de ses vœux aux Français, l'intéressement des travailleurs à la

1. Grémion (Pierre), *Le pouvoir périphérique, op. cit.*, p. 78.
2. *Ibid.*, p. 133.

nécessité « d'en finir avec les séquelles périmées de la lutte des classes d'autrefois ». Cet ambitieux projet de participation n'est toutefois défendu que par quelques personnalités comme Louis Vallon, René Capitant, Léo Hamon. Il n'a qu'une audience très limitée au sein du personnel politique gaulliste et ne bénéficie d'aucun relais à gauche. Plusieurs événements contribuent pourtant à le réactualiser entre 1961 et 1965 [1].

L'encyclique *Mater et magistra* de 1961 considère que les travailleurs ont une créance « là où il y a autofinancement par prélèvement sur ce qui, dans le produit, est imputable au travail ». En août de la même année, Marcel Loichot [2] diffuse une « Contribution à l'approche d'une doctrine pan-capitaliste ». Après une critique du communisme et de l'« oligocapitalisme », ce texte propose la réalisation du pan-capitalisme par l'attribution, au personnel des entreprises de plus de dix salariés, d'une part des accroissements d'actifs réalisés par autofinancement, sous la forme de distributions gratuites d'actions [3]. Le IVe et plus encore le Ve Plan privilégient, en effet, la relance de l'investissement par l'autofinancement. Le rapport Massé, établi après la conférence des revenus, tenue entre octobre 1963 et janvier 1964, après la grève des mineurs, estime que cette question de la participation des salariés à l'autofinancement est liée à toute politique des revenus. Saisissant l'occasion d'une loi du 12 juillet 1965 qui avantage fiscalement les entreprises et les détenteurs de valeurs mobilières, se référant au « plan Loichot », Louis Vallon fait adopter en contrepartie un amendement prescrivant au gouvernement de déposer, avant le 1er mai 1966, un projet de loi

---

1. Cf. Casanova (Jean-Claude), « L'amendement Vallon », *Revue française de science politique*, 1, février 1967, p. 97-109.

2. « Polytechnicien, fondateur et dirigeant d'un très important groupe d'entreprise de conseil et d'organisation, aujourd'hui animateur d'un mouvement de réforme sociale, M. Loichot se range dans une tradition bien ancienne d'ingénieurs réformateurs, qui remonte aux saint-simoniens, que l'on retrouve avant-guerre dans X-Crise, autour de Coutrot. Cette famille, que Thibaudet nommait les " industrialistes ", se définit plus par son style que par le contenu de ses réformes : simplicité des remèdes, généralement d'ordre économique, universalité de leur application, tous les problèmes sociaux et politiques pourront être résolus, prosélytisme doctrinal. En mai 1966, il créé l'Union pan-capitaliste. Il dit " pancapitalisme " pour les mêmes raisons et de la même façon que Coutrot disait " transcapitalisme ". » *Ibid.*, p. 102.

3. « Les travailleurs sont alors à échéance brève transformés en capitalistes non différenciables des autres ... L'état de prolétaire a donc disparu et tous les hommes ont retrouvé leur originale dignité. » Loichot (Marcel), *La réforme pan-capitaliste*, Paris, Laffont, 1966, p. 207.

« définissant les modalités selon lesquelles seront reconnus et garantis les droits des salariés sur l'accroissement des valeurs d'actifs des entreprises dû à l'autofinancement ». René Capitant juge alors cette décision « d'une importance politique capitale »[1]. Le 18 mars 1966, Michel Debré, ministre de l'Economie et des finances, confie à Raymond Mathey la présidence d'une commission[2] chargée de présenter, sur la base d'une interprétation restrictive de l'amendement Vallon[3], des propositions au gouvernement. La commission Mathey va proposer un intéressement facultatif, basé non plus sur l'autofinancement mais sur les bénéfices, à partir d'un critère complexe de répartition entre actionnaires et salariés prenant en compte le rapport entre les charges salariales d'une part, la valeur ajoutée ou le chiffre d'affaires d'autre part.

Les divergences au sein de la majorité, vis-à-vis de la participation, se cristallisent à l'occasion de la préparation des élections législatives de 1967. Michel Debré parle de « mythe diabolique », Albin Chalandon agite le spectre de la « République populaire », tandis que Valéry Giscard d'Estaing et les républicains indépendants rendent « la tornade Vallon » responsable de la baisse boursière. Le manifeste programmatique de la majorité est rendu public le 30 septembre 1966, après de difficiles négociations arbitrées par Georges Pompidou ; il ne contient rien sur la participation. Le général de Gaulle s'y réfère, en revanche, longuement, dans sa conférence de presse du 28 octobre. S'appuyant sur cette conférence, les gaullistes de gauche obtiennent finalement, à la veille des élections, que le programme de la majorité sortante fasse de la mise en œuvre de la participation un des objectifs de la prochaine législature. Pendant la campagne proprement dite, le débat sur les institutions éclipse toutefois celui sur la participation.

---

1. Capitant (René), *Ecrits politiques, 1960-1970*, Paris, Flammarion, 1971, P. 326.

2. Raymond Mathey est conseiller-maître à la Cour des comptes. Y participent deux universitaires, Raymond Barre et Alfred Sauvy ; Jacques Plassard, journaliste à *La Vie française*, un industriel G. Perrineau, Jean Ripert, R. Belin et R. de Lestrade.

3. Cf. le préambule, *Rapport de la Commission d'étude du problème des droits des salariés sur l'accroissement des actifs dû à l'autofinancement*, Paris, Imprimerie nationale, juillet 1966, p. 5. « L'empressement mis par le gouvernement à publier ce texte montre bien qu'il en était parfaitement satisfait. » Casanova (Jean-Claude), art. cité, p. 107.

Les deux ordonnances, finalement promulguées le 17 août 1967, sur la participation obligatoire des salariés aux fruits de l'expansion et sur les plans d'épargne-entreprise, provoquent une réaction négative immédiate du CNPF, tandis que 51 % des Français avouent que « la participation des travailleurs aux bénéfices des entreprises les laisse indifférents »[1]. Cette réforme intervient de toute façon trop tardivement. Non seulement les Français n'ont, nous l'avons vu, pas l'impression d'avoir bénéficié des années de croissance, mais ils sont de plus en plus nombreux à manifester leur inquiétude quant à l'évolution de la conjoncture économique.

Qu'il s'agisse du Plan, de la politique des revenus, de la régionalisation ou de la participation, la modernisation des structures économiques et sociales du pays est une préoccupation constante du gaullisme et une nécessité, compte tenu des ambitions de sa politique étrangère. Cet impératif de modernisation n'en reste pas moins assujetti à un conservatisme social, à une défense du franc et à une rigueur budgétaire plus proches des idées d'un Poincaré que de celle du club Jean-Moulin, pourtant sur-représenté parmi les hauts fonctionnaires qui servent le pouvoir. Cet impératif de modernisation est, en fait, émasculé dans des politiques qui restent sur la défensive, sous la direction de conservateurs : Antoine Pinay, Wilfrid Baumgartner, Michel Debré, Valéry Giscard d'Estaing ou Georges Pompidou. Quand le personnel politique de la majorité découvrira – bien après ses hauts fonctionnaires et bien après les visions fulgurantes mais isolées d'un André Malraux – la carte de la modernité, ce sera de façon aussi naïve que plaquée, à l'occasion des élections législatives de mars 1967, sous l'impulsion des officines en marketing politique[2]. La coalition « Cinquième République » n'obtient que 231 des 470 sièges métropolitains et ne conserve la majorité qu'avec l'appoint de 14 des 17 circonscriptions d'outre-mer.

---

1. Charlot (Jean), *Les Français et de Gaulle, op. cit.*, p. 314.

2. Service et méthodes – déjà utilisé par Jean Lecanuet pendant sa campagne à l'élection présidentielle de 1965 – est recruté par Jacques Baumel, secrétaire général de l'UNR-UDT, pour mener « avec une rigueur scientifique » la campagne des candidats gaullistes. Les républicains indépendants font appel, pour ce qui les concerne, à l'agence R.L. Dupuy. Sur ces campagnes, cf. Charlot (Jean), « La campagne de la majorité » in *Les élections législatives de mars 1967, op. cit.*, p. 164-177.

Ainsi, curieusement, dans ces années 1960, le gaullisme a fait ratifier par le corps électoral une transformation radicale des règles du jeu politique français, mais il n'a pas pu – ou pas su, trop enfermé dans un paternalisme plus caractéristique du XIXe que du XXIe siècle à venir – encaisser les dividendes de la modernité liée à cette transformation.

Le manque d'emprise du gaullisme sur la société française résulte principalement de sa faible implantation dans les organisations professionnelles, à l'exception d'une large partie du patronat. Du côté du monde paysan, la FNSEA lui est hostile et le CNJA regarde, à cette époque, du côté du club Jean-Moulin et de la CFDT. Une fraction importante du petit commerce, sensible aux thèses de Poujade, reproche au général d'avoir abandonné l'Algérie. Dans le monde des salariés, les interlocuteurs favorables se dénombrent aisément. A la CGT, Pierre Le Brun est un isolé qui quittera le bureau confédéral en 1966. La FEN est dressée contre la loi Debré en faveur de l'école libre. La même sensibilité laïque se retrouve à Force ouvrière, où Raymond Le Bourre, qui a plaidé en faveur des nouvelles institutions, n'a guère d'écho. La CFDT comporte quelques individualités en faveur du gaullisme comme Georges Levard et si un dialogue s'est amorcé avec les gaullistes de gauche, il vise surtout à trouver un partenaire politique pour lutter contre la guerre d'Algérie et, passée celle-ci, n'empêche pas l'évolution de la centrale vers la gauche d'autant que la scission de 1964 entraînera le départ des éléments les plus conservateurs vers la CFTC maintenue.

1965 : un succès inattendu aux suites incertaines

Nous avons déjà évoqué le succès relatif de François Mitterrand face au général de Gaulle, comme « candidat unique » de la gauche à l'élection présidentielle de 1965.

Cette unicité de candidature révèle le chemin parcouru au sein de la gauche, quelles que soient les arrière-pensées des uns et des autres, depuis l'installation de la Cinquième République. Le 17 novembre 1965, Guy Mollet et Waldeck Rochet assistent, assis côte à côte, à la seconde conférence de presse donnée par François Mitterrand à l'hôtel Lutétia. En mai 1958, Guy Mollet, négociant son appui au général de Gaulle, lui écrivait :

J'ai cru comprendre le jeu terrible des Bolcheviks ...

S'ils peuvent apparaître comme ayant été les seuls défenseurs de la liberté, de la République qu'ils méprisent, que vous ne menacerez pas mais que vos nouveaux supporters mettent en cause, si ensuite, dans l'hypothèse de votre succès, ils savent attendre l'heure des désillusions et des difficultés que la situation rend inévitables, ils pensent bien être vos successeurs. Quand ? Dans dix semaines, dix mois ou dix ans ; que leur importe ?

Et nous, les démocrates socialistes, nous sommes obligés de vous crier : pensez à l'avenir des libertés que vous nous avez tant aidés à conquérir [1] !

Cohérent avec cette analyse qui place alors à égalité les risques d'un coup d'Etat des ultras et des militaires favorables à l'Algérie française ou d'un coup de force communiste, le secrétaire général de la SFIO a accepté d'être ministre d'Etat dans le dernier gouvernement de la Quatrième République, présidé par le général de Gaulle et investi le 1er juin 1958.

Toutefois, après la scission du Parti socialiste autonome (PSA) au congrès socialiste d'Issy-les-Moulineaux en septembre, après les résultats des élections législatives de novembre – avec le nouveau mode de scrutin, les socialistes ne conservent que 44 sièges alors qu'ils en avaient 96 dans l'Assemblée précédente – et avec l'annonce de la mise en œuvre des mesures économiques d'austérité du plan Rueff, Guy Mollet démissionne du gouvernement, le 27 décembre. Mais c'est surtout la fin de la guerre d'Algérie et la présidentialisation du régime, avec le référendum d'octobre 1962, qui conduisent Guy Mollet à entrer dans une opposition résolue au gaullisme, d'abord au sein du « cartel des *Non* ». Le 26 octobre encore, malgré les tentatives répétées d'ouverture de la part du PCF [2], la SFIO souscrit à un programme d'action commun conclu avec les radicaux, le MRP et les Indépendants. Le 12 novembre, moins d'une semaine avant le premier tour des législatives, Guy Mollet donne brusquement un coup de barre à gauche, annonçant qu'il fera voter communiste au second tour, là où les électeurs n'auront le choix qu'entre un

1. Reproduite in Mollet (Guy), *13 mai 1958-13 mai 1962*, Paris, Plon, 1962, p. 9.

2. Le comité central de Bezons, les 31 mai et 1er juin 1962, avance officiellement, pour la première fois, « l'idée d'un programme établi en commun par les groupements et les partis démocratiques ». Le comité central d'Ivry, les 4 et 5 octobre, accepte de se limiter à un « Marchons côte à côte pour frapper ensemble ».

candidat du PCF et un candidat de l'UNR. Ces désistements de type « Front populaire » permettent effectivement, au second tour, de limiter les conséquences du raz de marée UNR du premier : le PCF passe de 10 à 41 députés, la SFIO de 43 à 66. Les électeurs de gauche ont finalement été relativement nombreux à ratifier cette stratégie d'union de la gauche.

Au conseil national de la SFIO à Puteaux, le 16 décembre, Guy Mollet confirme ce tournant – il évoque même, pour le futur, une possible « réunification du mouvement ouvrier » – tout en en limitant la portée, dans l'immédiat, à ses aspects défensifs – et il évoque, cette fois, le « coup de Prague ». Le secrétaire général est, en effet, confronté à l'offensive de tous ceux qui – dans le parti, derrière Gaston Defferre ou Francis Leenhardt, ou à l'extérieur, dans la gauche moderne – aspirent à un regroupement autour de la SFIO, des radicaux et du MRP dans un grand Parti social-démocrate rénové. La question des rapports avec les communistes revêt donc maintenant un contenu nouveau. Au congrès d'Issy-les-Moulineaux, du 30 mai au 2 juin 1963, Guy Mollet se prononce pour la nationalisation des banques d'affaires et pour la reprise d'un dialogue public avec le PCF. En ne s'opposant pas frontalement à une exigence, répandue chez les élus et une partie des militants, d'ouverture et de rénovation de la « vieille maison », mais en imposant progressivement des conditions qu'il sait inacceptables par le MRP, sinon par les radicaux, Guy Mollet se met en situation de faire échouer l'offensive moderniste, le moment venu.

Gaston Defferre et la gauche moderne lui facilitent d'ailleurs les choses, nous l'avons vu. Dès le 12 janvier 1964, le maire de Marseille, exposant les mobiles et le sens de sa candidature, annonce qu'il refusera toute négociation avec le PCF. Le lendemain, *Le Populaire* (l'organe de la SFIO) commence une présentation comparée des positions doctrinales de la SFIO et du PCF. L'année 1964 paraît d'abord tourner à l'avantage du maire de Marseille. Début février, un congrès extraordinaire de la SFIO, réuni à Clichy, approuve à l'unanimité la candidature de Gaston Defferre. Les premiers « colloques socialistes », dont l'initiative revient à Georges Brutelle, secrétaire national adjoint, se tiennent les 11-12 avril et les 23-24 mai, mettant en présence des représentants de la SFIO, du PSU, de l'UDSR et des clubs. En revanche, les « Assises de la démocratie » refusent, à Vichy, de prendre position sur une candidature quelconque et les comités « Horizon 80 » ne réussissent pas la mobilisation escomptée.

En fait, les conditions de l'échec de la tentative Defferre sont déjà réunies. La stratégie de troisième force qu'elle sous-tend se heurte au virage à gauche de Guy Mollet et à une volonté d'ouverture du PCF confirmée par son XVIIe congrès, du 14 au 17 mai. Waldeck Rochet succède au secrétariat général à Maurice Thorez qui est élu à la présidence du parti. Le congrès enterre les thèses sur la paupérisation absolue, assouplit l'opposition au Marché commun en reprenant les thèses autrefois condamnées de Casanova, Servin, Kriegel-Valrimont et Pronteau, sur les « contradictions inter-impérialistes croissantes » ; il insiste sur la « voie pacifique » de passage au socialisme. Enfin, dans son discours de clôture, Maurice Thorez avalise l'orientation unitaire [1]. Les accords électoraux de type « Front populaire » réapparus aux législatives de 1962 sont reconduits dans la Seine, pour les municipales de mars 1965, où ils permettent d'éviter que l'UNR et les républicains indépendants n'obtiennent la majorité absolue. Mais l'opinion retient surtout le succès de la liste des « forces vives » conduite sous la direction d'Hubert Dubedout, à Grenoble. La gauche moderne semble regagner du terrain. Au congrès de Clichy, du 3 au 6 juin, Gaston Defferre attaque le projet de « petite fédération » regroupant la SFIO, le PSU et les radicaux – avancé par Guy Mollet. Les conditions de sa réélection à la mairie de Marseille, contre les communistes et avec l'appui des indépendants et du MRP, l'ont en effet renforcé dans sa conviction du bien-fondé d'un regroupement de la troisième force, autour de la SFIO comme centre de gravité. Le projet de « petite fédération » de Guy Mollet est un contre-feu qu'il lui faut prendre de vitesse. Guy Mollet se rallie finalement à la proposition de Gaston Defferre, tout en l'assortissant de conditions qui la rendent impossible.

---

1. « Il résume de façon magistrale, et non sans quelque lyrisme ... tout ce qui a été dit quatre journées durant, puis il en tire la conclusion qui s'impose : " tout le congrès a été un appel passionné à l'unité de la classe ouvrière et à l'union des forces démocratiques ... L'appel à l'union du Parti communiste et du Parti socialiste monte aujourd'hui des usines et des bureaux, des champs et des universités ... Dans quelques instants, les délégués du XVIIe congrès partiront pour les diverses régions de notre pays ... La conviction les anime que la vie dicte impérieusement la nécessité de l'unité entre communistes et socialistes, base du rassemblement de toutes les énergies républicaines. » Barrillon (Raymond), *La gauche française en mouvement*, Paris, Plon, 1967, p. 17-18.

Consacré dans la nuit du 17 juin, cet échec de la reconstitution d'une troisième force laisse provisoirement le champ libre à la candidature solitaire mais unique de François Mitterrand.

Ce dernier n'est, pas plus que le secrétaire général de la SFIO, un homme nouveau sur la scène politique. Georges Pompidou lui rappelle d'ailleurs cruellement, le 24 avril 1964, en répondant à l'Assemblée nationale à son réquisitoire contre « un régime d'autorité et d'irresponsabilité » : « Vous attendez impatiemment l'heure de rentrer dans l'Etat, n'ayant rien appris, ni rien oublié. Eh bien ! Je vous le dis, l'avenir n'est pas à vous ! L'avenir n'est pas aux fantômes ! [1] »

Déjà, François Mauriac l'avait comparé à Rastignac, image qui sera périodiquement reprise et entretenue par ses adversaires. Cette séance du 24 avril n'en est pas moins l'occasion pour François Mitterrand de se poser en procureur principal de l'opposition parlementaire, en défenseur des libertés et du texte d'une constitution qu'il n'a pas votée. Son réquisitoire est essentiellement juridique, précis, mais il évite de se prononcer sur le fond, c'est-à-dire sur le choix entre un régime parlementaire et un régime présidentiel :

> Qu'on m'entende bien. Je ne plaide pas en cet instant pour le régime parlementaire. Je ne choisis pas, ou du moins pas encore, les différents systèmes représentatifs. Je me borne à expliquer, à commenter, pour tenter de situer le plus exactement possible le débat d'aujourd'hui, la charte institutionnelle adoptée par dix-huit millions de Français, il y a maintenant près de six années.
>
> Je m'en tiens aux termes d'une Constitution que je n'ai pas votée, tant ses alentours me paraissent suspects, mais qui littéralement régit encore notre pays [2].

François Mitterrand est un vieux routier parlementaire, mais il a compris – mieux que Pierre Mendès France ou Guy Mollet, et plus tôt qu'eux – le caractère irréversible de l'élection du

1. De Gaulle a été hospitalisé dans le plus grand secret à Cochin le 17 avril pour être opéré de la prostate, après avoir prononcé la veille une allocution radiotélévisée sur la politique économique. Georges Pompidou assure les pouvoirs du président pendant cet intérim. Cf. Viansson-Ponté (Pierre), *Histoire de la république gaullienne, mai 1958-avril 1969*, Paris, Laffont, 1984, p. 374-380, et Lacouture (Jean), *De Gaulle, op. cit.*, p. 615-617.

2. *Journal officiel*, Assemblée nationale, séance du 24 avril 1964, reproduit in Mitterrand (François), *Politique*, Paris, Fayard, 1977, p. 241. Cette prudence vis-à-vis du présidentialisme va faciliter le ralliement de Pierre Mendès France à sa candidature, ralliement dont Gaston Defferre n'avait pas bénéficié.

président de la République au suffrage universel. Il a, par ailleurs, perçu l'aspiration à la modernité exprimée par les « forces vives ». En même temps et à la différence de celles-ci, il mesure aussi parfaitement la prégnance de l'encadrement notabiliaire traditionnel. Il va donc ménager les uns et les autres, jouer sur les deux registres[1].

Côté notabiliaire, il offre des garanties : notable local dans la Nièvre, plusieurs fois ministre sous la Quatrième République et, maintenant, porte-parole de l'opposition parlementaire. Il se présente comme un homme seul, non concurrent pour les partis et leurs états-majors. Il ne décide d'être candidat qu'après avoir obtenu le feu vert préalable de Guy Mollet, après avoir eu l'assurance qu'il n'y aurait pas de candidat communiste – Claude Estier est en contact avec Waldeck Rochet –, et après avoir reçu l'appui de Mendès France afin de décourager une éventuelle candidature PSU.

A la suite de l'échec de Gaston Defferre, il prend l'initiative, par l'intermédiaire de la CIR, pour constituer un « groupe permanent » réunissant, outre lui-même et Georges Beauchamp pour l'UDSR, Guy Mollet et Gérard Jaquet pour la SFIO, Robert Favre et Jacques Maroselli pour les radicaux, Charles Hernu, Ludovic Tron et Marc Paillet pour la CIR, Alain Savary pour le Club socialisme et démocratie. Ce groupe est chargé d'élaborer un projet de charte d'une fédération démocrate et socialiste. Encore plus modeste que le projet de « petite fédération » – le PSU ne participe pas à l'opération –, cet objectif présente l'avantage de ne pas plus inquiter Guy Mollet que Waldeck Rochet. On reste encore notables traditionnels dans la mouvance des radicaux et de la Cité Malesherbes. La charte de la FGDS est adoptée le 10 septembre.

Le 21 septembre, François Mitterrand place sa première conférence de presse en tant que présidentiable sous le signe de la tradition républicaine. « Contre le régime du pouvoir personnel », il appelle à « recréer la République des citoyens ».

Côté modernité, le candidat unique de la gauche n'est également pas en reste. Il suit, depuis 1960, le débat des clubs et y participe, parfois directement, parfois par l'intermédiaire d'un de

---

1. « Dès ce moment, Mitterrand, véritable maître Jacques, travaille avec les clubs côté cour et avec les radicaux côté jardin. » Poperen (Jean), *La gauche française, op. cit.*, p. 395.

ses fidèles. Il est membre de la Ligue pour le combat républicain présidée par Ludovic Tron, puis du Centre d'action institutionnelle (CAI), né du regroupement, en 1963, de la Ligue avec le Club des jacobins et Charles Hernu. Au début de l'année 1984, le CAI décide d'organiser un colloque de clubs et de sociétés de pensée concurrentiel aux Assises de Vichy, ayant pour thème « la rénovation de la gauche et les engagements immédiats et pratiques à prendre face aux événements politiques actuels ». Le colloque – « la convention préparatoire des institutions républicaines » – se tient à Paris, en juin. Les radicaux y sont en force, le club Jean-Moulin a refusé d'y assister. La charte de la CIR est adoptée les 6 et 7 juin. Elle conclut en demandant « une démocratie économique fondée sur l'expansion au service de l'homme », et insiste sur la nécessité d'un plan et d'une réforme régionale. On est donc proche, ici, des thèmes du Manifeste présidentiel présenté par des représentants des « forces vives » en décembre 1963.

La CIR est toutefois plus préoccupée par les échéances électorales immédiates que ne le sont les Assises de Vichy. En avril 1965, François Mitterrand invite Gaston Defferre à venir présenter son projet devant la CIR. Il a approuvé publiquement sa candidature dès le 18 décembre 1963[1]. François Mitterrand soutient ensuite loyalement l'entreprise de Defferre et participe aux négociations sur le projet de « grande fédération ». Cet engagement aux côtés de Gaston Defferre lui vaudra en retour, sinon un soutien actif, du moins la neutralité plus ou moins bienveillante des « forces vives » engagées dans la tentative du maire de Marseille.

Au cours de sa brève campagne, François Mitterrand multiplie les emprunts à la « gauche moderne », quand il ne se réclame pas d'elle. Nous avons déjà vu que, dès le bref communiqué annonçant sa candidature le 9 septembre, il s'engage à promouvoir « la mise en œuvre d'un plan démocratique ». A sa seconde conférence de presse – celle à laquelle assistent Guy Mollet et Waldeck Rochet –, il avance vingt-huit propositions constituant, selon lui, « la ligne de départ de la gauche moderne ». Parmi les six points développés dans sa profession de foi, l'un d'entre eux est consacré à « une France moderne par l'expansion continue et la planification démocratique ». Ses affiches présentent « Fran-

1. Cf. *Le Monde*, 19 décembre 1963.

çois Mitterrand : un président jeune pour une France moderne ». N'a-t-on pas songé, un moment, à lui faire survoler la France à bord d'une Caravelle d'où il aurait répondu, par une liaison « multiplex », aux questions de ses sympathisants réunis en meetings dans les principales villes du pays[1] ? Plus sérieusement, le candidat unique de la gauche peut se réclamer, au regard des modernistes, de l'engagement à ses côtés de Pierre Mendès France, qui affronte Michel Debré dans un débat radiodiffusé par *Europe n° 1*.

Dans la mémoire collective, l'équation « Lecanuet = Kennedy » a contribué à identifier très vite les thèmes de la modernité à la campagne du dirigeant du MRP, occultant du même coup la forte présence de ces thèmes dans la campagne de François Mitterrand. Si celui-ci se présente d'abord comme « l'homme d'un combat », le combat de l'élection présidentielle, s'il prend constamment soin de ménager les susceptibilités partisanes et les attentes des « forces vives », il n'est pas tout à fait vrai que « le " defferrisme " est bien oublié »[2]. La nécessaire transformation des structures politiques de la gauche n'est certes pas explicitement revendiquée, mais elle n'en est pas moins présente à l'arrière-plan de sa campagne, dans le cadre d'une stratégie bien sûr opposée alors à la troisième voie préconisée par Gaston Defferre. François Mitterrand ne se contente pas d'additionner les propositions des différentes forces qui le soutiennent. Il défend avec la SFIO la construction européenne et l'Alliance atlantique, mais il condamne avec le PCF l'« Europe des monopoles ». Il revendique la réintégration des communistes au sein de la gauche mais il se réclame de Gaston Defferre pour faire de l'éducation nationale « la priorité des priorités ». Il emprunte au PSU et à la gauche moderne la planification et la régionalisation mais il leur impose l'exaltation radicale des valeurs républicaines. « Ce faisant, il fait plus que contenter chacune des formations qui le soutiennent ; il parvient à faire accepter par tous les choses que chacun, pris séparément, aurait eu du mal à entériner[3]. »

Le 9 décembre, après les résultats du premier tour, le comité

---

1. Passeron (André), « L'organisation de la propagande. Des tracts, des affiches et des gadgets par millions », *Le Monde*, 4 novembre 1965.

2. Cayrol (Roland), Parodi (Jean-Luc), « La campagne. Relais » in *L'élection présidentielle de décembre 1965*, Paris, Presses de la Fondation nationale des sciences politiques, 1970, p. 119.

3. Parodi (Jean-Luc), « La campagne. Thèmes », art. cité, p. 247.

exécutif de la FGDS, réuni pour la première fois, porte François Mitterrand à sa présidence. A l'issue de sa campagne, ce dernier peut se prévaloir d'avoir réussi à mobiliser un élan populaire regroupant, derrière son nom, les communistes, une partie non négligeable des notables républicains et la plupart des représentants des « forces vives ».

Pourtant, alors que la participation des communistes à la campagne du candidat de la gauche a été « totale, sans réserve, impressionnante »[1], alors même que, le 17 septembre, Waldeck Rochet, conciliant, avait substitué à l'exigence d'un programme commun celle d'une « plate-forme acceptable par tous les démocrates », le bureau politique du PCF revient dès le lendemain du second tour à « l'union de tous les partis de gauche et de toutes les forces démocratiques autour d'un programme commun ». A l'inverse, la nostalgie pour la « grande fédération » et une stratégie de troisième force est toujours vivace dans une partie de la FGDS. Le 22 décembre, le rejet par le comité directeur de la SFIO d'une demande de convocation d'un congrès extraordinaire entraîne la démission du bureau exécutif de Gaston Defferre, Georges Brutelle, Gérard Jaquet, Albert Gazier, Francis Leenhardt et Christian Pineau. Guy Mollet tient bien en main la « vieille maison », indirectement conforté par le succès de François Mitterrand, mais il n'est guère pressé, contrairement à ce dernier, de la voir se fondre au sein de la FGDS. Le silence de Pierre Mendès France, les réserves du PSU, les hésitations d'un certain nombre de clubs et les divisions du Parti radical rejoignent sur ce plan les réticences du secrétaire général de la SFIO. En revanche, Gaston Defferre souhaite, à défaut de « grande fédération », renforcer la FGDS existante. Il rejoint sur ce point au moins François Mitterrand.

A ces chassés-croisés et à ces incertitudes quant à l'avenir de la FGDS s'ajoute le problème des accords de désistement pour les législatives, ce « troisième tour » de l'élection présidentielle. Outre la conclusion d'un programme commun, le PCF réclame un accord national de désistements automatiques excluant les candidats centristes. La FGDS – en dehors des problèmes d'arbitrages internes dans la désignation de ses candidats, entre ses diverses composantes – souhaite être l'axe de la future majorité,

1. Cayrol (Roland), Parodi (Jean-Luc), art. cité, p. 121.

en passant des accords de désistement circonstanciés, tantôt avec le PCF, tantôt avec le Centre démocrate.

Dans un premier temps, de janvier à juin 1966[1], le PCF accentue donc sa pression, mais il se heurte à la fois à l'attentisme de Guy Mollet, qui s'abrite alors derrière les décisions à venir de la FGDS, et aux louvoiements de François Mitterrand qui cherche à ménager l'électorat de Jean Lecanuet tout en se réclamant de l'union de la gauche[2]. Alors que le colloque de Grenoble paraît réactiver la gauche moderne, la publication, le 5 mai 1966, de la composition d'un « contre-gouvernement » imposé par François Mitterrand n'exprime guère un renouveau au sein de la gauche non communiste traditionnelle[3].

Les choses vont pourtant évoluer durant le second semestre de 1966, l'orientation à droite du Centre démocrate favorisant cette évolution. Dès la mi-juin, malgré l'opposition du club Jean-Moulin, des radicaux et de certains socialistes comme Gaston Defferre, Guy Mollet et François Mitterrand esquissent un rapprochement avec les communistes, maintenant qualifiés d'« alliés privilégiés ». Le 14 juillet, la FGDS rend public un programme relativement bien accueilli par le PCF. L'ambiguïté n'en demeure pas moins, les fédérés s'interdisant d'exclure des accords de désistement avec le centre dans les circonscriptions où la gauche est minoritaire.

Les 29 et 30 septembre, le congrès extraordinaire de la SFIO, réuni à Suresnes, demande une ouverture en direction du PCF et du PSU, tout en continuant de préconiser une tactique souple pour les désistements. François Mitterrand reprend à son tour cette orientation devant la CIR, mais il réclame en même temps

---

1. Cf. Cayrol (Roland), « Les préparatifs de la gauche » in *Les élections législatives de mars 1967, op. cit.*, p. 92 et suiv.

2. Ainsi le 12 mars, à l'occasion des assises nationales de la CIR à Lyon, François Mitterrand rend hommage au « républicanisme » de Jean Lecanuet et au « courant populaire de décembre ». *Le Nouvel Observateur*, 16-12 mars 1966, qualifie alors sa démarche de « " néo-centrisme " allié à la vocation du Front populaire ».

3. Pierre Guidoni, un des futurs « chefs historiques » du CERES, évoquera plus tard, à propos de ce contre-gouvernement, « un conclave de fantômes » in *Histoire du nouveau Parti socialiste*, Paris, Téma, 1973, p. 23. François Mitterrand préside le « contre-gouvernement ». Les Affaires extérieures et la Défense sont confiées à Guy Mollet, l'Education nationale et la Culture à René Billières, les Affaires sociales et administratives à Gaston Defferre, l'Aménagement du territoire à Robert Favre, la Jeunesse à Pierre Mauroy. Parmi les autres membres (rapporteurs ou secrétaires », on relève les noms de Roger Quilliot, Roland Dumas, Robert Badinter et Charles Hernu, ces trois derniers étant des proches de Mitterrand.

un renforcement des structures de la FGDS. Les radicaux sont contraints, sous peine d'être isolés, d'accepter la constitution d'une « commission nationale » d'arbitrage des candidatures. Des délégations du Parti communiste et de la Fédération se rencontrent finalement les 13 et 16 décembre, au siège de cette dernière, et, le 19, au siège du PCF. A défaut d'un programme commun, elles procèdent à un constat de leurs convergences et de leurs divergences, et elles concluent un accord national de désistement pour le second tour en faveur du candidat de la gauche le mieux placé, mais dans les seules circonscriptions où celle-ci est en mesure de l'emporter. Ailleurs, la FGDS conserve sa liberté de manœuvre [1].

A l'exception de l'UNR, tributaire du plus grand nombre de ses sortants, ces élections sont marquées par un renouvellement certain des candidats à la députation. A droite comme à gauche, la propagande se renouvelle également, empruntant au modernisme apparu à l'élection présidentielle précédente [2]. Très vite, la campagne se centre toutefois sur la confrontation, traditionnelle depuis 1962 sinon depuis 1958, entre « défenseurs de la Cinquième République » et « adversaires du pouvoir personnel ». Cette fois encore, Pierre Mendès France est mis en avant concurremment à François Mitterrand, cette fois encore en porte à faux comme incarnation de la modernité et comme incarnation

1. Le 6 mars 1967, au lendemain du premier tour, le PCF donne des signes de bonne volonté en acceptant de se désister dans treize circonscriptions où il était pourtant arrivé en tête, notamment en faveur de Maurice Faure, radical rallié à l'union de la gauche entre les deux tours.

2. « Modernisme et traditionalisme peuvent aussi être les maîtres mots guidant l'étude de la campagne de 1967. La plupart des partis rompent avec des habitudes encore en usage en 1962. Si le gadget est moins employé pour les élections législatives qu'il ne l'avait été lors de l'élection présidentielle, il est cependant présent. Les partis font un effort sans précédent de propagande et essaient de rationaliser la campagne au niveau national. Mis à part le Parti communiste qui, sans doute, fait un effort publicitaire important et modifie le graphisme de son matériel de campagne, mais qui refuse de sacrifier au culte de la personnalité, toutes les autres formations ont des têtes d'affiche et chaque parti apparaît comme celui d'un leader. Les gaullistes et les fédérés emploient un nouveau cérémonial, la présentation solennelle de l'ensemble de leurs candidats ... chaque formation organise un grand meeting au Palais des sports, occasion privilégiée pour déployer son rituel, ses couleurs, ses chants, ses options politiques. Enfin, l'heure est aussi aux duels entre leaders de stature nationale, duels Pompidou-Mitterrand à Nevers et Pompidou-Mendès France à Grenoble, retransmis en direct par les postes périphériques et largement reproduits dans la presse. » Cayrol (Roland), Charlot (Jean), Ysmal (Colette), « Conclusion » in *Les élections législatives de mars 1967, op. cit.*, p. 406-407.

d'un retour à la Quatrième République, privant ainsi les électeurs d'un véritable débat sur la politique économique et sociale du pouvoir et les contre-propositions de l'opposition. Si les résultats de ces élections renforcent donc bien la bipolarisation droite/gauche – et ce faisant l'union de la gauche –, ce n'est qu'à partir de ce plus petit commun dénominateur qu'est « l'opposition au pouvoir personnel », et non sur la base d'un accord programmatique.

Quelles que soient ses limites, et peut-être à cause de ces limites, cette bipolarisation facilite la poursuite du dialogue entre la FGDS et le PCF. Leur rapprochement résiste aux différends apparus avec le conflit israélo-arabe de mai-juin 1967, chacun s'accordant à en circonscrire leur portée. Le 15 juin 1967, des délégations des deux formations décident la mise en place d'un groupe de travail commun afin « de poursuivre l'examen des problèmes de politique économique, sociale et internationale en vue de dégager les convergences et les bases d'action pour la réalisation des objectifs communs ». La décision du gouvernement, le 26 avril, de recourir à la procédure des ordonnances en matière économique et sociale a contribué aussi à imposer ce rapprochement, en désaisissant l'Assemblée nouvellement élue et en mobilisant les syndiqués dans la rue. Enfin, la progression du PCF aux élections cantonales des 24 septembre et 1er octobre renforce probablement ce parti dans sa conviction du bien-fondé d'une démarche unitaire.

Le 24 février 1968, le PCF et la FGDS rendent publique une longue déclaration commune présentant leurs points d'accord et de désaccord. Les convergences sont importantes sur le plan des institutions, encore que les communistes, contrairement aux fédérés, souhaitent limiter les pouvoirs du président de la République en matière de dissolution et réaffirment leur attachement au système électoral de la représentation proportionnelle. Elles sont également importantes en matière économique et sociale, les fédérés se montrant plus circonspects que les communistes vis-à-vis d'une hausse générale des bas salaires et vis-à-vis de l'extension du secteur nationalisé ; cette dernière est limitée aux banques d'affaires et à la création d'une Banque nationale des investissements. Les divergences l'emportent, en revanche, en politique extérieure, en particulier face à l'Alliance atlantique et face à la construction européenne.

Cet accord est salué par la plupart des observateurs politiques comme un succès pour l'unité de la gauche. En revanche, pour une opinion que nous avons vue de plus en plus inquiète quant à l'avenir économique et de plus en plus mobilisée par le pacte d'unité d'action conclu deux ans plus tôt entre la CGT et la CFDT, cet accord exclusivement négocié au sommet intervient bien tardivement. A ces difficultés et à ces lenteurs dans la consolidation de l'élan unitaire de décembre 1965 s'ajoutent, par ailleurs, les incertitudes quant à l'avenir de la FGDS.

Le 16 mars 1967, le comité exécutif de la FGDS se réunit au siège de la SFIO. Pierre Mauroy, qui vient d'accéder au secrétariat national adjoint en décembre 1965, après le départ de Georges Brutelle, alors démissionnaire avec Gaston Defferre, propose d'accélérer la fusion des composantes de la Fédération mais il n'est suivi dans cette proposition que par les seuls conventionnels. D'aucuns – parties prenantes dans l'opération ou observateurs extérieurs[1] – datent l'échec de la Fédération de ce moment.

De fait, partisans et adversaires de la fusion s'affrontent tout au long de l'année 1967, à travers des propositions de réformes organisationnelles. Le 27 avril, le comité exécutif de la Fédération adopte le principe d'une pondération de la représentation des différentes composantes dans les instances dirigeantes ; une commission est chargée de rapporter, en octobre, sur la doctrine et les structures fédérales. En mai, François Mitterrand propose, à l'occasion des assises de la CIR, la création de structures de base destinées, pour lui, à se substituer aux sections géographiques existantes. Fin juin, au congrès SFIO de Suresnes, Guy Mollet rejette la possibilité d'adhésions individuelles directes à la FGDS. En octobre, le bureau politique de la FGDS adopte les propositions de la « commission octobre » : vote par tête et transfert des pouvoirs à l'exécutif fédéral, création d'assemblées départementales dont les pouvoirs restent à préciser au cours de l'année 1968, pondération des organismes dirigeants sans qu'aucune des composantes ne puisse avoir à elle seule la majorité absolue. En novembre, les radicaux, refusant d'avoir moins de représentants que l'ensemble des clubs réunis, repoussent cette proposition de refonte des structures pour finalement l'accepter à leur congrès de Toulouse, en décembre. Les 26 et 27 janvier

1. C'est entre autres l'analyse de François Mitterrand dans *Ma part de vérité*, Paris, Fayard, 1969, p. 65.

1968, au congrès de la SFIO de Suresnes, Guy Mollet s'oppose au projet de fusion partielle immédiate défendu par Gaston Defferre ; la résolution finale demande toutefois que la fusion totale soit réalisée dès 1969. Le 7 mars 1968, la FGDS adopte un calendrier : la mise au point des structures définitives est reportée à juillet, la décision des différentes composantes à la fin de l'année.

Si, au total, le chemin parcouru à gauche depuis l'élection présidentielle et, plus encore, depuis les législatives de 1962 ou depuis 1958, est réel, son importance ne correspond pas aux attentes d'une partie de l'opinion.

Par d'autres côtés, ce regroupement reste limité et il intervient bien tard, au terme de querelles d'états-majors, de volte-face et de péripéties bureaucratiques dont les enjeux politiques n'apparaissent pas clairement, à moins qu'ils ne le soient trop[1]. La marge de manœuvre de François Mitterrand, président constamment réélu de la FGDS, reste malgré tout étroite, face à l'autorité maintenue de Guy Mollet sur la SFIO d'une part, face au PCF de l'autre. Par son existence et son rapprochement de ce dernier, la FGDS représente un tournant au regard du regroupement de type de troisième force tenté au début des années 1960, mais constitue-t-elle une force véritablement neuve ? Représente-t-elle autre chose que le regroupement, somme toute traditionnel, des socialistes et des radicaux, auxquels s'ajoutent quelques centaines de représentants des « forces vives »[2]. Ses efforts pour renouveler ses représentants parlementaires ne sont-ils pas restés en deçà de ceux tentés par la majorité[3] ?

---

1. « Les " conventions " se succèdent sans parvenir à insuffler le moindre esprit révolutionnaire ni même le désir profond d'une évolution à la vie politique française. Chacun veille d'abord à conserver son appareil, sa clientèle. Les regroupements se suivent ainsi sans réussir autre chose qu'à ajouter de nouvelles divisions à de plus anciennes. » Fauvet (Jacques), « Le choix de la Fédération », *Le Monde*, 10 mai 1966.

2. Le PSU, notamment, est resté en dehors de la FGDS. A son cinquième congrès, à Paris, des 23 au 25 juin 1976, une alliance de marxisants comme Pierre Naville, Jean-Marie Vincent, Manuel Bridier, et de modernistes comme Michel Rocard ou Jacques Malterre l'emporte sur une coalition tout aussi hétérogène – Gilles Martinet, Serge Mallet, Pierre Bérégovoy, Harris Puisais, Jean Poperen – qui, à la suite de l'échec électoral du parti en 1967 – il n'a recueilli que 2 % des suffrages exprimés au niveau national : ses candidats ont été devancés par ceux de la FGDS dans Paris –, souhaitait entrer dans la FGDS. C'est à ce congrès que Michel Rocard accède au secrétariat national. Cf. Cayrol (Roland), « Le choix du PSU », *Revue française de science politique*, 5, octobre 1967, p. 931-938.

3. Cf. Duverger (Maurice), « Jeunes cadres et vieux candidats », *Le Monde*, 10 mai 1966.

La crise de l'encadrement politique de la jeunesse

A l'émergence, maintes fois constatée à partir du milieu des années 1950, des aspirations modernistes des adultes correspond une mutation profonde de la conscience politique d'une partie de la jeunesse. Paradoxalement, cette mutation va s'accomplir dans les engagements qui, aussi divers soient-ils, tendent presque tous – et de plus en plus au fur et à mesure qu'on se rapproche de 1968 – à rejeter la voie moderniste pour lui préférer un romantisme exaltant le retour aux sources révolutionnaires du passé.

Trois crises, qui interfèrent d'ailleurs étroitement entre elles, concourent à cette évolution : la crise de l'UNEF, celle de la Jeunesse étudiante chrétienne et celle de l'Union des étudiants communistes.

La crise de l'UNEF

Longtemps enfermée, sous le contrôle des étudiants en droit, dans une pratique étroitement corporatiste se proclamant apolitique, l'UNEF change d'orientation en 1956, à la suite des débats engendrés par la guerre d'Algérie. Les « ex-minoritaires » en prennent la direction, avec Michel de La Fournière, responsable de la Fédération des groupes d'études de lettres (FGEL) et militant à la Jeunesse étudiante chrétienne (JEC). Sous l'impulsion initiale des militants jécistes – proches de la gauche moderne –, une mobilisation étudiante se cristallise progressivement dans l'action contre la guerre. L'UNEF est alors à l'apogée de son recrutement. Tantôt seule, tantôt avec l'appui de tout ou partie des organisations syndicales de salariés, elle multiplie en 1960, 1961, 1962, manifestations de rue et grèves contre la guerre[1]. Cet engagement politique ne se fait pas sans crise, ni sans une reconversion difficile une fois la paix revenue. Imposée par les événements dans un milieu particulièrement sensibilisé, en particulier par l'appel du contingent, la priorité à la lutte contre la décolonisation a dissimulé, pour un temps, la dégradation du système d'enseignement.

---

1. Maupeou-Abboud (Nicole de), *Ouverture du ghetto étudiant. La gauche étudiante à la recherche d'un nouveau mode d'intervention politique (1950-1970)*, Paris, Anthropos, 1974, p. 34-35.

L'accroissement numérique de l'encadrement du secondaire n'arrive pas à suivre celui des élèves ; son projet pédagogique n'a pas changé alors qu'on est passé de la formation d'une élite à un enseignement de masse. Cette inadaptation s'étend naturellement à l'enseignement supérieur dont les effectifs ont triplé en quinze ans[1]. « Le cours traditionnel ... devient plus magistral à mesure qu'affluent les étudiants »[2], alimentant les critiques d'une pédagogie et de mécanismes de sélection de plus en plus rejetés. *Les héritiers*, de Pierre Bourdieu et Jean-Claude Passeron, qui va rencontrer un très large écho chez les intellectuels, paraît en 1964[3]. L'« explosion scolaire » menace la hiérarchie sociale en place sans satisfaire pour autant aux besoins immédiats de l'économie. Aux prises avec les résistances des différents corporatismes enseignants, les gouvernements successifs sont confrontés au dilemme suivant : ou bien perpétuer la dimension généraliste de la formation dispensée, quitte à ce que son contenu se dégrade et à ce que son inadaptation s'accroisse, compte tenu du manque de moyens ; ou bien diversifier la formation, de la plus générale à la plus technique, et ses niveaux, en l'accompagnant d'une sélection renforcée et impopulaire.

La Cinquième République semble s'orienter vers cette dernière solution, en particulier à partir de 1963, avec le projet de réforme pour l'enseignement supérieur de Christian Fouchet. La réforme de l'enseignement s'impose au premier rang de la scène politique. Après les clubs, Gaston Defferre estime que « l'éducation n'est pas un problème comme les autres mais le problème qui commande tous les autres »[4] ; François Mitterand y voit pendant sa campagne « la priorité des priorités » ; le PCF réclame une démocratisation de l'enseignement en se référant au « plan Langevin-Wallon ».

La lutte contre le « plan Fouchet » et contre la sélection apparaît très vite, aux yeux des responsables de l'UNEF, comme l'occasion d'enrayer la désaffection des étudiants vis-à-vis de l'organisation en développant un véritable syndicalisme de masse en milieu étudiant. Cette action devrait avoir d'autant plus

---

1. Prost (Antoine), *L'enseignement en France, 1800-1967*, Paris, Colin, 1968, p. 455.
2. *Ibid.*, p. 456.
3. Cette même année 1964, *Esprit* consacre, en mai-juin, un numéro spécial à l'Université et à la réforme de l'enseignement supérieur.
4. Defferre (Gaston), *Un nouvel horizon*, Paris, Gallimard, 1965, p. 27-28.

d'impact auprès des étudiants que leurs conditions de vie et de travail se détériorent rapidement : alors qu'on dénombrait 220 000 étudiants en 1961-1962, on en compte 330 000 en 1964-1965. La pénurie en maîtres, en locaux d'enseignement et en équipements collectifs est générale.

Une différence intervient, par ailleurs, au regard de la période précédente : alors que l'engagement contre la guerre d'Algérie s'appuyait sur une approche fondamentalement humaniste et générale de la décolonisation, la critique de la place et du rôle de l'Université dans la société a des implications politiques beaucoup plus directes, qui vont engendrer des luttes intestines.

À l'Université libérale et élitiste de jadis comme aux projets de réforme jugés technocratiques du plan Fouchet, cette critique oppose la revendication d'une démocratisation de l'enseignement supérieur. Celle-ci ne renvoie toutefois pas à un contre-projet – la nouvelle génération étudiante au pouvoir dans l'UNEF a pris ses distances par rapport à toute velléité moderniste – mais à une lutte de longue haleine, s'appuyant sur l'ensemble des forces sociales intéressées, dans une stratégie qui refuse l'alternative « réformes ou révolution », donc sur des bases plus proches de celles d'un André Gorz, d'un Lucio Magri ou d'un Bruno Trentin que de celles du PCF. Difficilement articulée sur des objectifs immédiats comme la revendication d'un pré-salaire ou la contestation collective de la pédagogie, difficilement comprise par une base qu'un volontarisme idéaliste cherche vainement à associer, de plus en plus radicale, cette critique isole rapidement ceux qui la soutiennent aussi bien de la grande masse des étudiants que des enseignants les plus progressistes[1]. Latente, la crise éclate avec la démission, en janvier 1965, de Jean-Louis Péninou et de Marc Kravetz du bureau national de l'UNEF. Les associations générales de province se replient sur elles-mêmes et le mouvement éclate dans les particularismes locaux et des actions spécifiques dont certaines renouvellent les revendications étudiantes. Ainsi la prise de l'Association générale des étudiants de Strasbourg, en décembre 1966, ou les mouvements contre le règlement intérieur des cités universitaires annoncent les aspirations libertaires qui s'exprimeront en 1968. Ces initiatives restent toutefois locales et limitées, elles n'enrayent pas le déclin du syndicalisme étudiant

1. Cf. le témoignage de Robrieux (Philippe), *Notre génération communiste, 1953-1968*, Paris, Laffont, 1977, p. 153-155.

sur le plan national : en 1967, les effectifs de l'UNEF ne représentent plus qu'environ 11 % de la population étudiante. Désertée par les intéressés, gérée par une poignée de PSU, la structure syndicale retrouvera une large audience au cours des événements de Mai, comme expression unificatrice du milieu et interlocutrice des autres acteurs syndicaux.

La politisation du milieu étudiant ne passe plus maintenant par la médiation du syndicalisme. Elle est désormais prise en charge directement par les groupuscules politiques apparus ou renforcés par les militants gauchistes issus de la crise de la JEC et de celle de l'UEC.

La crise des étudiants catholiques

Parallèlement à l'accession au pouvoir des « ex-minoritaires » – dont beaucoup appartiennent à la JEC – dans l'UNEF, l'Action catholique de la jeunesse française (ACJF) entre en crise, son président André Vial démissionnant en septembre 1956.

Le rapprochement de l'UNEF avec l'Union générale des étudiants musulmans d'Algérie (UGEMA), qui vient d'être créée, et son engagement contre la guerre déclenchent une violente campagne des « ex-majoritaires », relayée par les partis de droite et la presse, contre l'UNEF mais surtout contre les nombreux jécistes qui animent maintenant cette organisation et prennent cette orientation politique[1]. L'importance de cette campagne conduit la hiérarchie à intervenir. En octobre, l'assemblée des cardinaux et archevêques publie une « note doctrinale sur l'ACJF et les mouvements de jeunesse » dans laquelle elle met leurs membres en demeure de choisir entre leur mission apostolique et un engagement politique qui ressort de choix exclusivement personnels et ne saurait engager l'Eglise[2]. A l'avant-garde de la décolonisation par rapport à la JOC ou la JAC, la JEC se

1. Cf. le témoignage de Chapuis (Robert), *Les chrétiens et le socialisme*, Paris, Calmann-Lévy, 1976, p. 79-128.

2. La note précise : « La liberté des chrétiens, que l'Eglise tient à sauvegarder dans le domaine des options libres, serait menacée si l'ACJF, au nom d'une certaine politique de la jeunesse, était entraînée dans l'avenir à obtenir par un vote à la majorité une prise de position de l'Association elle-même sur ces questions, où chacun doit demeurer libre. Ce serait, sous l'apparence d'une unification imposée, la source de divisions et de querelles à l'intérieur de l'ACJF qui doit être un centre d'unité entre tous les fils de l'Eglise catholique, une et apostolique. » *Ibid.*, p. 99.

retrouve isolée non seulement au sein de l'Eglise mais également au sein de l'Action catholique. En 1957, 80 membres de ses secrétaires nationaux démissionnent, estimant « ne plus être en mesure d'assumer la responsabilité de leur mouvement devant les nouvelles orientations données par la hiérarchie à l'Action catholique spécialisée de jeunes »[1].

Les démissionnaires créent le Centre culturel de la jeunesse étudiante où ils retrouvent des étudiants socialistes qui viennent de quitter la SFIO pour le PSA, comme Michel Rocard et Emmanuel Terray. Certains, comme Robert Chapuis, Jacques Julliard ou François Borella, collaborent à la revue *Esprit*. D'autres ou les mêmes, dont Olivier Chevrillon, Jacques Delors, Georges Suffert, s'engagent activement dans la gauche moderne.

Les difficultés avec la hiérarchie renaissent, de façon encore plus aiguë, avec la génération suivante. Confortés par la nouvelle orientation du concile, nourris de tiers-mondisme, acquis dans le cadre de l'UNEF à une critique marxisante – au moins dans le vocabulaire – de l'« école capitaliste », les responsables de la JEC suscitent une fois de plus l'intervention de la hiérarchie. Celle-ci vient de condamner le dialogue entre communistes et chrétiens auquel *Témoignage chrétien* a ouvert ses colonnes. Le 26 mars 1965, Mgr Veuillot rappelle aux responsables jécistes la dimension exclusivement apolitique et apostolique de leur mandat. Devant le refus de la majorité d'entre eux de se plier à cette exigence, ils sont démissionnés le 29 mars. La nouvelle équipe nationale mise en place sera à son tour contrainte de démissionner en 1967, les responsables régionaux lui reprochant cette fois un trop grand apolitisme.

Pour cette nouvelle génération de jécistes démissionnés par la hiérarchie, le divorce avec l'institution religieuse entraîne, ipso facto, le divorce avec la foi, à la différence de leurs aînés de 1956-1957[2]. Il n'est donc pas surprenant que cette rupture avec la foi conduise un certain nombre d'entre eux à en chercher des substituts dans l'engagement politique[3].

---

1. Cf. Ferrier (Marie), « La crise chronique (et mortelle) de la JEC », *Esprit*, 4 et 5, avril-mai 1977, p. 81.
2. *Ibid.*, p. 80.
3. Le phénomène n'est pas nouveau. Cf. Donegani (Jean-Marie), *Mouvement populaire des familles et Mouvement de libération du peuple (1942-1957). De l'action catholique au combat politique*, Paris, Mémoire de l'IEP, avril 1972 (doc. ronéo.), p. 19-140.

Il n'est pas étonnant que le gauchisme ait exercé un fort attrait sur les jeunes chrétiens dans la mesure où il est le lieu où l'on pourra manifester la prééminence de la *Valeur* dans sa totale radicalité, sans subir aucune des « perversions » de l'exercice du pouvoir, ni même se préoccuper des enjeux du pouvoir à court ou à moyen terme[1].

La lecture exégétique d'Althusser et l'absolu de la rupture épistémologique, qu'il met en avant dans l'œuvre de Marx, ne peuvent que les séduire. On les retrouve dans les organisations trotskystes et, plus encore, dans les « comités Vietnam » ou les groupes maoïstes. La crise qui perdure à l'UEC leur rappelle trop leurs propres difficultés pour ne pas les dissuader d'y entrer, sauf quelques exceptions.

La crise des jeunes communistes

Nous avons déjà évoqué les divergences apparues dans le PCF, face aux aspirations modernistes et face à l'analyse du gaullisme. Au sein du mouvement communiste international, ces divergences renvoient au différend croissant qui oppose khrouchtchéviens et pro-chinois au regard de la condamnation du stalinisme. En France, elles conditionnent, au sein du parti, le rôle que les uns et les autres entendent lui voir jouer dans l'opposition au nouveau régime et à la fin de la guerre d'Algérie : faut-il redouter une évolution fascisante du gaullisme et s'abstenir de lui en donner prétexte, en adoptant un profil bas ? Faut-il, au contraire, durcir l'opposition à la guerre et soutenir le régime face à la menace des « ultras » d'Alger ?

Le rapprochement, amorcé au cours de l'hiver 1959-1960, entre Khrouchtchev et de Gaulle sert ceux qui, dans le parti, défendent une interprétation nuancée du gaullisme. Nous avons également déjà rappelé l'hostilité de Maurice Thorez envers tout ce qu'il considère comme un risque de déviation moderniste. Cette volonté de fermeture va aboutir à l'éviction, en 1961, de Marcel Servin, Laurent Casanova et de leurs amis. Ce qui est passé à l'histoire comme l'« affaire Servin-Casanova » n'aurait probablement été qu'une épuration parmi d'autres sans la guerre d'Algérie : eux aussi directement concernés par cette guerre qui a relancé l'audience de l'UNEF et la politisation d'une génération

---

1. Sueur (Jean-Pierre), « Quand nous avons, à la JEC, découvert la lutte des classes », *Autrement*, 8, février 1977, p. 49 (souligné dans le texte).

en âge d'être appelée, les jeunes communistes sont profondément impliqués dans ces débats. Il y a, en effet, rencontre d'intérêts et communauté de vues entre ceux des dirigeants qui, à l'instar de Marcel Servin et Laurent Casanova et sur la lancée de la déstalinisation khrouchtchévienne, sont partisans d'une ouverture, et les jeunes communistes désireux de reprendre l'initiative dans la lutte contre la guerre d'Algérie.

Déjà en octobre 1958, la cellule Sorbonne-Lettres – soutenue par des universitaires comme Madeleine Rebérioux, Jean-Pierre Vernant, Vidal-Naquet – avait critiqué l'insuffisance de l'action anticolonialiste du parti, son incapacité à promouvoir l'unité d'action avec les socialistes, et déploré l'absence d'analyse sérieuse de l'évolution de la société française. Cette opposition avait alors été neutralisée.

Pendant l'année 1959, les positions défendues par Marcel Servin et Laurent Casanova semblent gagner du terrain. A l'occasion du XVe congrès, en juin, ce dernier fait entrer un de ses proches, Jean-Pierre Vigier, au comité central. En novembre, à l'initiative de Maurice Thorez, le bureau politique, reconnaissant l'imminence de la fin de la guerre et la nécessité de ne pas en laisser le bénéfice aux seuls gaullistes, procède à une autocritique de sa condamnation antérieure de la politique d'autodétermination du peuple algérien. Marcel Servin, dans *France nouvelle*, et François Hincker, dans *Economie et politique*, développent, au début de l'année 1960, une analyse des contradictions internes de la classe dirigeante française. En mai toutefois, au comité central d'Ivry, Raymond Guyot et Marcel Dufriche amorcent une contre-offensive contre la revue de Jean Pronteau. Auparavant, la publication d'une grande enquête sur les problèmes nouveaux des jeunes – leur désespoir et leur révolte – dans *L'Avant-garde*, l'organe de la Jeunesse communiste alors sous la responsabilité de Paul Laurent, suscite des réactions violentes de Georges Marchais relayé par Jeannette Vermeersch, à l'issue desquelles Maurice Thorez condamne l'orientation d'ensemble de la JC.

En juin 1960, à l'initiative de ses responsables venus de l'action catholique, l'UNEF rencontre en Suisse une délégation de l'UGEMA (son homologue algérien a été dissoute par le gouvernement français). Les deux organisations publient un communiqué commun, appelé à un grand retentissement chez les étudiants français, qui se prononce pour l'indépendance de l'Algérie. Maurice Thorez, jugeant cette démarche « aventuriste », s'oppose à Laurent Casanova, qui voudrait que le parti la soutienne. En octobre, l'appel de l'UNEF à une manifestation nationale contre la guerre d'Algérie va précipiter la rupture. Le parti décide de manifester le même jour mais séparément. Cette fois encore, Jeannette Vermeersch a mené l'offensive au comité central, présentant l'appel de l'UNEF comme une provocation montée contre le parti. La CGT refuse également sa participation, appelant le même jour à des débrayages dans les entreprises. Autorisée, mais limitée à la salle de la Mutualité et à ses abords immédiats, la manifestation a lieu le 27 octobre, à l'appel de l'UNEF, auquel se sont joints le PSU, la FEN, la CFTC et Force ouvrière.

Non seulement de nombreux jeunes communistes vivent mal l'absence de leur mouvement dans une action unitaire qui s'est par ailleurs terminée par des affrontements avec les forces de l'ordre [1], mais, au comité central de décembre, Maurice Thorez taxe l'UNEF de « groupuscule gauchiste à la solde de De Gaulle » puis développe une critique en règle de la direction de l'UEC et de son journal *Clarté*. La « crise » des étudiants communistes est maintenant ouverte et publique. En janvier 1961, Etienne Fajon attaque Marcel Servin et Laurent Casanova dans le cadre du bureau politique. Ils sont condamnés par le comité central suivant, unanime. En juin, le XVIe congrès du parti entérine l'élimination du comité central de Marcel Servin, Laurent Casanova, Maurice Kriegel-Valrimont, Jean Pronteau et Jean-Pierre Vigier. C'est à ce même congrès que Georges Marchais devient membre titulaire du bureau politique et secrétaire à l'organisation.

La reprise en main des étudiants communistes n'est pas réglée pour autant. Trois sensibilités, sinon trois tendances, les divisent en gros : il y a d'abord, minoritaires, les inconditionnels de la direction du parti ; il y a ensuite ceux qui – souvent influencés

1. « Les militants des étudiants communistes étaient des jeunes, pressés et impatients de faire la révolution dans une société stabilisée, sans perspectives révolutionnaires immédiates. Maintenus dans un vase clos par le parti, ces nouveaux " révolutionnaires sans révolution " étouffaient, impatients et aveugles, ils réagissent en investissant leur soif d'absolu ou leur désespoir dans tout ce qui pouvait surgir à l'horizon. A l'époque, presque tous les " héros " de Mai 68, étaient déjà là. » Robrieux (Philippe), *Notre génération communiste, 1953-1968*, Paris, Laffont, 1977, p. 310. Cf. aussi Hamon (Hervé), Rotman (Patrick), *Génération*, Paris, Le Seuil, 1987, t. 1, 616 p.

par Althusser et ses disciples – critiquent le « révisionnisme » khrouchtchévien sur des bases pro-chinoises et soupçonnent d'opportunisme le rapprochement entamé entre le parti et la SFIO ; enfin, ceux qu'on appelle les « Italiens », proches des positions du PCI, réclament une déstalinisation authentique et partagent les réticences des précédents vis-à-vis du rapprochement avec la SFIO, sans cacher leurs préférences pour l'unité d'action avec le PSU. Ces derniers l'emportent au VIe congrès de l'UEC, en février 1963. Au comité central de mars, Roger Garaudy et Roland Leroy accusent Alain Forner, leur secrétaire général, de ne pas respecter la discipline du parti. Celui-ci décide alors de renforcer son contrôle sur les réunions des structures étudiantes. Le 7 mars 1963, *L'Humanité* publie une lettre des étudiants communistes de Poitiers favorables à la direction du parti et hostiles à celle de l'UEC. En mai, le comité central met en place une commission chargée de ramener l'UEC sur les positions du parti. Les pro-Chinois – qui se regroupent au sein de l'Association des amitiés franco-chinoises, initialement créée par le PCF – mettent en place des « cercles marxistes-léninistes » où les thèses du Parti communiste chinois sont opposées à celles du PCF. La réunion du congrès de l'UEC est avancée et *Clarté* publie les directives du comité central du parti. Au VIIe congrès de l'UEC, en mars 1964, les « inconditionnels » du parti sont majoritaires, mais Roland Leroy intervient pour leur imposer un compromis avec les « Italiens » qui conservent, à la suite de cet accord, le secrétariat.

A plusieurs reprises, entre 1964 et 1965, des responsables des étudiants communistes protestent publiquement contre le manque de démocratie interne du parti et contre une pratique qu'ils jugent ouvriériste. Exclus, les « cercles marxistes-léninistes » se regroupent en « Fédération » en 1965, puis, après une scission, en Mouvement communiste de France marxiste-léniniste et, enfin, en décembre 1967 en Parti communiste marxiste-léniniste de France, le PCMLF.

En mai 1964, les étudiants communistes oppositionnels essaient de manifester à la Mutualité, où se déroulent les travaux du XVIIe congrès du PCF. En mars 1965, au VIIIe congrès de l'UEC, c'est au tour des « Italiens » d'être éliminés de la direction. Guy Hermier remplace Pierre Kahn au secrétariat général. Le secteur Lettres, le point fort de l'UEC, ayant refusé de soutenir la candidature de François Mitterrand, va être dissous. A la suite de cette dissolution, un certain nombre de ses membres, dont Alain Krivine, créent la Jeunesse communiste révolutionnaire (JCR) proche du Parti communiste internationaliste de Pierre Frank, trotskyste dirigeant de la IVe Internationale. Peu après, d'autres ex-militants de l'UEC, issus également du secteur Lettres et de l'Ecole normale supérieure, fondent l'Union des jeunesses communistes marxistes-léninistes (UJC-ml).

> Pour le parti, c'est le début d'une grave coupure avec la partie la plus active et la plus dynamique d'une jeune génération révoltée. C'est l'inverse de 1923-1924. On se souvient qu'à l'époque le parti s'était lié, à travers le travail antimilitariste, à la partie révoltée de la jeune génération. Au milieu des années 1960, il s'en sépare de façon tendue, dure, dramatique, en utilisant les pires méthodes du passé. Les conséquences ne se feront pas attendre. Entre le parti et la jeune génération se creuse un fossé d'incompréhension, voire de haine, qui n'est pas près d'être comblé[1].

Ce jugement doit être pris avec prudence, émanant d'un témoin directement impliqué dans ces péripéties. Il ne s'agit que d'une génération, essentiellement recrutée dans les milieux intellectuels. Le parti continuera de recruter chez les jeunes qui n'auront pas connu cette crise. Par ailleurs, le retour aux grands ancêtres – Marx, Engels, Lénine, Trotsky, Rosa Luxemburg, Gramsci – souvent préconisé par ces ex-étudiants communistes les identifie au passé et n'hypothèque guère l'ouverture à la modernité entreprise par le parti quelques mois avant la mort de Maurice Thorez et accélérée avec Waldeck Rochet. Il n'en reste pas moins vrai que nombre de ces cadres issus de l'UEC vont animer les groupes gauchistes, y développant, en Mai 1968 et après, des positions particulièrement hostiles envers le PCF.

Ces crises successives de l'encadrement traditionnel de la jeunesse française interviennent, par ailleurs, dans un climat exacerbé par un développement international de l'agitation étudiante. Au début de l'année 1967, les étudiants de Columbia, aux Etats-Unis, dénoncent la « collusion » entre l'Université et le « capitalisme militaro-industriel » ; à Berlin, la protestation étudiante déclenchée en 1965 se durcit, l'extrême gauche extra-parlementaire gagne du terrain. En Italie, les étudiants critiquent le PCI ou le PSIUP ; les universités de Rome, Trieste et Padoue sont

1. Robrieux (Philippe), *Histoire intérieure du Parti communiste,* t. 2 : *De la Libération à l'avènement de Georges Marchais,* Paris, Fayard, 1981, p. 635.

occupées. Dans tous ces pays, la lutte contre la guerre du Vietnam constitue un ferment mobilisateur et unificateur. Très minoritaire, la fraction la plus politisée de l'extrême gauche étudiante française n'a guère de contacts avec ses homologues étrangers. Elle est cependant informée, ne serait-ce que par l'actualité, des progrès de la contestation étudiante à l'étranger. Frustrée, renvoyée à un isolement accru avec la décomposition de l'UNEF, elle n'en est que plus disponible à tout ce qui pourrait reproduire en France ce qui se passe ailleurs.

CES ANNÉES 1960
QU'ON NE NOMMAIT PAS ENCORE LES SIXTIES

L'extraordinaire croissance de l'économie française entre 1955 et 1965, la modernisation accélérée de notre appareil productif et de la société, l'ouverture sur l'Europe avec la décolonisation : autant de réalités qui, cumulées avec la dénonciation de la société de consommation et la mise en avant de revendications « qualitatives » par une partie des manifestants en Mai 1968, contribuent à entretenir aujourd'hui une certaine image du contexte économique et social dans lequel ces événements seraient intervenus.

A la veille de 1968 pourtant, la montée du chômage apparaît de plus en plus préoccupante, en particulier pour les jeunes. Les fruits de la croissance ont été inégalement répartis et celle-ci semble compromise, au moins dans l'immédiat. Les agriculteurs ayant joué la carte de l'investissement sont lourdement endettés, les autres découvrent la vie en usine, dans des emplois non qualifiés et sous-payés. Des pans entiers de l'économie ont été condamnés ou sont en passe de l'être. Les conditions de logement, pour de nombreux Français, s'inscrivent au passif du régime. Les capacités d'accueil de l'enseignement n'ont pas suivi l'explosion de la scolarité, l'Université est dans un manque dramatique de maîtres et de locaux. Construits à la hâte, pour parer au plus pressé, les nouveaux établissements relèvent plus de l'univers carcéral que des campus à l'américaine qu'ils prétendent reproduire.

Il est vrai que d'autres raisons concourent à perpétuer, à propos de Mai 1968, l'image d'un coup de tonnerre dans un ciel serein et une société prospère.

La crise économique manifeste depuis 1974, d'abord et surtout, incite avec son ampleur et sa durée à rationaliser le passé, à l'idéaliser, à n'en retenir que l'âge d'or révolu d'une croissance ininterrompue.

La revendication aussi, commune à presque toutes les forces politiques dans ces années 1960, d'une modernité à forte tonalité saint-simonienne. La croyance en une rationalité économique conduisant – au terme d'un consensus renforcé pour les uns, de contradictions exacerbées pour les autres – dans un avenir proche à une société d'abondance est largement répandue. Il faut souligner toutefois que, à la différence de l'adjectif, le terme même de « modernité » apparaît peu à l'époque. Chacun y va de son couplet sur la « République moderne », la « France moderne », les « institutions modernes », la « politique moderne », l'« école moderne », etc. Si la modernité correspond à une aspiration immédiate et générale, elle n'est guère théorisée en tant que telle, à l'exception des travaux d'Henri Lefebvre ou des Situationnistes qui n'ont qu'une audience restreinte. Il ne s'agit pas encore de nommer pour éviter de définir un avenir incertain. Bien au contraire, on sait où l'on va, ou du moins on pense le savoir. L'heure est à la prévision. Chacun croit en des objectifs rigoureusement définis, si possible chiffrés, qu'il s'agit de qualifier positivement au regard d'un système de valeurs promouvant l'avenir au détriment du passé. Les débats sur la planification dans les années 1960 sont, à cet égard, exemplaires.

Cette aspiration immédiate à la modernité émerge en politique dès le milieu des années 1950, dans le sillage de Mendès France, mais elle se généralise au début de la Cinquième République. A l'exception du dernier carré poujadiste, toutes les grandes forces politiques – y compris le PCF, dont la reconnaissance de la modernité est un enjeu de ses luttes internes – se veulent modernes. L'évolution économique porte à l'origine cette aspiration que la mise en place des nouvelles institutions conforte à son tour. La traditionnelle régulation macro-économique conjoncturelle s'affine et se complète d'interventions sectorielles et géographiques accrues. La nouvelle Constitution incarne cette rénovation étatique. Les opposants au régime sont renvoyés dans le camp des forces passéistes alors que le gaullisme incarne l'avenir dès lors que l'incertitude sur la politique algérienne du général de Gaulle est levée.

On assiste en quelque sorte à un chassé-croisé entre le parti de l'ordre et le parti du mouvement, qui vient brouiller les cartes de près d'un siècle de tradition républicaine. Alors que les hommes au pouvoir dans les nouvelles institutions bénéficient d'une rente de situation vis-à-vis de la modernité, les opposants doivent reconquérir une identité ancienne qu'une redéfinition brutale des règles du jeu politique a fait éclater. On comprend, dans ces conditions, l'effort de renouvellement idéologique qui s'empare de la gauche.

La gauche moderne est la première à mesurer l'ampleur des transformations liées à la présidentialisation du régime mais elle ne prévoit pas, en revanche, la bipolarisation induite par les nouvelles institutions. Quelles que soient les circonstances atténuantes dans cette sous-estimation du fait majoritaire [1], son projet de troisième force est, par avance, condamné. L'intelligence politique de François Mitterrand est, à l'inverse, d'avoir compris la portée de l'élection présidentielle et de s'être résigné, non sans hésitations, à la bipolarisation. Tout en ménageant l'encadrement notabiliaire traditionnel, il a également compris la nécessaire légitimation de la modernité dans ces années 1960, concurrençant, directement ou par lieutenants interposés, la gauche moderne sur son terrain et dans ses thèmes. Il va cependant avoir le plus grand mal à entretenir son image moderniste dès l'instant où il s'enferme dans les péripéties de la FGDS, aux côtés de deux partenaires principaux, le Parti radical et surtout la SFIO, que tout identifie au passé. Mais, dans la mesure où le PCF considère depuis 1962 la SFIO comme son partenaire privilégié et dans la

1. « Plus encore que la suprématie présidentielle, voulue par de Gaulle, c'est en cette unité majoritaire du pouvoir que réside le miracle de la Cinquième et l'impensable de 1958 – pour ses partisans comme pour ses opposants. Innombrables apparaissent les motifs d'aveuglement, tant et si bien que l'on hésite devant la cruauté de l'ironie rétrospective, avivée chez ceux d'entre nous qui ont grandi sous le ciel présidentiel. Mais comment aurions-nous pu la prévoir telle, au crépuscule de la Quatrième ? Une nouvelle République qui surgit tellement grâce aux circonstances qu'on n'y peut voir qu'un régime de circonstance ; pas de monarque sans pouvoirs susceptible de laisser la place au chef du gouvernement, mais un président qui le gêne ; pas d'élection du chef concevable ; un Parti communiste – captant entre le cinquième et le quart des suffrages – tantôt ouvert aux compromis unanimistes, tantôt crispé sur le combat de classe mais toujours hermétique au jeu droite/gauche, majorité/opposition ; pas de parti à droite, des résidus au centre, des scissions à gauche ; pas de partis mais onze groupes parlementaires à l'Assemblée nationale ... même les constitutionnalistes à l'intelligence politologique la plus aiguisée ne pouvaient annoncer le miracle majoritaire. » Duhamel (Olivier), « Les logiques cachées de la Constitution de la Cinquième République » in *La Constitution de la Cinquième République*, *op. cit.*, p. 11-23.

mesure où celle-ci n'est pas à prendre – pas encore –, a-t-il une autre issue, face à la contrainte bipolaire, que de tenter cette greffe passéiste ?

Curieuse situation que celle qui est la nôtre en 1967 : voilà bientôt dix ans qu'un profond renouvellement du débat politique met en avant des aspirations modernistes sans qu'aucune force politique d'importance ne puisse légitimement prétendre l'incarner. Le gaullisme n'a pas su ou pas pu entretenir le capital dont il disposait en la matière, il semble usé. Les atermoiements de la construction de la FGDS évoquent les grandes heures du radicalisme du début du siècle. Quant au PCF, malgré ses efforts de renouvellement idéologique et la fin de sa marginalisation, il ne peut guère prétendre incarner une modernité qu'il condamne en l'attribuant aux monopoles. On se trouve ainsi devant un divorce croissant entre des aspirations modernistes diffuses dans la société civile – aspirations portées par la modernisation économique, les transformations culturelles et les modifications des règles du jeu politique – et des partis qui, tout en se réclamant de la modernité et en alimentant la demande, en apparaissent profondément coupés.

Plus sensible à ces aspirations, la jeunesse est aussi plus sensible à ce divorce. Certains observateurs lucides alertent en vain les responsables au pouvoir et dans l'opposition [1]. Le nouveau jeu politique est bloqué par les règles mêmes qui lui ont donné naissance. Le fait majoritaire bloque l'évolution. Alors que l'on sous-estime le contentieux accumulé pendant les années de croissance et le changement de conjoncture, les syndicats gèrent tant bien que mal l'exaspération des plus jeunes dans les entreprises. De leur côté, les groupes d'extrême gauche recrutent les étudiants les plus impatients.

---

1. « La transition, qui s'était brutalement ouverte le 13 mai 1958 au soir dans la vie politique, était inscrite dans les courbes démographiques, les diagrammes des économistes, les bouleversements historiques, autant et plus que dans les grandes et petites manœuvres ou dans la fragilité des gouvernements alors en place. Les mêmes courbes, diagrammes et bouleversements disent fort clairement que cette transition touche à son terme. Au corps électoral le plus vieux que le pays ait eu depuis longtemps et qui votera les 5 et 12 mars succèdera brutalement, en trois ou quatre ans, le plus jeune et aussi le plus imprévisible des cent dernières années. Le choc sera rude. Toutes les formations seraient avisées de s'y préparer. » Viansson-Ponté (Pierre), « La bataille des 5 et 12 mars. Programme d'abord ? », *Le Monde*, 16 février 1967.

DEUXIÈME PARTIE

CINQUANTE-HUIT JOURS QUI ÉBRANLÈRENT LA FRANCE

Dans les milieux parisiens, la formule « il n'y a pas de faits » jouit de toutes les faveurs.

Aron (Raymond), *La Révolution introuvable,* Paris, Fayard, 1968, p. 122.

Au cours de son déroulement, l'événement mai-juin 1968 a été l'objet d'interprétations opposées qui se sont formalisées peu après dans une littérature abondante et souvent décevante. D'emblée, les controverses se sont focalisées, en dehors de points précis d'histoire, sur la nature et la portée du mouvement que le décalage entre son ampleur et la minceur relative des résultats a renforcé.

Du côté étudiant, des précédents sont évoqués, en particulier la participation de la jeunesse étudiante à la Révolution de 1848 qu'un enseignement de Michelet avait pressenti. Néanmoins, tout le monde s'accorde sur la transformation de la condition étudiante qui s'est opérée à partir de 1956 avec le gonflement des effectifs et l'engagement dans la lutte contre la guerre d'Algérie. La contestation du système éducatif qui se déploie au printemps 1968 n'a pas d'équivalent antérieur, en raison de son caractère central et global. L'effervescence étudiante n'aboutit cependant qu'à un desserrement du centralisme napoléonien, à une ébauche d'interdisciplinarité. Le statut des grandes écoles n'est pas modifié et le contenu de l'enseignement nullement remis en cause. Le choc de Mai a ébranlé, il n'a pas bouleversé.

Le diagnostic se renouvelle avec la lutte ouvrière. L'arrêt de travail le plus long et le plus nombreux de l'histoire sociale obtient la reconnaissance du droit syndical dans l'entreprise, une hausse de salaires et divers autres avantages, ce qui n'est pas mince, sans équivaloir cependant aux acquis de juin 1936 ou de la Libération.

Dans sa naissance comme dans sa conclusion, le mouvement a surpris. L'étude, même sommaire, des métaphores utilisées pour l'évoquer illustre la perplexité des commentateurs devant l'étrangeté de l'histoire. A côté du vocabulaire politique classique, et du débat qu'il assure entre révolte et révolution, quatre registres principaux de comparaison sont utilisés.

En premier lieu, nous trouvons un vocabulaire de la naissance. Le souci partagé est d'indiquer la nouveauté de l'événement. Mai 1968 ne ressemble à aucun mouvement antérieur. Des gradations dans la problématique sont observables. La CGT qualifie l'événement de « premier grand affrontement de classe avec le pouvoir et le patronat »[1].

Philippe Sollers, qui utilise le syntagme de « printemps rouge »[2], entend exprimer la singularité du phénomène sans lui refuser des racines historiques. Début[3], aube[4], prélude[5] possèdent la même ambiguïté. En revanche, Alain Touraine, Edgar Morin, Jean-Marc Coudray soulignent la radicale nouveauté : « vin nouveau »[6], « premier grand mouvement spontané »[7], « nouvelle période de l'histoire universelle »[8]. A l'opposé, un homme comme Raymond Aron met l'accent sur le retour de l'archaïque, la résurgence des utopies quarante-huitardes[9].

Un autre ensemble de symboles[10] relève de la guerre. Mai 1968 est décrit comme un combat[11], une guérilla[12], une insurrec-

---

1. Appréciation de Benoît Frachon. Cf. *Le Peuple*, 1041, p. 5.
2. Thibaudeau (Jean), *Mai 1968 en France,* précédé de *Printemps rouge,* par Philippe Sollers, Paris, Le Seuil, 1970, 126 p.
3. Labro (Philippe) et al., *Mai-Juin 1968, « ce n'est qu'un début »,* Paris, Editions et publications premières, 1968, 277 p.
4. Cf. Fohlen (Claude), *Mai 1968. Révolution ou psychodrame ?* Paris, PUF, 1973, p. 89, (coll. « Clio »).
5. Singer (Daniel), *Prelude to Revolution, France in May 1968,* New York, Londres, Cape, 1970, XIV-434 p.
6. Touraine (Alain), *Le mouvement de mai ou le communisme utopique,* Paris, Le Seuil, 1968, p. 26.
7. Morin (Edgar) et al., *Mai 1968. La brèche,* Paris, Fayard, 1968, p. 70.
8. *Ibid.,* p. 92.
9. Aron (Raymond), *La révolution introuvable,* Paris, Fayard, 1968, p. 109-110.
10. Nous ne multiplierons pas les références sur ce problème. Cf. Durand (Gilbert), *Les structures anthropologiques de l'imaginaire,* Paris, Bordas, 1980, 550 p. ; Borges (Jorge Luis), *Histoire de l'infamie. Histoire de l'éternité,* Paris, UGE 1964, p. 197-203 (coll. « 10-18 ») ; Schlanger (Judith E.), *Les métaphores de l'organisme,* Paris, Vrin, 1971, 269 p.
11. Copferman (Emile) éd., *Ce n'est qu'un début, continuons le combat,* Paris, Maspero, 1968.
12. Geismar (Alain), July (Serge), Morane (Erlyn), *Vers la guerre civile,* Paris, Editions et publications premières, 1969, p. 29.

tion[1]. Les barricades l'emportent alors sur les occupations d'usines. Le pavé fournit l'image emblématique du mouvement.

Le troisième registre relève du catastrophisme naturel ou physique. Les événements sont alors comparés à une explosion[2], à une secousse[3], à une éruption[4]. Le rôle des étudiants est alors assimilé à celui du détonateur et la poudre est fréquemment située du côté de la classe ouvrière[5]. Quand la puissance est attribuée au mouvement, le résultat est présenté en termes de brèche[6]. La version douce parle d'orages[7] dont les éclairs disparaissent aussi vite que le tonnerre qui les accompagne.

Enfin, Mai 1968 a été présenté comme un spectacle. Psychodrame a déclaré Raymond Aron[8]. La référence au théâtre est diverse. Maurice Bardèche parle de « comédie de la révolution »[9]. Au regard de son échec, l'extrême gauche conclut à « la répétition générale »[10].

Le même auteur peut jouer sur plusieurs registres. Henri Lefebvre conjugue l'analyse en termes d'émergence, d'affrontement, d'irruption et de tragédie. Le recours à toutes ces métaphores manifeste à la fois la difficulté d'appréhender l'événement, et la volonté de rendre sensibles sa singularité et sa polysémie.

---

1. Kravetz (Marc) éd., *L'insurrection étudiante,* Paris, UGE, 1968, 503 p. (coll. « 10-18 »).
2. Cf. Fohlen (Claude), *Mai 1968. Révolution..., op. cit.,* p. 6.
3. Dansette (Adrien), *Mai 1968,* Paris, Plon, 1971, p. 354.
4. Fohlen (Claude), *Mai 1968. Révolution..., op. cit.,* p. 20.
5. Seguy (Georges), *Le Mai de la CGT,* Paris, Julliard, 1972, p. 9.
6. Morin (Edgar) et al., *Mai 1968. La brèche..., op. cit.*
7. Chaffard (Georges), *Les orages de Mai,* Paris, Calman-Lévy, 1968, 228 p.
8. Aron (Raymond), *La révolution introuvable,* Paris, Fayard, 1968, 189 p.
9. Bardèche (Maurice), « La comédie de la révolution » in *Défense de l'Occident, mai-juin 1968,* p. 4.
10. Bensaïd (Daniel), Weber (Henri), *Mai 1968 : une répétition générale,* Paris, Maspero, 1968, 230 p.

CHAPITRE 3

ÉPHÉMÉRIDES

18 mars-25 mai 1871 : la période de la Commune est sans conteste délimitée par deux événements. Le mouvement de Mai 1968 s'enferme moins aisément dans des limites précises. Diverses périodisations sont proposées qui marquent l'hésitation possible aussi bien sur le *terminus a quo* que sur le *terminus ad quem*. Pour notre part, nous retiendrons comme début le 3 mai, avec l'évacuation de la Sorbonne par la police, et le 30 juin, comme terme du processus qui consacre l'échec de la contestation. La séquence historique ainsi définie est à cheval sur deux mois. Il n'empêche qu'elle est traditionnellement désignée par le mois de la déesse Maia. Rares sont ceux qui parlent des événements de mai-juin 1968 [1].

LES DIFFÉRENTES PHASES

L'ensemble du processus, qui a conduit de l'intervention policière à la Sorbonne au succès électoral de la majorité, comprend des phases différentes – nous en distinguerons quatre – qui sont précédées par le prélude nanterrois.

---

1. Par exemple Jallageas (Dominique), *Les grèves ouvrières dans l'agglomération toulousaine en mai-juin 1968*, Paris, Paris I, 1979, p. 1.

Le prélude nanterrois

Edifiée à partir de 1963, l'université de Nanterre souffre d'une croissance trop rapide, de son isolement, d'imperfections et d'insuffisances. Les résidents participent en avril 1967 à la campagne nationale pour la liberté sexuelle animée localement par l'Association des résidents de la cité universitaire de Nanterre (Arcun). Du 17 au 27 novembre, l'UNEF et la Communauté chrétienne de Nanterre prennent en charge une grève provoquée par l'arbitraire des dispositions transitoires qui accompagnent la réforme Fouchet. Les solutions mises au point avec le doyen Pierre Grappin ne seront d'ailleurs pas retenues par le ministère de l'Education nationale. La contestation nanterroise monte d'un cran, le 8 janvier 1968, lorsque l'étudiant en sociologie, Daniel Cohn-Bendit, provoque le ministre de la Jeunesse, François Missoffe, venu voir la piscine du campus : « Monsieur le Ministre, j'ai lu votre livre blanc sur la jeunesse. Il doit avoir trois cents pages et vous n'évoquez même pas le problème sexuel chez les jeunes. » « Si vous avez des problèmes sexuels, trempez-vous dans la piscine », réplique le ministre, qui fournit la réponse la plus susceptible de redoubler l'agressivité étudiante.

Le 26 janvier, des bagarres éclatent entre des étudiants qui protestent contre l'établissement de listes noires pour les examens. Ceux qui ont assisté à la scène viennent spontanément apporter leur aide à leurs camarades. Le cycle provocation, répression, solidarité se met en marche. Le 6 mars, une délégation demande au doyen d'assurer la liberté d'expression politique et d'empêcher l'intervention de la police dans la faculté. Pierre Grappin refuse de prendre un engagement écrit. Il lui est répondu qu'il sera soumis à la guérilla. Au milieu du mois, les « enragés » diffusent une chanson, « La Grappignole » dont la seconde strophe attaque des enseignants classés à gauche :

> Ah, ça ira, ça ira,
> Morin, Lefebvre, on les emmerde.
> Ah, ça ira, ça ira,
> Et le Touraine, on s'le paiera [1].

La dérision des étudiants ne signifie pas que les professeurs mis à la lanterne n'exercent aucune influence sur ceux-là mêmes

1. Le texte complet de « La Grappignole » est reproduit in Dansette (Adrien), *Mai 1968,* Paris, Fayard, 1971, p. 375-376.

qui les conspuent. Les rapports des minorités qui stimulent le milieu étudiant avec ceux qui sont traditionnellement reconnus comme leurs inspirateurs, tels Henri Lefebvre ou Pierre Bourdieu, n'ont rien de simple, et il faut se garder tout autant d'une approche des idées réduites à la fonction justificatrice que de celle qui impute aux maîtres la responsabilité directe et complète des agissements de leurs disciples. Le 22 mars, 300 étudiants manifestent dans un amphithéâtre baptisé « Che Guevara » pour protester contre l'arrestation d'un condisciple après un attentat qui avait visé l'American Express. Dans la nuit, un groupe de 142 « enragés » occupent la salle du conseil de la faculté. Libération de Xavier Langlade, étudiant de Nanterre arrêté après l'attentat de l'American Express, et droit d'expression sont leurs revendications. Le Mouvement du 22 mars est créé dans la foulée. Il fixe au 29 mars la tenue d'une journée « universitaire critique ». Le 28, le doyen Grappin suspend les cours jusqu'au 1er avril[1]. Après le 2 avril, la contestation, qui s'amplifie, suscite un appel de dix-huit professeurs en faveur de sanctions contre les agitateurs. Le 26, Pierre Juquin, qui est venu exposer les thèses du PCF contre les gauchistes, est contraint de fuir. Daniel Cohn-Bendit est arrêté pour avoir publié dans le *Bulletin du 22 mars* la recette d'un cocktail Molotov. La tension monte le lendemain quand il est relâché : le groupe Occident menace de « remettre de l'ordre chez les Bolcheviks avec les moyens qui s'imposent ». La gauche se prépare à la riposte. Face au risque d'affrontements, le doyen ferme la faculté le 3 mai à 9 heures. *France-Soir* titre : « Une décision sans précédent ».

L'escalade parisienne

Le jour où Georges Marchais, dans *L'Humanité,* dénonce l'anarchiste Cohn-Bendit et les faux révolutionnaires, l'UNEF et le 22 Mars organisent, le 3 mai à 12 heures, un meeting de protestation dans la cour de la Sorbonne. La police intervient d'abord pacifiquement mais la situation se dégrade et, en fin de journée, on compte 72 policiers blessés et 600 interpellations. Daniel Cohn-Bendit et Jacques Sauvageot sont arrêtés. Treize

---

1. On trouve l'analyse des événements par le Mouvement du 22 mars in Zegel (Sylvain), *Les idées de mai,* Paris, Gallimard, 1968, p. 26-36 (coll. « Idées actuelles »).

jeunes gens sont inculpés et douze seront condamnés le 5 mai. Le recteur Jean Roche annonce la fermeture de la Sorbonne.

L'UNEF appelle immédiatement à une grève nationale et illimitée à partir du 6 mai. Le SNE-Sup se prononce pour un arrêt de travail décidé par chaque section de faculté. Deux nouvelles figures apparaissent, celles de Jacques Sauvageot et d'Alain Geismar. Le SGEN-CFDT, pour sa part, condamne l'intrusion de la police dans la vie universitaire et refuse « toute solidarité avec les groupes dont l'action incohérente compromet une véritable réforme et peut populariser la politique gouvernementale de sélection »[1].

La Sorbonne est désormais entourée par un dispositif policier important[2]. Des accrochages ont lieu le lundi 6 mai au matin. L'après-midi, des affrontements se produisent boulevard Saint-Germain. En raison de l'interdiction gouvernementale, l'UNEF fixe sa démonstration à 18 h 30, à la sortie des bureaux. La fin du cortège est également marquée par des heurts violents. 500 blessés, 400 arrestations sont dénombrés. La province entre en scène avec des rassemblements à Strasbourg, Bordeaux, Rouen, Caen ... Le général de Gaulle déclare : « Il n'est pas possible de tolérer les violences dans la rue, ce qui n'a jamais été la façon d'instaurer un dialogue. »

Le 7, quelques milliers d'étudiants descendent vers les beaux quartiers, drapeaux rouges et noirs en tête. Les Comités d'action lycéens (CAL) invitent les lycéens à se joindre au mouvement. Cinquante mille personnes se rassemblent à Denfert-Rochereau. Le cortège franchit par surprise la Seine et aboutit à l'Etoile. Les manifestations entonnent *L'Internationale* sous l'Arc de Triomphe. Au retour dans le Quartier latin, des contestataires affrontent la police près de la gare Montparnasse. L'UNEF énonce trois préalables à l'instauration du dialogue : le retrait de la police du Quartier latin, la suspension des poursuites et l'amnistie des condamnés, la réouverture des facultés fermées. Des décalages se perçoivent au sein des différentes composantes du mouvement étudiant, tandis que le SGEN et la CGT se

1. Cité in « Positions et actions de la CFDT au cours des événements de mai-juin 1968 », *Syndicalisme*, 1266, novembre 1969.

2. Rue Saint-Jacques et boulevard Saint-Germain stationnent quinze cents hommes. « L'effet est massif et dissuasif. » Grimaud (Maurice), *En mai fais ce qu'il te plaît*, Paris, Stock, 1977, p. 93.

rapprochent du point de vue de l'UNEF. Le journal *Action* paraît pour la première fois.

Le Conseil des ministres du 8 mai affiche la fermeté. Un débat à l'Assemblée nationale confirme le décalage entre le personnel politique et la jeunesse. Un rassemblement de 10 000 personnes à la faculté des Sciences de la Halle aux vins siffle la délégation CGT qui est présente, avec Charles Ravaux à sa tête. Des négociations sont menées pour réouvrir les facultés. Le cortège qui se forme se dirige vers la place Edmond-Rostand. Un service d'ordre dense et résolu empêche tout débordement. Le comportement de l'UNEF rassure les confédérations ouvrières, tandis que les révoltés dénoncent les « tentatives de récupération du mouvement par les “ appareils ” ». Cinq Prix Nobel adressent au général de Gaulle un télégramme demandant l'amnistie des étudiants condamnés et la réouverture des facultés.

Journée d'expectative, le jeudi 9 mai enregistre un progrès dans les relations entre l'UNEF et les syndicats ouvriers, l'échec d'une solution d'apaisement du côté des pouvoirs publics. La CGT, avec Georges Séguy et André Berteloot, la CFDT, avec Eugène Descamps et Louis Moulinet, rencontrent l'organisation étudiante rue Soufflot dans un cadre assez chaotique. Aucun accord n'est conclu. Rendez-vous est pris pour le lendemain. Le recteur Jean Roche annonce, le matin, que les cours reprendront à Nanterre et à la Sorbonne. Un sit-in tenu boulevard Saint-Michel échauffe les esprits. La police est toujours là. Les dirigeants syndicaux sont mis en cause.

Louis Aragon, qui est venu dire sa solidarité, est pris à partie par Daniel Cohn-Bendit. Après son intervention antistalinienne, le leader du 22 Mars invite les étudiants à rejoindre la Mutualité où la Jeunesse communiste révolutionnaire (JCR) organise une soirée de solidarité internationale. Le meeting de la Mutualité fournit l'occasion d'analyser l'état du mouvement. L'éparpillement des forces est déploré et divers orateurs souhaitent la formation d'un comité central de grève formé autour de l'UNEF et du SNE-Sup. Dans la soirée, on apprend que Alain Peyrefitte s'oppose à la réouverture de la Sorbonne. A titre de test, les cours reprendront à Nanterre le 10. La décision gouvernementale alourdit le climat.

Les grèves et manifestations étudiantes se poursuivent en province le 10. A Paris, CGT, CFDT et UNEF décident une protestation commune, le 14, contre la répression et pour les libertés syndicales et politiques. Herbert Marcuse assiste à une réunion de l'UNESCO à Paris sans se prononcer sur les événements en cours dont de nombreux journalistes assurent qu'il est un des inspirateurs. Les étudiants se rassemblent à Denfert-Rochereau l'après-midi où les rejoignent 5 000 lycéens. Un débat s'instaure sur l'objectif : les quartiers ouvriers, l'ORTF, l'hôpital Saint-Antoine [1]. Le cortège s'engage boulevard Arago, atteint le boulevard Saint-Germain et, apprenant que les ponts sont bouchés, prend le boulevard Saint-Michel et se fige place Edmond Rostand. Des barricades commencent à s'élever tandis que des négociations sont menées avec le recteur. Elles conduisent à une impasse. A 2 h 05 du matin, la police effectue les premières sommations. La nuit des barricades s'achève vers 6 heures du matin. Des centaines de blessés sont à déplorer de part et d'autre. Les combats ont été décrits par les postes de radio périphériques. Des autorités religieuses ou scientifiques sont intervenues pour que cessent les violences. Au matin du 11, une grande partie de l'opinion est choquée par les brutalités policières.

Des cortèges de lycéens et d'étudiants parcourent la capitale, un peu désemparés par la tournure dramatique des événements. La CGT et la CFDT, après avoir rencontré l'UNEF, la FEN et le SNE-Sup, lancent un mot d'ordre de grève pour le 13 auquel se ralliera Force ouvrière. Georges Pompidou, de retour d'Afghanistan où il était en visite officielle depuis le 2 mai, convainc le général de Gaulle d'abandonner son inflexibilité. Il annonce la réouverture de la Sorbonne pour le 13, la libération des étudiants emprisonnés et lance un appel en faveur de l'apaisement. Tous les observateurs admettent que le mouvement est à un tournant ; la reculade du pouvoir assurera-t-elle le retour au calme ?

L'occupation des facultés et l'extension de la grève générale

Le calcul du Premier ministre ne s'avèrera pas exact. Dès le 13, la Sorbonne est occupée. Erreur historique, commentera dix ans plus tard Alain Peyrefitte [2]. Jacques Chirac répond au « cen-

1. Un tract du 7 mai avait fait état de trois morts. Des manifestants entendent aller les récupérer.
2. *France-Soir*, 27 mai 1978.

seur rescapé d'une responsabilité qu'il n'avait pas su entièrement assumer »[1] que Georges Pompidou avait apprécié la révolte étudiante avec sa part de générosité et la poussée du surréalisme qu'elle traduisait et mesuré l'état de l'opinion. La stratégie du « dos rond » était la seule possible même si elle ne mettait pas à l'abri « des rebondissements, des retournements de situation »[2].

Le mouvement étudiant se poursuit donc après le 13 mai, avec une nouvelle intensité. La grève ouvrière va prendre son essor. La manifestation parisienne, de la République à Denfert-Rochereau, rassemble 200 000 personnes selon la préfecture de police, 800 000 selon la CGT et la CFDT. L'ampleur de la démonstration est incontestable. En tête du cortège, Georges Séguy, Eugène Descamps, James Marangé[3] côtoient Jacques Sauvageot, Alain Geismar mais aussi Daniel Cohn-Bendit, malgré l'opposition de la CGT. Derrière, se trouvent les politiques, Guy Mollet, François Mitterrand, Michel Rocard, Pierre Mendès France, Waldeck Rochet, Georges Marchais. Le leader du 22 Mars déclare : « Ça m'a fait plaisir de défiler devant les crapules staliniennes ! »

La banderole de tête « Etudiants, enseignants, travailleurs solidaires » exprime le sens général de la manifestation. Les principaux slogans sont également significatifs. « Dix ans ça suffit », « Bon anniversaire, mon général », « CRS-SS », « Le pouvoir est dans la rue ». *L'Internationale* est fréquemment reprise. L'unité difficilement réalisée au départ se défait à la fin du parcours. Place Denfert-Rochereau, les syndicats ouvriers invitent à la dispersion tandis que des cris s'élèvent : « A l'Elysée ». Cinq mille étudiants se dirigent vers le Champ-de-Mars où ils tiennent un meeting. L'orientation est de poursuivre la lutte en liaison avec les ouvriers révolutionnaires. Les jusqu'au-boutistes rejoignent la Sorbonne occupée par des situationnistes qui l'ont couverte de graffiti : « Il est interdit d'interdire », « Faites l'amour, pas la guerre ».

En province, les cortèges ont fréquemment atteint une taille importante. C'est en particulier le cas à Lyon, Toulouse, Marseille, Bordeaux, Nantes, Grenoble, Nancy. Dans l'après-midi, on apprend que la cour d'appel a prononcé la mise en liberté

1. Le ministre de l'Education nationale démissionne le 14, son retrait ne sera admis et annoncé que le 28 mai.
2. *Le Monde*, 30 mai 1978.
3. FO n'est représentée à la manifestation que par les dirigeants de son organisation parisienne.

provisoire pour les quatre étudiants condamnés. Le geste d'apaisement n'entraînera pas l'absence totale d'incidents. Des échauffourrées se produisent à Nantes, Clermont-Ferrand et Le Mans.

Le général de Gaulle quitte Paris, le 14 mai, pour une visite officielle de quatre jours en Roumanie. Il laisse derrière lui un pays qui a été profondément troublé par les dix jours de l'escalade étudiante. Les Beaux-Arts se sont baptisés Atelier populaire. La Sorbonne occupée devient le haut lieu de la Commune étudiante qui va se propager dans les facultés parisiennes et provinciales. La force de la manifestation du 13 mai favorise l'expression ouvrière dont le point de départ chronologique se situe le 14 à Woippy en Lorraine et à Sud-Aviation-Bouguenais près de Nantes.

Le mouvement étudiant n'a pas provoqué le mouvement gréviste comme certains l'ont affirmé. Un renouveau des grèves était perceptible et perçu en 1967. Le début de l'année 1968 est illustré par des conflits durs à Caen, Fougères, Quimper, comme nous l'avons rappelé dans la première partie de cet ouvrage. Le 1er mai 1968, qui avait été le premier défilé autorisé depuis 1954 [1], avait témoigné du dynamisme populaire, et la journée d'action CGT-CFDT des pays de l'Ouest, le 8 mai, connaît un indiscutable succès. La mobilisation ouvrière est évidemment confortée par l'action étudiante. Le pouvoir gaulliste apparaît affaibli. Parmi les salariés, le réflexe de solidarité se double d'une réflexion sur la conjoncture, sur la réponse à lui apporter. Le thème du détonateur ou de l'accélérateur est donc exact. François Ceyrac peut témoigner que des syndicalistes lui ont annoncé un mois de mai calme [2] mais, selon une formule de Raymond Aron, « à en croire des informations sérieuses, la majorité des syndicats se disposaient à des mouvements revendicatifs en automne » [3].

Le 15 mai, l'usine de Renault-Cléon est occupée et le directeur séquestré. Les étudiants s'emparent de l'Odéon qui se proclame « permanence révolutionnaire créatrice ». La CGT proteste contre la manipulation de l'information, convoque extraordinairement son comité confédéral national pour le 17 mai et lance un « Appel aux travailleurs et travailleuses de France » qui est diffusé à

---

1. Capdevielle (Jacques), Mouriaux (René), « Rituels du 1er Mai », *Projet*, 35, mai 1969, p. 522-523.
2. Weber (Henri), *Le parti des patrons. Le CNPF (1946-1986)*, Paris, Le Seuil, 1986, p. 161.
3. Aron (Raymond), *La révolution introuvable*, Paris, Fayard, 1968, p. 92.

quatre millions d'exemplaires. Le texte part de l'affaiblissement du pouvoir des monopoles. Il énonce ensuite les objectifs de la lutte sociale, la réforme démocratique de l'Université, les revendications économiques des travailleurs. Il invite enfin à la construction de l'unité, hors de la tutelle des petits-bourgeois.

La grève se diffuse : Lockheed à Beauvais, Unelec à Orléans, Renault-Flins et Renault-Billancourt cessent le travail le 16. Le bureau confédéral de la CFDT adopte une résolution qui confirme l'appui de la Confédération à la lutte des étudiants pour la démocratisation des universités et trace les perspectives d'action pour le mouvement ouvrier : « A la monarchie industrielle et administrative, il faut substituer des structures démocratiques à base d'autogestion. » De fait, des commissions se constituent dans de nombreuses entreprises pour élaborer des propositions de réforme structurelle. Les étudiants, qui viennent de la Sorbonne jusqu'aux portes de Renault-Billancourt, sont éconduits.

Le 17 mai au matin, s'ouvre la quatrième conférence nationale de la Jeunesse organisée par la CGT. A l'unanimité, le report des assises est décidé après qu'un appel aux jeunes travailleurs eut été adopté. Le comité confédéral national de la CGT, réuni l'après-midi, adopte une déclaration qui explicite les objectifs que la centrale fixe à l'action qui s'étend dans le pays : abrogation des ordonnances sur la Sécurité sociale, augmentation des salaires, réduction du temps de travail, politique de l'emploi, libertés syndicales. André Bergeron vient au siège de la CFDT à 15 heures pour envisager les convergences possibles, en excluant toute démarche commune avec la CGT. Le bureau confédéral établit, pour la dernière fois dans la période, un procès-verbal de sa réunion. Marcel Gonin est chargé d'assurer la réunion en permanence de la direction confédérale. Les informations reçues sont enregistrées au fur et à mesure sur un journal de bord. Les arrêts de travail se multiplient. Le nombre de grévistes passe, dans la journée, de 100 000 à 300 000. La SNECMA, Sud-Aviation, Nord-Aviation, Hispano-Suiza, Berliet, Rhodiaceta, Rhône-Poulenc ont rejoint le mouvement.

A partir du 18, l'essor de la grève franchit un seuil. Les occupations d'usines s'étendent et les moyens de transport s'immobilisent. Les deux millions de grévistes sont atteints. La CGT renouvelle son appui au mouvement. Le conseil confédéral de la CFDT appelle les travailleurs à « développer et généraliser le mouvement en cours ». Au micro d'*Europe n° 1,* le soir, Eugène Descamps et Georges Séguy proposent des interprétations et des lignes d'action assez proches.

Le dimanche 19, l'opinion est frappée par quatre traits de la situation. La parole étudiante continue à se déployer. A la Sorbonne, une commission paritaire enseignants-étudiants est constituée. A l'IEP de Paris, l'autonomie est proclamée. L'essence commence à manquer à Paris. La menace d'une grève totale plane à l'ORTF. Enfin, la dimension politique de la situation apparaît davantage. Georges Pompidou révèle à la télévision le sentiment du général de Gaulle : « La réforme oui, la chienlit non. » Waldeck Rochet évoque la constitution d'un gouvernement populaire. Pierre Mendès France rend responsable le pouvoir d'une « situation révolutionnaire ».

Au matin du 20 mai, il est communément admis que 6 000 000 de travailleurs sont en grève. Jean-Paul Sartre, qui avait approuvé les étudiants dès le 6 mai, vient discuter avec eux à la Sorbonne. Des écrivains occupent le siège de la Société des gens de lettres. Ceux de l'Ordre des médecins et de l'Ordre des avocats sont symboliquement occupés. Des cadres s'introduisent dans les bureaux du CNPF. Le Festival du film de Cannes subit la contestation et s'interrompt. Des privilégiés ouvrent des comptes à Genève et à Lausanne et d'énormes évasions de capitaux sont constatées. Dans une interview à *La Croix,* André Jeanson commente : « J'ignore encore ce que nous avons à faire dans les prochains jours ... Pour le moment et tant que durent les incertitudes, nous ne devons pas prendre de risques sur le plan politique et nous restons sur le plan syndical. Il est possible que, selon l'évolution, nous ayons à donner une dimension politique à notre action. » La CFDT escompte la consolidation de l'arrêt de travail et attend l'issue du débat de censure qui devrait intervenir à l'Assemblée nationale le 22. Elle tient une conférence de presse commune avec l'UNEF sur la revendication du pouvoir étudiant. Elle rencontre la FGDS et marque sa réserve envers une éventuelle table ronde commune entre les partis politiques de gauche et les organisations syndicales.

Georges Séguy prend la parole à Renault-Billancourt pour réitérer les objectifs revendicatifs de la CGT et faire le point sur la situation sociale et politique. Il insiste sur la volonté d'aboutir à un programme commun de gouvernement. Les ouvriers du Livre rejoignent le mouvement mais, à la demande de leur fédération et en accord avec le bureau confédéral de la CGT, décident de poursuivre la sortie des quotidiens.

Les enseignants et les fonctionnaires cessent à leur tour le travail le 21. La CGT et la CFDT se réunissent pour déterminer une position commune sur la Sécurité sociale. Le Conseil des ministres adopte un projet de loi d'amnistie. Le débat à l'Assemblée nationale sur la motion de censure s'ouvre à 16 heures. René Capitant et Edgard Pisani se démettent de leur mandat de député. L'UNEF, qui juge nécessaire de dépasser la phase du débat à l'intérieur des universités, crée trois commissions qui réfléchiront à l'autonomie des établissements, aux structures, à la liaison entre les étudiants et la classe ouvrière.

La vague gréviste ne cesse de grossir le 21. A Saint-Brieuc, les agriculteurs témoignent de leur solidarité avec les travailleurs en lutte. Les comités de grève se renforcent et assurent un fonctionnement minimal de la machine économique [1]. La CGT et la CFDT décident de publier les points revendicatifs sur lesquels fut fondé l'accord du 10 janvier 1966. La charte à laquelle les deux centrales se réfèrent comprenait cinq grands points :

Amélioration du pouvoir d'achat, des conditions de vie et de travail :

- Négociation des salaires réels et des conditions de travail, notamment de la réduction de la durée du travail dans tous les secteurs : public, nationalisé et privé.
- Suppression des abattements de zone et action contre les disparités régionales de salaires.
- Amélioration du pouvoir d'achat des catégories défavorisées : travailleurs au SMIG, familles, personnes âgées, invalides, etc.
- Indemnisation contractuelle du chômage partiel.
- Défense et amélioration de la Sécurité sociale et des régimes de retraite complémentaire.

Défense et extension des droits syndicaux dans les entreprises (immunité syndicale des délégués, droit de réunion, d'affichage, de collectage des cotisations et de diffusion de la presse syndicale).

Réduction des dépenses improductives en vue de l'accroissement des investissements publics répondant aux besoins de logements, d'instruction et santé de la nation.

1. Décrivant le phénomène, Adrien Dansette estime que, se substituant à la hiérarchie, ils deviennent des « Comités insurrectionnels ». Dansette (Adrien), *Mai 1968, op. cit.*, p. 180.

Garantie du droit à l'emploi par l'implantation d'industries nouvelles avec financement et responsabilités publics.

Refonte de la fiscalité devant notamment se traduire par l'allégement de la charge fiscale pesant sur les bas revenus, une progressivité de l'impôt liée à la fois au niveau et à la nature des revenus des possibilités réelles d'action contre la fraude[1].

La déclaration commune du 22 mai précise que l'extension des droits syndicaux doit « permettre la garantie des conquêtes ouvrières ». Le bureau confédéral de la CFDT commente un peu plus tard la portée qu'il attribue au texte unitaire : il réaffirme que la lutte vise la remise en cause des structures économiques, sociales et politiques de la société capitaliste. Une rencontre entre la CFDT et FO n'aboutira pas à une déclaration commune mais permet de constater de larges convergences sur la nécessité de réformes structurelles.

A 17 h 30, *Europe n° 1* annonce que Jacques Sauvageot et Alain Geismar appellent à manifester contre l'interdiction d'entrée qui vient de frapper Daniel Cohn-Bendit. La CGT met en garde les travailleurs contre les provocations. Elle refuse de recevoir l'UNEF et le SNE-Sup parce que Jacques Sauvageot a avancé « l'incroyable prétention de discuter de la conduite des luttes ouvrières et de leurs objectifs » et affirmé « sa volonté d'en appeler aux travailleurs par-delà les organisations syndicales qui ont leur confiance et la responsabilité de diriger leur lutte ».

La discussion de la motion de censure à l'Assemblée nationale s'achève à 20 heures. Le vote donne 233 voix pour, la majorité requise étant de 244 voix. Georges Pompidou promet qu'il tirera « la leçon des faits » et annonce son intention d'engager le dialogue avec les syndicats. De son côté, le CNPF, sans fermer la porte à une solution négociée, avertit qu'il est hors d'état de supporter des charges nouvelles.

Dans la soirée, le PCF et la FGDS se réunissent sans résultats. Les deux délégations se donnent une semaine pour compléter le volet social de leur déclaration du 24 février 1968.

La fête de l'Ascension, jeudi 23, enregistre une nouvelle progression de la grève. Les comités d'action, qui sont apparus à partir du 3, tiennent leur première assemblée générale. Le congrès du SNE-Sup renouvelle sa confiance à Alain Geismar. La CFDT

1. *L'Humanité,* 11 janvier 1966.

précise les perspectives qu'elle fixe à la lutte. Il convient d'engager des négociations avec le gouvernement, ensuite de régler les questions intéressant les branches industrielles, enfin au niveau des entreprises. Une déclaration de Paul Huvelin traduit la volonté du CNPF de respecter la distinction du domaine législatif et du professionnel et « l'ordre normal des compétences et des responsabilités ». Autrement dit, l'initiative pour dénouer la crise relève du gouvernement. Néanmoins, des accords commencent à être conclus dans diverses entreprises et la CFDT, face à une éventuelle tactique de dissociation et de pourrissement, s'applique à maintenir la puissance du mouvement. Elle rencontre l'UNEF et le PSU avec Pierre Mendès France pour réduire au maximum les possibilités de heurts.

Dans ses déclarations publiques, la CGT martèle ses revendications. Des contacts officieux et secrets sont établis avec le gouvernement. Jean Magniadas, responsable de la CGT, rencontre Jacques Chirac « dans des conditions pittoresques, square d'Anvers, puis en banlieue »[1]. L'épisode est révélé plus tard par Philippe Alexandre dans son ouvrage *L'Elysée en péril*[2]. Source de polémique historique et politique, il sera utilisé par la CFDT contre la centrale de Georges Séguy[3].

La manifestation contre l'interdiction de Daniel Cohn-Bendit se tient le 23 au soir. Malgré les consignes contraires de Jacques Sauvageot et d'Alain Geismar, des barricades s'élèvent boulevard Saint-Michel. Aucun événement de ce type ne s'était produit à Paris depuis la nuit des barricades. Deux cents personnes sont blessées et il est procédé à 200 arrestations. « Personne n'est maître complètement des événements », assure le préfet de police Maurice Grimaud.

Dans la matinée du 24 mai, les organisations syndicales représentatives sont informées de la convocation d'une réunion

---

1. Alexandre (Philippe), *L'Elysée en péril*, Paris, Fayard, 1969, p. 140-141.

2. André Barjonet a rencontré Paul Huvelin le 22 mai et acquis, à cette occasion, la conviction que les dirigeants de la CGT n'entendaient pas modifier leur modérantisme complet. Barjonet (André), *La CGT*, Paris, Le Seuil, 1968, p. 154-156.

3. « La CFDT a diffusé largement parmi ses cadres un des récits des journées de Mai 1968 (*L'Elysée en péril, op. cit.*, Alexandre (Philippe)), dans lequel sont contés par le menu les contacts secrets d'un membre du gouvernement, M. Chirac, avec un des leaders de la CGT, M. Krasucki. » Viansson-Ponté (Pierre), « L'affaire Séguy », *Le Monde*, 20 septembre 1969. Du côté CFDT, il a été fait état de contacts avec le gouvernement par l'intermédiaire de Michel Logan. Ce dernier a catégoriquement démenti l'information. *Le Monde*, 5-6 octobre 1969.

avec le CNPF et le gouvernement pour le 25 mai. Le schéma des accords Matignon en juin 1936 est donc repris. La CFDT acquiesce. Elle met en avant trois objectifs prioritaires : l'abrogation des ordonnances, le droit syndical et les défavorisés. Elle exprime son intention de « soumettre les propositions aux travailleurs sous la responsabilité, à tous les niveaux, des organisations syndicales ». La CFDT téléphone à la CGT et à FO pour harmoniser la tactique avant la séance, sans succès.

La CGT affiche sa satisfaction devant l'élargissement du mouvement. Elle organise seule – la CFDT s'étant récusée – un défilé à Paris qui rassemble 400 000 personnes. Les slogans sont économiques. La manifestation se déroule dans le calme et s'achève sans incident. En province, des démonstrations paysannes ont lieu, vigoureuses et maîtrisées.

En revanche, les étudiants convergent en fin d'après-midi vers la gare de Lyon et la Bastille de manière plus houleuse. Le pouvoir a retiré l'usage des radio-téléphones aux postes périphériques qu'ils retrouveront le 30. A 20 heures, une accalmie se produit : tout le monde écoute l'allocution du général de Gaulle, annoncée depuis le 13. Le chef de l'Etat présente sa solution à la crise nationale : un référendum sur la participation. Il ajoute : « Au cas où votre réponse serait *non*, il va de soi que je n'assumerai pas plus longtemps ma fonction. » L'allocution est accueillie par un énorme tollé. Des barricades sont dressées. La police intervient violemment. Des anarchistes incendient la Bourse. Pierre Mendès France rend visite à la Sorbonne vers 2 heures du matin, « pour être un témoin ». A Lyon, un commissaire de police trouve la mort lors d'affrontements. Des bagarres éclatent aussi à Bordeaux et à Nantes. Le ministre de l'Intérieur, Christian Fouchet, dénonce les agissements de la pègre et d'anarchistes organisés.

Le troisième « vendredi rouge » entraîne des prises de position contrastées. La CFDT réclame l'arrêt de la répression policière. La CGT se contente de souligner l'inadéquation de la réponse du général à la situation, sans renouveler ses condamnations des excès gauchistes. Le chef de l'Etat perçoit l'inefficacité de son allocution ; on lui attribue cette appréciation : « J'ai fait un bide, n'est-ce pas ? »

Le 25, Eugène Descamps exprime son inquiétude devant la montée de la violence, tout en attribuant la responsabilité première de son apparition au pouvoir. *L'Humanité* parle de la

« lie ». Benoît Frachon s'élève contre les critiques adressées envers le mouvement ouvrier et distingue les objectifs des étudiants et ceux des ouvriers. André Barjonet, responsable du Centre confédéral d'études économiques et sociales (CCEES) de la CGT, démissionne de sa responsabilité : « En ne répondant pas à l'aspiration profonde des travailleurs et des étudiants, qu'elles n'ont pas su ou voulu comprendre, les grandes formations syndicales et politiques se réclamant de la classe ouvrière et de la gauche portent une responsabilité historique à laquelle il m'est impossible de m'associer plus longtemps. » Georges Pompidou décide de rapprocher de Paris certaines unités de l'armée.

A 15 heures, commencent au ministère du Travail, rue de Grenelle, les pourparlers entre les centrales syndicales et le patronat en présence du gouvernement. Quarante-huit participants sont rassemblés, dont Benoît Frachon, Georges Séguy, Eugène Descamps, André Bergeron, Joseph Sauty, André Malterre, James Marangé, Paul Huvelin, Georges Pompidou, Jean-Marcel Jeanneney et Jacques Chirac. Une absence est remarquée, celle de Michel Debré, ministre de l'Economie et des finances. Chaque « partenaire » expose ses objectifs, puis Georges Pompidou propose l'ordre du jour suivant : rémunérations, durée du travail, retraite, emploi, droits syndicaux.

A 17 h 10, la question du SMIG est examinée et rapidement réglée. René Mathevet, de la CFDT, propose 3,46 F et se rallie à 3 F en une première étape. Georges Pompidou retient cette proposition à laquelle il associe diverses dispositions dont la suppression des zones d'abattement. La discussion sur la hausse des salaires prend un tour plus conflictuel. La CFDT n'est pas soutenue par la CGT dans sa proposition d'un accord-cadre et Eugène Descamps lance à l'adresse de la délégation cégétiste : « On s'en souviendra, camarades ! » A 2 heures du matin, une suspension de séance est observée. A la reprise, un début de consensus semble se former sur une hausse salariale de 7 % en juin et de 3 % en octobre. A 3 h 45, les travaux de la séance plénière sont suspendus jusqu'à 17 heures.

La conférence de Grenelle reprend donc le 26 en milieu d'après-midi. Les différents partenaires ont eu le temps de faire le point. La commission administrative de la CGT appelle ses organisations à constituer, dès lundi, des assemblées de travailleurs pour apprécier le résultat des négociations. Roger Garaudy a déclaré par la suite que la direction du PCF avait incité la centrale syndicale à conclure rapidement pour parer à la manifestation du 27 organisée par l'UNEF[1]. La CFDT exprime son inquiétude devant la tournure des discussions. Des commissions sont mises en place pour débroussailler des points spécifiques comme celui du droit syndical.

La séance plénière débute précisément par l'examen du dossier de la section syndicale qui aboutit à un accord sur un projet de loi dont les grandes lignes sont énoncées. Sur la réduction du temps de travail, les divergences sont plus fortes et les débats s'achèvent sur une formule imprécise d'accord-cadre à établir sans calendrier contraignant. Les problèmes de l'emploi et de la retraite sont traités rapidement. Une suspension de séance est observée. Se situe alors un épisode également controversé de l'histoire de Mai.

Georges Pompidou s'entretient avec la délégation CGT. Celle-ci demande la suppression de diverses discriminations dont elle est victime : exclusion de conseils d'administration, absence de l'OIT, non-versement de crédits pour la formation syndicale. Georges Séguy a rapporté son dialogue avec le Premier ministre dans son ouvrage *Le Mai de la CGT*. Après avoir évoqué la politique internationale d'indépendance que mène le général de Gaulle, Georges Pompidou se prononce pour la suppression de toutes les inégalités en matière de représentation syndicale. La délégation cégétiste rappelle son indépendance politique et sa revendication de justice et non de traitement de faveur[2].

Au cours de la seconde nuit de négociations, qui s'étend de 20 h 45 à 7 h 15, des discussions âpres ont lieu sur la suppression des ordonnances concernant la Sécurité sociale et l'échelle mobile des salaires. Néanmoins, la CGT réduit son intransigeance et un protocole d'accord est établi.

---

1. *Rouge*, 25 et 27 mai 1978.
2. Séguy (Georges), *Le Mai de la CGT*, Paris, Julliard, 1972, p. 59-102. Les premières précisions sur l'événement ont été fournies lors d'une émission de *Radio-Luxembourg*, le 20 septembre 1969. Cf. *Le Monde*, 23 septembre 1969.

PROJET DE PROTOCOLE D'ACCORD

Les organisations professionnelles et syndicales : Confédération générale du travail, Confédération générale du travail-Force ouvrière, Confédération française démocratique du travail (CFTC), Confédération française des travailleurs chrétiens, Confédération générale des cadres, Fédération de l'Education nationale, Confédération générale des petites et moyennes entreprises, Conseil national du patronat français, se sont réunies sous la présidence du Premier ministre, en présence du ministre des Affaires sociales et du secrétaire d'Etat chargé des problèmes de l'Emploi les 25, 26 et 27 mai 1968.

TAUX HORAIRE DU SMIG

Le taux horaire du SMIG sera porté à 3 F au 1er juin 1968.

Le salaire minimum garanti applicable à l'agriculture ne sera fixé qu'après consultation des organisations professionnelles et syndicales d'exploitants et de salariés agricoles et des confédérations syndicales nationales.

Il a été précisé que la majoration du salaire minimum garanti n'entraînerait aucun effet automatique sur les dispositions réglementaires ou contractuelles qui s'y réfèrent actuellement. Le problème posé par ces répercussions fera l'objet d'un examen ultérieur.

La question des abattements opérés en raison de l'âge et applicables aux jeunes travailleurs fera l'objet de discussions conventionnelles.

Le gouvernement a, par ailleurs, fait connaître son intention de supprimer complètement les zones d'abattement applicables au SMIG.

ÉVOLUTION DES RÉMUNÉRATIONS DES SECTEURS PUBLIC ET NATIONALISÉ

Les discussions relatives aux salaires des entreprises nationalisées se sont ouvertes dans l'après-midi du 26 mai, secteur par secteur, et sous la présidence des ministres de tutelle compétents ; la modification des procédures de discussion sera examinée ultérieurement.

En ce qui concerne les traitements des fonctionnaires, une réunion a été organisée le 26 mai après-midi à la direction de la Fonction publique pour préparer celle à laquelle participeront le 28 mai à 15 heures, sous la présidence du Premier ministre, les organisations syndicales intéressées.

SALAIRES DU SECTEUR PRIVÉ

Les salaires réels seront augmentés au 1er juin 1968 de 7 %, ce pourcentage comprenant les hausses déjà intervenues depuis le 1er janvier 1968 inclusivement.

Cette augmentation sera portée de 7 à 10 % à compter du 1er octobre 1968.

RÉDUCTION DE LA DURÉE DU TRAVAIL

Le CNPF et les confédérations syndicales ont décidé de conclure un accord-cadre dont le but est de mettre en œuvre une politique de réduction progressive de la durée hebdomadaire du travail en vue d'aboutir à la semaine de 40 heures.

Elles considèrent également comme souhaitable que la durée maximum légale soit progressivement abaissée.

Cette réduction progressive sera déterminée dans chaque branche d'industrie par voie d'accord nationale contractuel définissant les modalités et les taux de réduction d'horaires et de compensation de ressources.

En tout état de cause, et comme mesure d'ordre général, une réduction de 2 heures des horaires hebdomadaires supérieurs à 48 heures et une réduction d'une heure des horaires hebdomadaires compris entre 45 et 48 heures interviendra avant le terme du Ve Plan.

Une première mesure dans ce sens prendra effet en 1968. Le principe de mesures appropriées à la situation particulière des cadres est également retenu.

Dans le secteur nationalisé, le principe d'une réduction progressive de la durée du travail est admis par le Premier ministre, les discussions devant être menées au sein de chaque entreprise pour en déterminer le montant et les modalités, celles-ci pouvant prendre d'autres formes que la réduction de la durée hebdomadaire du travail.

En ce qui concerne la Fonction publique, les discussions qui auront lieu le mardi 28 sous la présidence du Premier ministre comporteront l'examen du problème, compte tenu des caractères particuliers des différents services.

AGE DE LA RETRAITE

Le problème d'un assouplissement de l'âge de la retraite, en particulier dans le cas de privation d'emploi et d'inaptitude au travail, a été posé par plusieurs syndicats.

Le CNPF a accepté l'examen de la question ainsi posée.

RÉVISION DES CONVENTIONS COLLECTIVES

1) Les représentants des employeurs se sont engagés à réunir dès la fin de la présente négociation les commissions paritaires pour :

- la mise à jour des conventions collectives en fonction des résultats de la présente négociation ;
- la révision des barèmes de salaires minima afin de les rapprocher des salaires réels ;
- la réduction de la part des primes dans les rémunérations par leur intégration dans les salaires ;
- l'étude de la suppression des discriminations d'âge et de sexe ;
- la révision des classifications professionnelles et leur simplification.

2) Les organisations de salariés et d'employeurs se réuniront à bref délai pour déterminer les structures des branches et des secteurs en vue d'assurer l'application de l'accord-cadre sur la durée du travail.

3) Le gouvernement s'engage à réunir aussitôt après la fin de la présente négociation la Commission supérieure des conventions collectives en vue d'examiner les conditions d'application de l'ordonnance du 27 septembre 1967 concernant le champ d'extension géographique des conventions collectives et procéder à une étude approfondie du champ d'application des conventions collectives.

EMPLOI ET FORMATION

Le CNPF et les confédérations syndicales ont décidé de se réunir avant le 1er octobre en vue de rechercher un accord en matière de sécurité de l'emploi et portant notamment sur :

– les mesures de nature à assurer les reclassements nécessaires en particulier en cas de fusion et de concentration d'entreprises ;
– l'institution de commissions paritaires de l'emploi par branches professionnelles et les missions qu'il convient de donner à ces commissions devant fonctionner en principe au niveau national et le cas échéant aux niveaux territoriaux.

Ils ont convenu également d'étudier les moyens permettant d'assurer, avec le concours de l'Etat, la formation et le perfectionnement professionnels. En ce qui concerne les cadres, il a été convenu que la recherche d'un accord particulier sera menée entre le CNPF et les organisations syndicales.

Le secrétaire d'Etat à l'Emploi suivra les travaux des réunions prévues et mettra à la disposition des participants l'ensemble des documents nécessaires.

Par ailleurs, le Premier ministre s'engage :

– à développer les crédits affectés aux services de l'emploi ;
– à mettre en place de manière prioritaire les moyens d'un développement d'une formation adaptée des jeunes.

DROIT SYNDICAL

Le document annexé ci-après, relatif à l'exercice du droit syndical dans les entreprises, sera examiné au cours de réunions avec les organisations professionnelles et syndicales, en présence du ministre des Affaires sociales, en vue d'éliminer les points de désaccord qui subsistent.

Sur la base dudit document, éventuellement amendé, le gouvernement élaborera un projet de loi relatif à l'exercice du droit syndical dans les entreprises.

Le gouvernement, favorable à la liberté d'exercice de ce droit, entend que ce projet en règle concrètement les modalités. Il est prêt à favoriser, pour sa part, dans le même esprit, le libre exercice du droit syndical dans les entreprises publiques et la fonction publique, sous réserve d'apporter au projet de loi les précisions et les compléments permettant son adaptation aux nécessités de ces services.

ANNEXE
DROIT SYNDICAL DANS L'ENTREPRISE

1) La garantie de la liberté collective de constitution de syndicats ou de sections syndicales dans l'entreprise à partir des organisations syndicales représentatives à l'échelon national (les organisations syndicales demandent protection spéciale ; le CNPF estime que le droit commun suffit).

2) La protection des délégués syndicaux sera assurée dans des conditions analogues à celle des délégués du personnel et des membres du comité d'entreprise.

3) Les prérogatives de l'organisation syndicale dans l'entreprise et des délégués syndicaux : ses missions sont celles du syndicat dans l'organisation sociale, notamment la discussion et la conclusion d'avenant d'entreprise (addition proposée par les syndicats : et le droit de déterminer par accord des règles concernant la structure et le montant des salaires, primes et gratifications).

4) Des moyens d'expression de l'organisation syndicale et des délégués syndicaux :

a) Collecte des cotisations à l'intérieur de l'entreprise (pendant le temps de travail).

b) Liberté de diffusion de la presse syndicale et des tracts syndicaux dans l'entreprise.

c) Libre affichage de communications syndicales dans des conditions permettant une information effective des travailleurs, *avec communication simultanée à la direction* (réserve de la CFDT et de la CGT sur les mots ressortis).

d) Mise à la disposition des organisations syndicales d'un local approprié.

e) Réunion :

- un crédit est attribué (aux délégués syndicaux CNPF) (aux sections syndicales d'entreprise pour répartition aux délégués syndicaux ; syndicats) ;
- droit de réunir les adhérents de la section syndicale une fois par mois (pendant le temps de travail – syndicats) (en dehors des heures de travail – CNPF) ;
- droit de réunir tous les membres du personnel de l'entreprise à des assemblées générales du personnel, ce droit doit s'exercer pendant les heures de travail, une fois par mois (syndicats).

5) Bénéfice du congé éducation payé pour les délégués syndicaux (demande d'examen plus approfondi par CNPF).

6) Interdiction, en cas d'exercice du droit de grève, de tout abattement sur un élément quelconque de rémunération : prime, gratification ou autre avantage au-delà du prorata direct du temps d'absence (syndicats).

SÉCURITÉ SOCIALE

Le Premier ministre a pris l'engagement d'accepter qu'un débat de ratification des ordonnances relatives à la Sécurité sociale ait lieu avant la fin de la session parlementaire en cours.

Par ailleurs, il a décidé de ramener le ticket modérateur applicable aux dépenses médicales de visite et de consultation de 30 à 25 %.

Le gouvernement ne s'opposera pas à une initiative tendant à ce qu'il soit fait référence dans un texte de loi au décret du 29 août 1962 relatif aux règles d'évolution du plafond de cotisation.

Le Premier ministre déclare qu'il n'est pas dans ses intentions d'augmenter le nombre de points de cotisations de Sécurité sociale portant sur la totalité des rémunérations.

Le Premier ministre a également indiqué que l'intervention des textes d'application des dispositions législatives réglementant, d'une part, le versement direct des prestations à des tiers et la participation obligatoirement laissée à la charge de l'assuré était suspendue, compte tenu des discussions en cours entre la Caisse nationale d'assurance-maladie et la Fédération française de la mutualité.

Le gouvernement souhaite qu'un accord de ces deux organismes règle conventionnellement leurs rapports et rende inutiles les dispositions envisagées.

ALLOCATIONS FAMILIALES

Le gouvernement étudie un projet d'aménagement des allocations familiales en faveur des familles de trois enfants au moins et prévoyant la réforme des allocations de salaire unique et de la mère au foyer.

Ces textes seront mis au point à l'occasion de l'établissement du prochain budget.

MESURES EN FAVEUR DE LA VIEILLESSE

Le gouvernement augmentera, au 1er octobre prochain, l'allocation minimum versée aux personnes âgées, et aux grands infirmes.

FISCALITÉ

Le projet de réforme de l'impôt sur le revenu, qui sera déposé à l'automne par le gouvernement, contiendra des dispositions tendant à alléger les conditions d'imposition des revenus salariaux. Les principes de la réforme feront l'objet d'une consultation du Conseil économique et social, qui permettra aux représentants des organisations syndicales et professionnelles d'exprimer leurs vues avant le dépôt du projet. Ces organisations seront à nouveau consultées par le gouvernement sur l'avis rendu par le Conseil économique et social.

Il ne sera pas proposé d'assujettir les salariés au régime de la retenue à la source.

POUVOIR D'ACHAT

Le gouvernement réunira, au mois de mars 1969, les représentants des organisations professionnelles et syndicales, afin d'examiner avec eux, dans le cadre de l'évolution économique et financière générale, l'évolution du pouvoir d'achat des salariés au cours de l'année 1968.

PRIX

Le CNPF a demandé au gouvernement qu'à compter du 1er juillet 1968 les entreprises françaises ne soient pas assujetties, en ce qui concerne la détermination de leurs prix, à des contraintes plus strictes que les entreprises concurrentes établies dans les autres pays du marché commun.

JOURNÉES DE GRÈVE

Les journées d'arrêt de travail seront en principe récupérées. Une avance de 50 % sera versée aux salariés ayant subi une perte de salaire. Cette avance sera remboursée par imputation sur ses heures de récupération. Dans le cas où la récupération n'aurait pas été matériellement possible avant le 31 décembre 1968, l'avance ou son solde sera définitivement acquis au salarié.

Ces mesures trouveront leurs répercussions dans le secteur nationalisé et la fonction publique.

La tourmente politique

Conformément aux engagements de principe à la CFDT et programmés par la CGT, le contenu du protocole de Grenelle qu'aucune organisation n'a ratifié est soumis à la base le 27 mai. Un meeting est tenu à Renault-Billancourt dès 8 heures. Le récit de cet événement a donné lieu à des versions contradictoires.

Pour certains, la CGT est débordée par la base et Georges Séguy sifflé[1]. Pour d'autres, le protocole de Grenelle est rejeté. C'est lui qui suscite les huées, « malgré les interventions de Benoît Frachon et Georges Séguy »[2]. Pour d'autres encore, et c'est la version de la CGT, la délégation de la CGT savait que la poursuite de la grève allait être votée et le compte rendu des

1. André Delale et Gilles Ragache laissent planer un doute sur le sens du meeting : « Il faut être bien malin pour savoir qui est désigné par cette phrase plusieurs fois entendue dans la foule : “ il se fout de notre gueule ”. » Delale (André), Ragache (Gilles), *La France de 68*, Paris, Le Seuil, 1978, p. 111.

2. Dansette (Adrien), *Mai 1968*, *op. cit.*, p. 248.

négociations était effectué en connaissance de cause[1]. La décision de poursuivre le mouvement est prise dans de nombreuses entreprises et l'EDF, qui avait été volontairement épargnée jusque-là, connaît pour la première fois des interruptions de courant à Paris, en réplique au retard des discussions dans l'entreprise.

A 17 heures, la CGT organise douze meetings simultanés en des lieux différents de la capitale. Elle incite les travailleurs à aller au-delà du constat de Grenelle avec la conclusion d'accords par branche.

Plusieurs dizaines de milliers de personnes se réunissent en fin de journée au stade Charléty. Pierre Mendès France est présent, applaudi mais refuse de prendre la parole dans une réunion syndicale. Les orateurs se succèdent nombreux. Jacques Sauvageot, Fredo Krumnow (CFDT), Maurice Labi (FO), André Barjonet qui attaque la trahison des dirigeants cégétistes. La CGT ne transige pas sur son appréciation : « La participation d'étudiants honnêtes, la présence de travailleurs égarés ni non plus la caution qu'y apportent des militants FO et CFDT ne sauraient modifier le caractère de cette réunion : il s'agit d'une réunion anti ouvrière[2]. »

Le soir, François Mitterrand met au point avec Waldeck Rochet et Georges Marchais une rencontre de la FGDS et du PCF le lendemain.

Le 28, la grève continue partout. Alors que la CGT et la CFDT fixent le sommet du mouvement au 23, Alain Delale et Gilles Ragache, dans leur ouvrage *La France de 68,* estiment que celui-ci a été atteint le mardi suivant les accords de Grenelle. De nombreux symptômes laissent penser que le pouvoir est en train de se déliter. Dans la matinée, François Mitterrand propose de constituer un gouvernement provisoire dirigé par Pierre Mendès France. Il annonce qu'il se portera candidat à la présidence de la République. Il réclame la démission du gouvernement et la dissolution de l'Assemblée. La rencontre entre la FGDS et le PCF n'enregistre aucun progrès dans les relations entre les deux principaux partis de la gauche classique tandis que de leur côté

---

1. Il convient de noter que la CFDT n'a pas repris le thème du désaveu de Georges Séguy par les ouvriers de Renault que les radios périphériques ont popularisé et les « gauchistes » théorisé. *Le Monde* (28 mai) a présenté l'interprétation moyenne et publié dès le 29 un communiqué rectificatif des syndicats CGT et FO de la régie.

2. *Le Peuple,* 799-800-801, p. 64.

les diverses composantes de l'ultra-gauche échouent à constituer un Parti révolutionnaire comme le souhaitaient Jean-Pierre Vigier et André Barjonet. La CGT convie la CFDT, FO et la FEN à une réunion qui se tiendrait à la Bourse du travail de Paris. Devant l'absence de réponse favorable, elle appelle seule à des manifestations dans tout le pays le 29.

La décision prise par la CGT est assez unanimement interprétée. La centrale accentue sa radicalisation. Georges Pompidou et le général de Gaulle se demandent « si le défilé parisien qui doit théoriquement se dissoudre devant la gare Saint-Lazare ne va pas " pousser " jusqu'à l'Elysée » [1].

France-Soir du 29 mai a placé à la Une un énorme « De Gaulle est à Colombey pour prendre une décision ». Le Conseil des ministres prévu à 10 heures est annulé à la dernière minute. Le général de Gaulle a téléphoné au Premier ministre et l'a laissé sur un énigmatique « je vous embrasse ». Au lieu de s'arrêter dans sa propriété de La Boisserie, il a poursuivi son voyage jusqu'à Baden-Baden pour s'entretenir avec le général Massu [2].

La CFDT juge, le 29, que le pouvoir est vacant. Elle lance un appel à Pierre Mendès France pour qu'il en assume les responsabilités. La CGT rassemble de la Bastille à la gare Saint-Lazare environ 300 000 personnes. Le slogan « gouvernement populaire » a été puissamment repris avec des variantes explicites « Mitterrand, pas de manœuvres ».

La retombée du mouvement et le succès électoral du gaullisme

Au matin du 30 mai, Valéry Giscard d'Estaing préconise le départ du gouvernement et, toujours sous la présidence du général de Gaulle, la mise en place d'une équipe élargie. Les centristes réclament l'abandon du référendum. Robert Poujade, secrétaire général de l'UNR, dénonce la subversion communiste. La CFDT reçoit Pierre Mendès France et la FGDS. Elle refuse une rencontre syndicats-partis de gauche. La CGT s'entretient avec le PCF et la FGDS.

---

1. Delale (André), Ragache (Gilles), *La France de 68, op. cit.*, p. 120.
2. Autre controverse de l'historiographie de 68. Le général Massu s'est présenté comme l'homme qui a remis en selle le général (*Times*, 16 juin 1982). Bonne mise au point : Tournoux (Raymond), « Les secrets et les énigmes d'un voyage », *Le Monde*, 30 juin 1982.

Après avoir reçu Georges Pompidou et réuni très brièvement le Conseil des ministres, le général de Gaulle prononce à 16 h 30 une allocution qui renverse le cours des événements. Il annonce son maintien à la tête de l'Etat et celui du Premier ministre, la dissolution de l'Assemblée nationale. « Partout et tout de suite, il faut que s'organise l'action civique. »

La CGT, la CFDT, le PCF et la FGDS critiquent vivement l'intervention du chef de l'Etat. Personne, toutefois en dehors de l'ultra-gauche, ne remet en cause le schéma de résolution de la crise qu'il a avancé.

A 18 heures, les gaullistes défilent de la Concorde à l'Etoile. Un million de participants, affirme le lendemain *La Nation*, 300 000, selon la préfecture de police. Michel Debré, André Malraux, François Mauriac sont en tête du cortège dont le « V » de la victoire fournit le signe de ralliement. Les slogans sont très musclés : « Le communisme ne passera pas », « Vidangez la Sorbonne ». Il en est de plus humoristiques : « Mitterrand, c'est raté ». Le signal des klaxons, trois brèves, deux longues, qui a signifié tour à tour « De Gaulle, au pouvoir », « Algérie française », « OAS vaincra », est repris ce soir-là : « De Gaulle n'est pas seul ». Les trois lettres « CDR » font leur apparition. Les comités de défense pour la République viennent de naître.

Dans la nuit, les sociétés pétrolières approvisionnent les pompes à essence vides depuis deux semaines. Des techniciens et des cadres conduisent parfois eux-mêmes les camions-citernes. Des centaines de milliers de Parisiens quittent la capitale le 31 pour le week-end de Pentecôte qui comptera 70 morts et 600 blessés sur les routes.

Des manifestations gaullistes se tiennent en province, à Lyon, Nantes, Nice, Rennes, Toulouse, Marseille. La « reprise en main » s'affirme. Georges Pompidou rend public un remaniement gouvernemental qui fait place à des gaullistes de gauche comme Philippe Dechartre et René Capitant. Les élections sont fixées au 23 et 30 juin. Le contrôle des changes est rétabli. La police évacue plusieurs bureaux des PTT.

Tenant compte du « climat nouveau », la CFDT se fixe quatre objectifs : négocier la fin des grèves dans les meilleures conditions ; maintenir la liaison avec les étudiants ; définir son attitude envers les élections législatives et amorcer une réflexion sur l'avenir. La CGT rejette les accusations dont elle a été victime. Elle énonce ses orientations : poursuivre le mouvement pour obtenir de bons accords ; obtenir si possible l'abrogation des ordonnances sur la Sécurité sociale ; favoriser la réalisation d'un front syndical commun.

L'UNEF lance seule un appel à une manifestation, le 1er juin, contre les « élections-trahison ».

La CFDT tient un conseil confédéral le 1er juin qui analyse la modification du rapport de force. L'éventualité d'un Grenelle-bis n'est plus retenue. Le souci est de réussir les négociations de branche et d'entreprise que la CGT conduit trop rapidement, de contrecarrer le raidissement patronal. Pour la première fois, le conseil accepte « l'éventualité d'une rencontre à l'échelon national entre organisations syndicales et formations politiques de la gauche, communistes compris, à condition qu'il ne s'agisse que d'un échange de vues sur la situation présente ». Il écarte la proposition de la FGDS qui envisage la création d'un comité national de vigilance républicaine. La possibilité de manifester l'opposition au « coup de force » de De Gaulle est envisagée sous réserve qu'elle soit préparée et animée par l'ensemble des organisations syndicales. La CFDT ne s'engagera pas directement dans la campagne électorale. Elle s'efforcera « de faire que le grand courant de rénovation animé par les étudiants et les travailleurs parvienne à trouver son expression politique dans la gauche ».

La CGT appelle toujours de ses vœux une rencontre entre syndicats et partis de gauche. Elle proteste contre les blocages constatés dans divers secteurs alors que des accords « positifs » sont conclus à l'EDF et dans le pétrole. Elle conseille de maintenir la cohésion nécessaire, sous la responsabilité des fédérations compétentes : les travailleurs consultés décideront de la reprise du travail ou de la poursuite de la grève au vu des résultats.

Dans la soirée, le PCF et la FGDS publient une déclaration commune en vue des élections de juin, qui précise et complète l'accord du 24 février 1968. L'UNEF rassemble 15 000 personnes, avec des slogans très radicaux : « Ne bradez pas la grève pour un bulletin de vote », « Séguy, trahison », « Un million de travailleurs à l'Elysée ».

L'évêque de Nantes prend la parole le jour de la Pentecôte, le 2 juin, pour adresser une vive protestation à l'adresse du chef de l'Etat : « Nous ne pouvons pas accepter que soient utilisés des réflexes de peur et de panique qui cachent souvent un égoïsme individuel ou collectif. » Le mandement épiscopal s'achève par une vision joachimique : « En cette Pentecôte 1968, l'Esprit Saint fait irruption dans l'histoire des hommes pour renouveler la face de la terre. Il nous provoque tous à la conversion : la paix est à ce prix. »

Les tensions s'accroissent à la télévision, le 2 juin. L'intersyndicale de l'ORTF réaffirme qu'elle « ne cautionne plus le journal télévisé de 20 heures qui est assuré exclusivement par des journalistes non grévistes ». Le bureau confédéral de la CGT approuve l'action de l'intersyndicale et se prononce en faveur d'une réforme du statut de l'ORTF. Les forces de l'ordre investissent les locaux de l'Office, le 3. Des marches silencieuses autour de la maison de la radio (6-13 juin) ne renverseront pas le cours des événements. La « reprise en main » est effectuée et l'intersyndicale suspendra la consigne de grève le 24.

La contre-offensive gouvernementale s'appuiera sur diverses mesures comme la dissolution d'organisations gauchistes et l'interdiction des manifestations pendant la campagne électorale le 12 juin, l'évacuation de l'Odéon le 14 et celle de la Sorbonne, le 16, la grâce du général Salan le 15. Dans une interview réalisée par Michel Droit, le 7 juin, le général de Gaulle fournit son interprétation des événements et indique les grandes leçons qu'il entend en tirer.

Le mouvement étudiant, qui manifestait déjà des signes de fatigue au moment de Charléty, perd progressivement de son mordant. Le rassemblement du 10 juin contre la mort de Gilles Tautin, un lycéen noyé près de Flins, est fort réduit et les dégradations qui suivent ne trouvent guère de défenseurs. L'éditorial d'Hubert Beuve-Méry dans *Le Monde,* daté du 12 juin, traduit bien le renversement de l'opinion : « Comment convaincre les étudiants révoltés que s'il est de généreuses solidarités, il peut en être aussi d'aveuglément destructrices ? » L'enterrement de Gilles Tautin au cimetière des Batignolles fournit l'occasion de la dernière manifestation importante des étudiants. L'interdiction du 12 juin joue un rôle dissuasif. Daniel Cohn-Bendit regagne clandestinement l'Allemagne. Peu à peu, l'ensemble des établissements universitaires retournent à la vie normale.

La décrue du mouvement gréviste s'opère graduellement. Le 5, les PTT, la RATP, la SNCF reprennent le travail. Le 6, c'est le tour de l'enseignement primaire. Les affrontements de Flins (10 juin) et de Sochaux (11 juin) n'entraînent aucune relance. L'arrêt du conflit chez Renault, le 17, est considéré comme la fin de la lutte générale. Des « jusqu'au-boutistes » prolongent leur action jusqu'à la mi-juillet comme les travailleurs des ardoiseries de Fumay et de la manufacture d'armes de Bayonne.

Le reflux de la vague gréviste s'est accompagné de controverses renforcées entre la CGT et la CFDT. Le comité confédéral national de la première centrale, tenu les 13 et 14 juin, critique sévèrement les choix effectués par les dirigeants de la CFDT et leur « complaisance caractérisée envers les groupes gauchistes ». La CFDT déplore la « position antiunitaire » de l'organisation de Georges Séguy, son insertion de la lutte syndicale « dans une stratégie comportant l'action électorale ».

La lutte revendicative cède lentement la place à la campagne électorale qui est officiellement ouverte le 10. *Le Monde* consacre, par exemple, son titre de la page une à l'évolution des conflits jusqu'au 21 juin. A ce moment, il change d'objet principal : « Brève, mais émaillée d'incidents, la campagne électorale a été le plus souvent centrée sur la “ subversion et le communisme ” » (daté du 22 juin).

Les élections des 23 et 30 juin 1968 accordent à l'UDR 50 sièges de plus que la majorité absolue n'en requérait.

Evolution des voix
entre le 5 mars 1967 et le 23 juin 1968

23 JUIN 1968

Inscrits	28 171 635
Abstentions	5 631 892 (19,99 %)
Votants	22 539 743 (80 %)
Blancs ou nuls	401 086 (1,42 %)
Suf. exprimés	22 138 657 (78,59 % des inscrits)

Partis	Voix	%
Parti communiste	4 435 357	20,03
PSU	874 212	3,94
Fédération de la gauche	3 654 003	16,50
Divers gauche	163 679	0,73
Centre progrès et démocratie moderne (PDM)	2 290 165	10,34
UDR	9 663 605	43,65
Rép. ind. non UDR et mod.	917 539	4,14
Extrême droite	28 871	0,13
Technique et démocratie	77 378	0,34
Mouvement pour la réforme	33 848	0,15

Les grèves

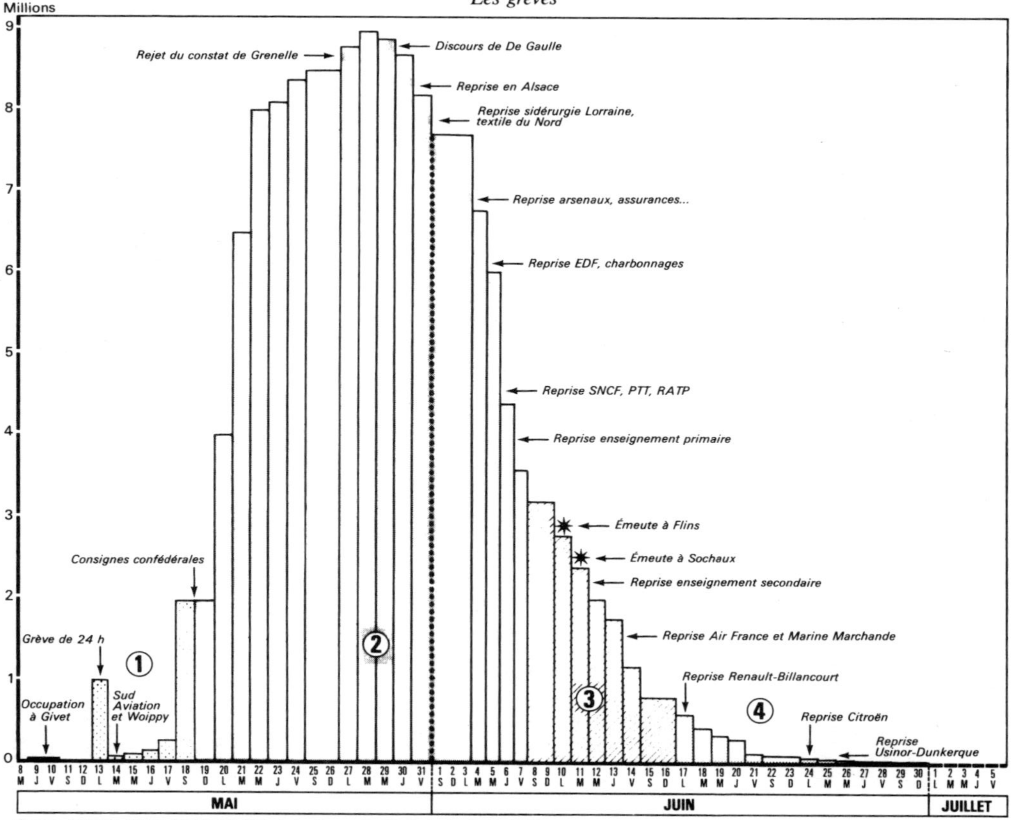

Source : DELALE (Alain), RAGACHE (Gilles), *La France de 68*, Paris, Le Seuil, 1978.

5 MARS 1967

Inscrits	28 300 936
Abstentions	5 398 712 (19,07 %)
Votants	22 902 224 (80,92 %)
Blancs ou nuls	512 710 (1,81 %)
Suf. exprimés	22 389 514 (79,11 % des inscrits)

Partis	Voix	%
Parti communiste	5 039 032	22,51
Extrême gauche (dont PSU)	495 412	2,21
Fédération de la gauche	4 224 110	18,96
Divers gauche	319 651	1,42
Centre démocrate	2 829 998	12,64
Cinquième République	8 448 982	37,73
Divers modérés	821 097	3,66
Extrême droite	191 232	0,85

Source : *Le Monde*, 25 juin 1968.

Voix obtenues dans les 316 circonscriptions en ballottage, en juin 1968 (métropole)

Partis ou formations	2e tour		
	Insc. : 19 266 974 - Vot. : 14 994 174 Suf. ex. : 14 577 412 - Abst. : 22,17 %		
	Candidats	Voix	%
Parti communiste	160	2 935 775	20,14
PSU	3	83 777	0,57
Fédération	134	3 097 338	21,25
Divers gauche	4	60 584	0,42
UDR	286	6 762 170	46,39
PDM	69	1 141 305	7,83
Divers droite	24	496 463	3,41
Mouv. pour la réforme			
Technique et démocratie			
Extrême droite			
Total	680	14 577 412	100

Voix obtenues dans les 316 circonscriptions en ballottage, en juin 1968 (métropole) (suite)

Partis ou formations	1er tour Insc. : 19 265 809 - Vot. : 15 363 907 Suf. ex. : 15 121 325 - Abst. : 20,25 %		
	Candidats	Voix	%
Parti communiste	316	3 345 073	22,12
PSU	232	613 811	4,06
Fédération	293	2 722 104	18,00
Divers gauche	40	156 163	1,03
UDR	314	5 759 557	38,09
PDM	187	1 639 700	10,84
Divers droite	122	766 679	5,07
Mouv. pour la réforme	23	20 919	0,14
Technique et démocratie	70	69 167	0,46
Extrême droite	16	28 152	0,19
Total	1 613	15 121 325	100

La répartition des élus en 1968

Partis et tendances	Sortants	Elus		Total	Gains ou pertes
		1er tour	2e tour		
PCF	73	6	28	34	– 39
PSU	3 (1)	–	–	–	– 3
Fédération	118	–	57	57	– 61
UD - Cinquième Rép. et UDR	197	124	170	294	+ 97
UDR - rép. ind. et RI	43	28	36	64	+ 21
Centre PDM	42	5	22	27	– 15
Divers	9	3	6	9	–
	485 (2)	166	319	485 (3)	

(1) Etaient apparentés à la Fédération.
(2) MM. René Capitant et Edgard Pisani, tous deux UD - Cinquième avaient donné leur démission.
(3) Restent à pourvoir le siège de la Polynésie et celui des îles Wallis et Futuna. Le premier tour se déroulera dans ces deux territoires le 7 juillet.
Source : *Le Monde*, 2 juillet 1968.

La victoire de la droite résulte d'une forte mobilisation, du recul de la gauche et de l'amplification du phénomène par le scrutin majoritaire. Au premier tour, le PCF perd 2,48 points, la FGDS 3,46. Le centre subit également un léger tassement. Au second tour, la gauche non communiste bénéficie d'un meilleur report de voix que le Parti communiste. Néanmoins la Fédération de la gauche perd 61 sièges et le Parti communiste 39. Le PSU, qui avait progressé le 23 juin de 2,7 points, est privé de ses trois députés le 30 : Yves Le Foll, Roger Prat et Pierre Mendès France [1].

A Paris, la gauche est défaite. En banlieue, le PCF est chassé de 8 circonscriptions et la Fédération d'une. En province, la majorité progresse partout sauf dans 18 départements où la gauche communiste ou non communiste et le centre se maintiennent [2]. Le PCF est affaibli dans le Nord, la Lorraine, le Centre et le Midi. Les voix fédérées ont diminué également dans le Nord et le Midi mais aussi en Bretagne, dans le Sud-Ouest, une partie du Bassin parisien et de la Bourgogne.

Le million de voix, qui s'est déplacé arithmétiquement de la gauche vers la droite, concerne donc aussi bien Paris et la banlieue que la province, les zones industrielles que les régions rurales.

Les résultats des élections de juin 1968 traduisent un mouvement de rejet envers les excès de Mai. Ils ne résultent pas d'un raz-de-marée. L'oscillation de l'opinion est inférieure à celle qui se produira en juin 1981. La restauration politique réussie par Georges Pompidou prouve la force de la résistance au mouvement de Mai qui n'a pas entraîné l'ensemble de la société française. Un affrontement social de grande ampleur – 10 millions de grévistes, 150 000 journées de travail non effectuées – se solde par une défaite électorale sans conteste.

TROIS CRISES EN UNE

Un rappel, même succinct, des événements de Mai permet de restituer l'extraordinaire enchaînement qu'ils ont constitué et qui les a constitués. Trois crises se sont nouées, l'universitaire, la sociale, la politique, sans se confondre. Le mouvement étudiant

---

1. M. Guy Desson, élu PSU en 1967 (Ardennes, 3e circonscription), avait démissionné de son parti en janvier 1968 et rejoint la FGDS.

2. Dans 11 départements, elle avait déjà la totalité des sièges et ne pouvait qu'améliorer son pourcentage.

Majorité

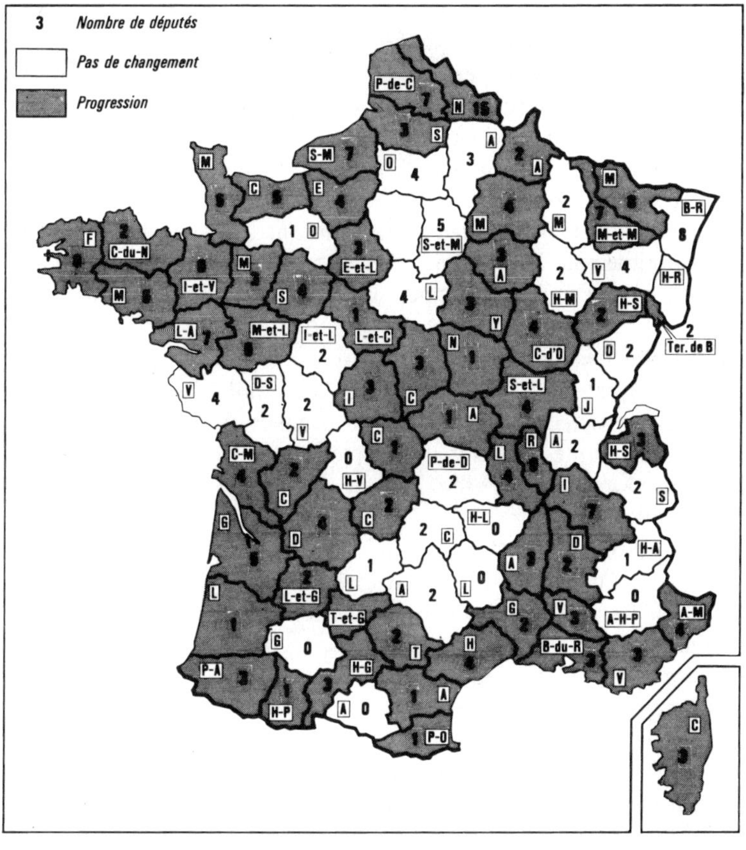

n'a pas rejoint le mouvement ouvrier. Ebranlé par la révolte, le gaullisme a triomphé parce que la division régnait dans le camp des opposants, l'essor de l'ultra-gauche éloignant encore le PCF de la gauche non communiste.

La crise a atteint tous les secteurs de la société. Chez les salariés, les cadres ont souvent pris une part active au mouvement à côté des ouvriers et des employés. Dans les professions libérales, la contestation a concerné les médecins, les avocats, les architectes. La haute fonction publique s'est interrogée, le syndicat de la magistrature est un enfant de Mai. Les Eglises ont été prises par la fièvre contestataire[1]. De nombreux artistes ont apporté leur soutien aux grévistes[2]. La police a été secouée par les répercussions de son action. L'armée est sans doute l'institution qui a été la moins atteinte par les événements même si elle a accompli des tâches de suppléance durant la grève. Adrien Dansette estime que l'encadrement et une partie du contingent n'auraient pas hésité à participer à une opération de maintien de l'ordre contre une tentative révolutionnaire[3].

Multisectorielle, la crise n'atteint pas la même intensité dans toutes les catégories sociales ni sur l'ensemble du territoire. Des décalages existent entre Paris et la province, à l'intérieur de cette dernière. Nantes fournit l'exemple d'une mobilisation sociale intense alors que des villes comme Aigurande sont indemnes de contestation.

La puissance de l'événement a provoqué des divisions dans toutes les familles politiques. André Barjonet quitte le PCF pour le PSU. René Capitant démissionne de son siège de député. Qu'il s'agisse d'individualités n'empêche pas que leur comportement reflète des interrogations partagées par beaucoup d'autres communistes ou gaullistes.

Quelle portée convient-il d'accorder à l'événement ? Ses conséquences économiques, sociales, politiques sont à l'évidence plus aisément énonçables sur le court terme que sur le long terme. Il semble raisonnable d'imputer à Mai 1968 le départ du général

---

1. Bauberot (Jean), *Le pouvoir de contester. Contestations politico-religieuses autour de « Mai 68 » et le document « Eglise et pouvoirs »*, Genève, Labor et Fides, 1983, 334 p. Woodrow (Alain), *L'Eglise déchirée*, Paris, Ramsay, 1978, 236 p.

2. Combes (Patrick), *La littérature et le mouvement de Mai 68*, Paris, Seghers, 1983, 319 p. Maarek (Philippe J.), *De mai 68... aux films X*, Paris, Dujarric, 1979, 144 p. *Mai 1968 à l'ORTF*, Paris, La Documentation française, 1987, 229 p.

3. Dansette (Adrien), *Mai 1968*, *op. cit.*, p. 298-299.

de Gaulle en avril 1969. De même, la relance du féminisme découle de la prise de parole effectuée au printemps 1968. Au-delà de ces constats ponctuels, l'appréciation de l'importance de Mai 1968 se joue sur l'estimation de la nouveauté qu'il introduit.

L'adjectif « nouveau » est d'un usage délicat. Dans les années 1920, Jacques Maritain notait : « Il n'y a rien de plus sot que le misonéisme (si ce n'est la néolatrie).[1] » Le préfixe « néo » a suscité bien des confusions, néo-socialisme, néo-capitalisme, néo-colonialisme. Dans les années 1970, l'épithète « nouveau » est accolé sans discernement à la classe ouvrière, à la critique, à la cuisine, à la philosophie. Dans ce dernier cas, il est clair qu'il s'agit d'une opération promotionnelle pour une resucée d'un spiritualisme sans vergogne[2].

Pour clarifier le raisonnement, il semble utile de distinguer ce qui relève d'une différence de modalités et ce qui introduit un changement significatif. Interroger Mai de cette manière brise avec l'antagonisme simple du déjà vu et de l'inédit.

Le général de Gaulle a expliqué sa difficulté à maîtriser la situation tant elle lui apparaissait « insaisissable ». De jour en jour, les manifestations, les grèves s'étendaient. L'étonnant était quotidien. La presse, dans son ensemble, affichait la surprise. Michel Dobry a justement insisté sur la dynamique propre aux événements de Mai 1968 qui confère à cette crise politique sa singularité[3]. L'originalité du processus, qui a déstabilisé les stratégies en présence, n'est en rien le propre du mouvement soixante-huitard. Même lorsqu'elle se répète, l'histoire s'écrit avec une nouvelle encre.

Profondément neuve, en revanche, nous semble la conjugaison incomplète et conflictuelle certes mais objective de l'élan étudiant et de la poussée ouvrière. La fraternisation n'a pas eu lieu ; la fusion ne s'est pas produite. Il reste que 1968 innove par cette émergence de l'expression de ceux qui ne sont pas encore dans la vie active et par cette rencontre, encore une fois tourmentée, avec le monde du travail. D'autant que, dans l'Université, l'action

1. Maritain (Jacques), « Antimoderne » in *Œuvres 1912-1939,* Paris, Desclée de Brouwer, 1975, p. 103.

2. Aubrac (François), Delcourt (Xavier), *Contre la nouvelle philosophie,* Paris, Gallimard, 1977, 345 p. (coll. « Idées »).

3. Dobry (Michel), *Sociologie des crises politiques,* Paris, Presses de la Fondation nationale des sciences politiques, 1986, p. 151-152, 155, 201-217.

des étudiants a été grandement aidée par les assistants et les maîtres-assistants.

Un second trait, qui distingue les événements de Mai 1968 par rapport au passé, réside dans l'importance des médias. L'information a toujours joué un rôle dans les mobilisations collectives. Lors du putsch des généraux, les transistors avaient contribué à l'échec du « quarteron au savoir expéditif ». Un degré supplémentaire est franchi au cours des fameuses semaines. Ce qui est dit et montré n'influe pas seulement sur l'événement, l'information en devient une composante essentielle [1]. La culture de masse contemporaine développe de puissantes contradictions entre l'élévation du niveau d'instruction et la diffusion d'une pratique privée de la consommation intellectuelle, entre le discours et l'image, entre la communication et sa destruction par saturation. Les manifestations des étudiants furent commentées en direct par *Europe n° 1*. La télévision était sur place la nuit des barricades. S'affrontent manipulateurs et contre-manipulateurs. Les prouesses techniques masquent le corsetage de la parole et la circulation des idées est réduite à l'orchestration des opinions dominantes, selon la formule du marquis de Laplace [2].

Nous analyserons plus loin le consensus sur la dimension libertaire du mouvement de Mai. Il inclut des divergences sur sa radicalité. Les communistes mettent en avant les revendications salariales alors que les cédétistes, avec le thème de l'autogestion, entendent traduire une aspiration nouvelle. Le désaccord ne résulte pas seulement d'une pondération variable des différentes composantes de la conjoncture, il découle d'une dichotomie banalisée à cette époque entre qualitatif et quantitatif. Les militants du PCF se refusent à discréditer « l'alimentaire » ; modernistes et utopistes isolent la quête des valeurs de la base matérielle et grossissent ce qui demeure à l'état d'ébauche. Obtenir un salaire décent est une question de dignité et libérer la créativité des salariés favorise la productivité. Opposer qualitatif et quan-

1. Les services de presse des centrales ouvrières se forment après 1968. Cf. Bernard (Claire), Mouriaux (René), « Presse et syndicalisme », *Mots,* 14, mars 1987, p. 16-17.

2. Laplace (Pierre Simon de), *Essai philosophique sur les probabilités,* Paris, Bachelier, 6e éd., 1840, p. 163.

titatif relève d'une logique abstraite[1] et une des limites du mouvement de Mai réside dans de telles dissonances.

D'aucuns nous reprocheront de gommer l'originalité profonde du soulèvement de 1968. La vérité soixante-huitarde serait la négation de toutes les expériences antérieures, l'exercice d'une finalité sans fin, un pur mouvement social. Il nous semble, en effet, que cette représentation est réductrice et réduite. Notre ambition est de saisir Mai dans ses ambiguïtés et dans son hétérogénéité, dans sa vigueur et son inachèvement. Lutte étudiante et grève ouvrière furent un mouvement social porté par un processus antérieur et animé par un dynamisme propre. Objectivement, sa dimension mit en cause le pouvoir et mérite à ce titre le nom de mouvement politique. La socialisation n'est pas exclusive d'une affirmation de l'individu. Le malheur de l'entendement naît de ce que le soupçon ne lui vient pas qu'il puisse exister une autre façon de penser que la sienne.

---

1. La hausse du SMIC de 30 % est un saut qualitatif et les sections syndicales ont un coût en heures de délégation.

CHAPITRE 4

INTERPRÉTATIONS

Nous ne nous intéresserons dans ce qui suit qu'aux analyses exprimées à chaud ou dans la foulée des événements. Nous n'en établirons pas un bilan exhaustif en les classant par type d'interprétation, à l'instar du travail de Jean Touchard et Philippe Bénéton [1]. Enfin, estimant nous aussi que la signification de l'événement « s'absorbe dans son retentissement » [2], nous ne retiendrons que les interprétations dont on peut montrer qu'elles ont exercé une influence plus ou moins directe et plus ou moins durable sur les différentes stratégies politiques en présence, à gauche comme à droite, contribuant tantôt à les infléchir, tantôt à les renouveler de fond en comble.

Les vingt années qui nous séparent de ces événements facilitent évidemment cette sélection, effectuée à partir d'un examen a posteriori de la scène politique, avant et après leur intervention. Si le recul historique permet aujourd'hui cette sélection, il soulève en même temps une question préalable : comment expliquer que,

---

1. Bénéton (Philippe), Touchard (Jean), « Les interprétations de la crise de mai-juin 1968 », *Revue française de science politique*, juin 1970, p. 503-543. Cette recension a été reconnue comme un instrument de travail indispensable. Adrien Dansette s'y réfère comme à la plus complète (*Mai 1968, op. cit.*, p. 463). Claude Fohlen en reprend la classification (*Mai 1968. Révolution ou psychodrame ?, op. cit.*, p. 16-23). Luc Ferry et Alain Renaut y renvoient comme à « un précieux inventaire » (*La pensée 68*, Paris, Gallimard, 1986, p. 64). Les mérites de ce travail sont certains mais il convient de noter l'impasse qu'il réalise sur les écrits de Jean-Paul Sartre et Henri Lefebvre, de même qu'il ne relève pas le silence de Louis Althusser ou celui de Pierre Bourdieu.

2. « L'événement témoigne moins pour ce qu'il traduit que pour ce qu'il révèle, moins pour ce qu'il est que pour ce qu'il déclenche. Sa signification s'absorbe dans son retentissement ; il n'est qu'un écho, un miroir de la société, un trou. » Nora (Pierre), « Le retour de l'événementé », *op. cit.*, p. 222.

parmi le foisonnement d'interprétations qui ont accompagné ou suivi ces événements, certaines d'entre elles seulement se soient imposées, à l'époque, auprès de tout ou partie des forces politiques et syndicales ? Cette question n'est pas seulement de méthode. Elle renvoie, certes, au statut même de l'événement mais elle commande aussi la compréhension du rôle de ces journées mouvementées dans le devenir actuel de notre vie politique. Si tout événement n'est, après tout, qu'un « montage », « un choix orienté d'images »[1], il n'en est que plus décisif de connaître les conditions qui conduisent, parmi la simultanéité des montages suscités, à ce que tels d'entre eux s'imposent plutôt que tels autres dans le court ou le moyen terme de la conjoncture, sinon dans le long terme de l'histoire. On ne saurait donc s'en tenir à un simple inventaire empirique des variations des positions politiques avant et après mai-juin 1968, sans tenir compte des médiations à travers lesquelles ces semaines passent d'une théâtralité immédiate et d'une addition de vécus individuels à des perceptions structurées qui leur donnent corps et résonance sur le plan politique.

Ces médiations sont multiples. Elles sont commandées en amont par une question de légitimité : qui, à l'issue de ces événements et dans la période qui suit, est habilité à les interpréter sinon à les récupérer ? Cette légitimation diffère selon que l'on envisage les acteurs de ces journées ou les observateurs.

Les acteurs – qu'ils aient été sur les barricades étudiantes, dans les usines occupées, ou qu'ils se soient retrouvés le 30 mai sur les Champs-Elysées pour dénoncer la « chienlit » – vont naturellement interpréter ces journées et en maximiser ou en minimiser la portée en fonction des besoins de leurs stratégies respectives. Partisans ou adversaires du mouvement, ils seront d'autant plus écoutés qu'ils y ont joué un rôle public de premier plan et qu'ils ont, à tort ou à raison, donné l'impression d'en maîtriser plus ou moins l'évolution à travers des modes d'intervention adaptés.

Pour les observateurs et les analystes, la question est plus complexe. Les gages d'objectivité requis de leur part sont à la mesure de la subjectivité mise en branle pendant le déroulement des événements : les plus entendus seront ceux qui peuvent se prévaloir d'une approche scientifique de la réalité. Mais cette

1. *Ibid.*, p. 215.

« rhétorique de la scientificité »[1] doit obéir à des conditions tenant à la fois à la nature des événements et à la conjoncture idéologique dans laquelle ils interviennent.

Irréductible à une dimension unique comme nous venons de le voir, fait social par excellence, Mai 1968 relève, au premier chef, pour ce qui concerne son interprétation, de la sociologie. Par ailleurs, le rôle attribué aux sociologues dans le déclenchement des événements – en particulier aux étudiants en sociologie de Nanterre, mis en avant par le vedettariat de Cohn-Bendit – renforce encore cette désignation : souvent présentés comme ayant été à l'origine de l'explosion étudiante, les sociologues n'en sont que plus écoutés. Enfin, si la stratégie de troisième force et les clubs n'ont guère survécu à l'échec de la tentative Defferre, les idées et les thèses de la gauche moderne n'ont pas disparu pour autant, bien au contraire. Nous avons vu que, dès l'élection présidentielle de 1965 et plus encore aux législatives de 1967, les principales force politiques s'efforcent toutes, avec plus ou moins de bonheur, de jouer la carte de la modernité. Ainsi, quel que soit l'archaïsme de la symbolique que certains ont associée aux barricades ou aux drapeaux rouges et noirs, les événements de 1968 ont éclaté dans un contexte idéologique dominé par les thèses modernistes. Il semble donc qu'il y ait là une raison supplémentaire pour que la sociologie, dernière née des sciences humaines reconnues comme disciplines universitaires, soit appelée à prononcer son diagnostic sur le corps social.

L'épistémè commune

Favorables ou hostiles, les commentaires partagent trois présupposés. Les événements de Mai ne se comprennent qu'au regard de la croissance qui a bouleversé la société française. Dès le 14 mai 1968, Georges Pompidou, dans le discours qu'il prononce à l'Assemblée nationale, met en cause le matérialisme des temps modernes. Dialoguant avec Michel Droit à la télévision, le 7 juin 1968, le général de Gaulle rappelle que la nation s'ennuyait « en dépit et peut-être à cause des progrès immenses qui ont été accomplis ». Le thème de la « satisfaction querelleuse » comme celui de la crise du capitalisme monopoliste d'Etat

1. Bourdieu (Pierre), *Homo academicus,* Paris, Minuit, 1984, p. 44 et suiv.

(CME) établit une liaison forte entre la progression du revenu national et le comportement des révoltés de Mai.

Le second élément d'interprétation qui est communément partagé renvoie à la formation du groupe des jeunes. Certes, les communistes récusent la problématique du conflit des générations, mais ils reconnaissent que l'essor démographique, l'allongement de la scolarité, l'accession à une consommation de masse spécifient une tranche d'âge. Avec des attendus différents, chacun admet qu'il y a eu formation d'une *post-hardship generation*. Là encore, Georges Pompidou l'exprime dès le 14 mai 1968 : « A travers les étudiants, c'est le problème même de la jeunesse qui est posé, de sa place dans la société, de ses obligations et de ses droits, de son équilibre moral même. »

Enfin, pour la combattre, la canaliser ou la prendre en charge, chacun reconnaît la dimension libertaire du mouvement. « Les Français souffrent d'un système trop rigide et d'une hiérarchie trop autoritaire.[1] » Le constat énoncé par Raymond Aron se retrouve aisément sous d'autres plumes. La personne du général de Gaulle servit de cible parce qu'elle incarnait le type de pouvoir qui était rejeté. « Dix ans, ça suffit. » Les affiches, les graffiti, les slogans, les assemblées traduisent le refus des interdits : la contestation s'attaquait aussi à la gauche « archaïque », dans sa version stalinienne comme dans sa composante notabiliaire. Les figures de proue qui étaient affichées, Lénine, Mao, Castro, symbolisaient la liberté, tandis que flottait çà et là le drapeau noir. L'ambiance était différente dans les usines et cependant la grève s'attaquait à la discipline industrielle : des foyers d'autogestion ébauchaient un autre mode de gouvernement. La réponse gaullienne de la participation entendait jeter un pont pour surmonter le gouffre qui séparait les gouvernants des gouvernés, pour permettre, selon l'expression utilisée par le général, le 7 juin 1968, à chaque individu d'avoir prise sur son destin[2].

1. Aron (Raymond), *La révolution introuvable*, Paris, Fayard, 1968, p. 32.

2. Que la réponse gaullienne à l'aspiration libertaire soit inadéquate, il suffit pour l'établir de rappeler son maintien du principe d'autorité : « Délibérer c'est le fait de plusieurs et agir c'est le fait d'un seul ; ce sera vrai dans la participation comme c'est vrai partout et dans tous les domaines. » (Entretien télévisé du 7 juin 1968.)

Une grande absence : les élections

A la différence des autres consultations électorales ou référendaires de la Cinquième République, les élections de 1968 n'ont guère été étudiées. L'acuité de la crise universitaire et son incidence sur les structures de la recherche scientifique expliquent en partie cette carence qui ne cesse pourtant de surprendre si on la rapporte à l'ampleur de la littérature qui va être consacrée aux semaines qui précèdent. Du coup, les résultats de ces législatives seront durablement reçus à travers le prisme des commentaires politiques et journalistiques immédiats, qui tous évoquent « les élections de la peur », « le raz-de-marée UDR », « la chambre introuvable ».

Elections de la peur, certes. Par « un extraordinaire renversement de la situation qui laisse peu d'espoir aux opposants », le pouvoir non seulement parvient à reprendre l'initiative, mais il le fait sur la base de la « défense des institutions républicaines »[1] face à une menace dans laquelle sont amalgamés les agents d'un complot subversif international, la contestation étudiante dans ses manifestations les plus violentes ou les plus caricaturales, le totalitarisme communiste et même l'opportunisme de certaines personnalités de gauche. Au regard de l'évolution enregistrée à l'occasion des scrutins précédents – en particulier, nous l'avons vu, à l'élection présidentielle de 1965 et aux législatives de 1967 – la chambre issue des urnes en juin aurait effectivement parue introuvable en avril[2]. Raz-de-marée UDR, assurément, si l'on s'en tient aux sièges, les gaullistes en obtenant à eux seuls 293 sur les 487 que compte l'Assemblée.

La droite a remporté une victoire et la gauche a subi une défaite : il y a là une évidence, un simple constat qui ne saurait être discuté. Les choses changent, en revanche, dès lors que l'on qualifie cette défaite de la gauche, qu'on la met en scène sur un

---

1. « Rétrospectivement, la dissolution du 30 mai paraît donc un coup de maître. Après un long " passage à vide ", le général a retrouvé son sens tactique exceptionnel. En mettant de son côté la légitimité démocratique la moins contestable et en faisant de la défense de la République l'enjeu de la consultation, il place la majorité sur le seul terrain qui lui soit favorable et prend à revers les défenseurs traditionnels des libertés républicaines. » Lancelot (Alain), « Les élections des 23 et 30 juin 1968 », *Projet,* 28, septembre-octobre 1968, p. 937.

2. Même si les élections cantonales partielles intervenues entre décembre 1967 et avril 1968 semblent traduire un tassement électoral de la gauche. Cf. Goguel (François), « Les élections législatives des 23 et 30 juin 1968 », *Revue française de science politique,* 5, octobre 1968, p. 852.

mode dramatique, que l'on institue ces résultats en événements à l'intérieur des événements, comme le font la quasi-totalité des commentaires [1].

En se fondant sur le fait que le PSU « soutenait sans réserve les revendications du " pouvoir ouvrier " et du " pouvoir étudiant " issues de la grande crise de contestation », on a, par exemple, assimilé les faibles scores obtenus par ses candidats à un échec des porte-parole du mouvement de Mai [2]. Il n'est pourtant pas évident qu'au niveau national les éléments qui se reconnaissaient le plus dans ce mouvement se soient identifiés à ce parti dans des proportions significatives. Comment pourrait-on, d'ailleurs, s'accorder sur des procédures de délégation, s'agissant d'un mouvement dont une composante utopique importante prône la démocratie directe et le basisme ?

Le contexte même – ce renversement stratégique opéré par le gaullisme qui aboutit à ce qu'il récupère pour son compte, au nom de la défense de la République, un mécontentement populaire initialement dirigé contre lui – ne témoigne-t-il pas davantage de l'habileté conjoncturelle du pouvoir, plutôt que d'une satisfaction majoritaire et durable de l'opinion vis-à-vis de l'ordre établi ? Les communistes ne sont-ils pas ainsi pris à revers sur deux fronts, taxés de traîtres à la révolution par les uns et de danger totalitaire par les autres ? A-t-on jamais disposé d'autant d'éléments pour alimenter la « grande peur des bien-pensants » ? Autant de questions sur lesquelles les commentateurs des événements font l'impasse.

On pourrait pourtant soutenir que, compte tenu de la brutale redéfinition du paysage politique et idéologique français en Mai, compte tenu aussi et surtout de la radicalisation des enjeux politiques du scrutin au regard des échéances électorales précédentes, la gauche résiste finalement bien en voix sinon en sièges. En fait, les commentateurs en mettant tous l'accent sur l'importance de la défaite de la gauche contribuent à enraciner l'idée qu'il y a une incompatibilité principielle entre une stratégie de

---

1. « Au soir du 30 juin ; c'est le raz-de-marée. La gauche enregistre la plus cuisante défaite, la plus complète débâcle qu'elle ait eu à connaître depuis bien longtemps. Le gaullisme fait entrer au Palais-Bourbon le groupe le plus nombreux qui ait jamais forcé la porte d'une Assemblée française. Enfoncé le " Bloc national " de la Chambre bleu-horizon de 1919, enfoncé même, le " parti ultra " de la Chambre introuvable de 1815. » Viansson-Ponté (Pierre), *Histoire..., op. cit.*, p. 659.

2. Lancelot (Alain), art. cité, p. 939.

radicalisation et d'extension des luttes sociales, et une stratégie de conquête du pouvoir par la voie électorale.

Cette opposition va hypothéquer durablement les leçons que les uns et les autres entendent tirer du mois de mai.

Les lignes de partage

Des repères communs existent. Néanmoins, il serait fallacieux de conclure d'un horizon identique à l'absence de clivages fondamentaux. Au-delà des sentiments, les événements de Mai 1968 ont été appréciés de façon différente et même contradictoire à partir de deux dimensions essentielles.

Une première opposition naît de la dimension attribuée au phénomène. Toute une gradation existe entre l'affirmation du caractère circonstanciel et superficiel de l'événement et la proclamation de sa profondeur et de sa nécessité. Les métaphores que nous avons présentées comportent cette variété. Mai 68 est assimilé à une fleur éphémère ou au bourgeon qui contient en germe une frondaison puissante. Escarmouche ou bataille, écume ou raz-de-marée, simulacre ou scène exemplaire, chaque registre de comparaison est utilisé sur le mode mineur et sur le majeur. Le désaccord ne saurait être réduit à des formules simples. Tel qui insiste sur l'accidentel s'attache à montrer l'engrenage qui l'a permis. Tel autre, qui place 1968 parmi les grands moments de l'histoire, admet son avènement fortuit.

Les commentateurs de la commune étudiante et de la grève après la vague de conflits en Europe se divisent sur son origine nationale ou son insertion internationale. Personne ne nie les singularités françaises ni les concomitances transculturelles. Néanmoins, des explications s'attachent au mal français, si l'on accepte cet anachronisme[1], tandis que d'autres replacent le cas national dans la crise mondiale de la civilisation ou du capitalisme.

1. L'expression d'Alain Peyrefitte date de 1977 il l'empruntait lui-même involontairement à Fracastor.

LES INTERPRÉTATIONS DES PARTICIPANTS

L'ensemble des responsables politiques tire bien entendu des leçons du mois de Mai, mais tous ne sont pas également légitimés à les exprimer au grand jour et à être entendus.

A droite, la plupart des dirigeants, le général de Gaulle et ses ministres compris, ont, à plusieurs reprises, donné l'impression d'être dépassés par les événements. Seul Georges Pompidou fait exception ; son aptitude à faire face, à conjuguer politique de compromis et politique de fermeté, conforte une autorité que consacrera son accession à la magistrature suprême en 1969.

A gauche, la situation est confuse. Les responsables de la FGDS, François Mitterrand en tête, n'ont guère paru en phase avec les événements et leurs rares initiatives sont tombées à plat. Les responsables de la « gauche moderne » ne peuvent guère espérer tirer parti, au moins dans l'immédiat, d'une situation dont la sensibilité et la symbolique sont aux antipodes des leurs [1]. Parmi eux, Pierre Mendès France est toutefois dans une situation différente. Son nom a été avancé à plusieurs reprises comme solution politique à la crise. Pourtant, si sa présence à Charléty a été applaudie par une partie des manifestants, il a toujours été loin de faire l'unanimité à gauche, y compris dans son propre parti, le PSU, où certains le qualifient de Kerensky. Sa sensibilité et son projet sont restés ceux de la « gauche moderne » [2] et, de toute façon, son engagement aux côtés de Gaston Defferre dans l'élection présidentielle de 1969 achève de le marginaliser politiquement et lui retire tout crédit [3]. Michel Rocard, qui a accédé

---

1. En témoigne la quasi-absence de réactions aux analyses que produisent à chaud le club Jean-Moulin *(Que faire de la révolution de mai ? Six priorités,* Paris, Le Seuil, 1968, 95 p.) ou Jean-Jacques Servan-Schreiber *(Le réveil de la France (mai-juin 1968),* Paris, Denoël, 1968, 127 p.).

2. Les solutions qu'il préconise face à la crise sociale et politique se veulent d'ailleurs explicitement dans la postérité de *La République moderne* et du colloque de Grenoble. Cf. Mendès France (Pierre), *Pour préparer l'avenir. Propositions pour une action,* Paris, Denoël, 1968, 120 p.

3. Fidèle reflet de la popularité des leaders de la gauche non communiste, *Le Nouvel Observateur,* qui consacre le 10 avril 1968 encore un article de plusieurs pages à François Mitterrand, accorde à l'issue des événements et jusqu'à l'élection présidentielle de 1969 une place privilégiée sinon exclusive à Mendès France et lui préfère ensuite Michel Rocard. En octobre 1969, à l'occasion de la campagne de ce dernier contre Maurice Couve de Murville à une élection législative partielle dans les Yvelines, cet hebdomadaire fait même imprimer et distribuer dans la circonscription 50 000 exemplaires d'un numéro spécial soutenant la candidature de Michel Rocard.

à la direction du PSU en 1967, a, en revanche, de nombreux atouts : son parti a participé aux événements ; lui-même est jeune et c'est un homme politique neuf aux yeux du grand public, volontiers identifié au désir de renouveau mis en avant en Mai [1]. Sa stratégie personnelle et celle d'une partie du PSU le conduisent cependant davantage à cultiver l'ambiguïté de Mai plutôt qu'à avancer une analyse qui l'amènerait à se définir clairement par rapport aux événements et par rapport à l'extrême gauche [2]. Ainsi, discrédit pour les uns ou souci tactique pour les autres, les interprétations de 1968 revendiquées par des responsables politiques sont finalement peu nombreuses à gauche. La situation est différente à l'extrême gauche. D'un côté, les gauchistes, avec les organisations maoïstes ou trotskystes et leurs variantes plus ou moins libertaires, entendent souligner la portée révolutionnaire d'événements dans lesquels ils ont joué un rôle remarqué. De l'autre, le Parti communiste, qui avec la CGT a été tout aussi présent, entend justifier ses positions en limitant au contraire la portée de ces événements à leur dimension revendicative.

En définitive, du côté des acteurs politiques, trois types d'interprétations s'affrontent avec un écho réel, chacun reprochant en même temps aux deux autres leur collusion objective : Georges Pompidou et la droite dénoncent l'alliance des gauchistes et des communistes ; ces derniers dénoncent la manipulation des seconds par les premiers ; les gauchistes, enfin, voient dans les communistes des alliés objectifs du pouvoir [3].

---

1. Cf. par exemple Duverger (Maurice), « Révélation d'un jeune leader », *Le Nouvel Observateur,* 3 mai 1969.

2. « L'inspecteur des Finances Michel Rocard n'a sans doute pas oublié tous ses points de convergence avec les analyses de Mendès France mais il croit avoir découvert depuis Mai que d'autres hypothèses politiques pourraient se présenter pour lesquelles il fallait préserver et gauchir son parti. » Editorial de Jean Daniel dans *Le Nouvel Observateur,* 26 mai 1969.) A cette date, l'hebdomadaire se veut encore le porte-parole de Mendès France. Après la défaite de Couve de Murville contre Rocard, il se range définitivement aux côtés de celui-ci et son portrait fait la couverture du numéro du 3 novembre 1969 sous le titre : « Un nouveau visage de la gauche ».

3. Dans ce jeu à trois, chacun cherche à discréditer les deux autres en les identifiant aux méthodes des fascistes du groupe nationaliste « Occident ». Cf. Benoist (Jean-Marie), *Marx est mort,* Paris, Gallimard, 1970, p. 23-36.

Georges Pompidou : une crise de civilisation

A son poste, Georges Pompidou a été un acteur direct et non des moindres des événements. Il en parle à ce titre, avec l'assurance permise à ceux qui, ayant surmonté une épreuve, peuvent ensuite procéder par affirmations, opposant le bon sens et la connaissance immédiate du praticien à l'abstraction stérile des théoriciens. Il récuse ainsi d'emblée cette sociologie vers laquelle beaucoup se tournent alors, cette « science balbutiante », cet « enseignement particulièrement destructeur », « aux connaissances incertaines et bien souvent, en France au moins, mal assimilées »[1]. Il la rend même partiellement responsable d'une crise dont il rappelle qu'il a, dès le 14 mai, « reconnu et affirmé publiquement la profondeur, une véritable crise de conscience et de civilisation », d'une importance telle qu'il faut remonter au XVe siècle, à la fin du Moyen Age, pour trouver l'équivalent (p. 25). Cette crise dépasse l'Université et concerne l'ensemble de la jeunesse confrontée à « une société moderne, matérialiste et sans âme ». Cette crise est propre à tous les pays développés mais elle a pris chez nous une résonance plus grande que dans les pays voisins, en raison, selon lui, d'une « légèreté » des mœurs politiques qui caractérise d'ailleurs moins la France que Paris (p. 32).

Reste à expliquer la grève générale. Passant sous silence la multiplication et le durcissement des conflits sociaux en 1967 et début 1968, Georges Pompidou suggère qu'elle aurait été imposée au monde ouvrier sous la pression des jeunes travailleurs par les appareils du PCF et de la CGT, ceux-ci n'en estimant pas moins, dès le début, que la situation n'était pas révolutionnaire, analyse confirmée par le verdict des urnes en juin, toujours selon lui. Plus généralement, l'attachement de nombreux universitaires au marxisme – là aussi affirmé – serait lié à leur conservatisme, l'échec politique et plus encore économique des pays de l'Est scellant de toute façon le « crépuscule » de cette idéologie.

Après s'être fait l'avocat du rôle économique de l'Etat, d'une économie mixte[2] et d'une planification incitative, après avoir

---

1. Pompidou (Georges), *Le nœud gordien*, Paris, Plon, 1974, p. 22. L'essentiel de cet ouvrage a été écrit en 1969 et reprend, en les développant, les thèmes de son discours du 14 mai 1968 devant l'Assemblée nationale.

2. « La France n'est plus et ne peut plus être un pays purement capitaliste et libéral. De nombreuses nationalisations sont intervenues qu'aucun régime ne saurait remettre en question. » *Ibid.*, p. 124.

souligné la nécessité d'une politique sociale mais dans le cadre de la concurrence et de la paix sociale, Georges Pompidou revient sur la crise de 1968 en s'interrogeant plus longuement sur les sociétés modernes.

Celles-ci seraient partout confrontées à une insatisfaction, à « une sorte de désespérance » provoquée par « un confort de vie généralisé » et par un excès de liberté[1]. L'ancienneté de la civilisation européenne et l'importance de la crise de ses valeurs religieuses contribueraient à rendre ce malaise plus aigu chez nous qu'ailleurs. Par ailleurs, dans la compétition internationale, l'Europe de l'Ouest chercherait moins à faire prévaloir sa culture et son mode de vie spécifique qu'à rattraper le niveau de vie américain. Dans ces conditions, 1968 pourrait correspondre aussi à un refus de cet alignement pur et simple sur les Etats-Unis, le « matérialisme de la société d'abondance » ne satisfaisant pas les aspirations de l'homme et ne donnant pas un sens suffisant à la vie. Cette crise serait donc essentiellement morale, avec une dimension religieuse déterminante – Georges Pompidou rejoint sur ce point au moins André Malraux[2] – qui fait de la restauration des valeurs spirituelles un impératif :

> « Dieu est mort ». Souvent déjà, dans l'Histoire, ce cri a été jeté et chaque fois l'humanité a retrouvé le chemin de la foi, presque toujours à travers les souffrances et les carnages ... La conviction qu'il existe une puissance qui s'impose aux hommes constitue pour ceux-ci et donc pour ceux qui les dirigent une sorte de garde-fou d'autant plus utile que les moyens dont nous disposons aujourd'hui sont plus terrifiants. Il appartient aux Eglises de rendre aux hommes la foi dans l'Eternel : elles n'y parviendront pas, selon moi, en se sécularisant et en se plongeant dans le temporel[3].

---

1. « De nos jours, le recul de la foi, la libération de la femme et le progrès scientifique réunis conduisent à une liberté des mœurs et à une négation des valeurs morales traditionnelles qui font disparaître toutes entraves sans rien mettre en place. » *Ibid.*, p. 176.

2. Cf. par exemple cette déclaration d'André Malraux au micro d'*Europe n° 1* le 7 juin 1968 : « La civilisation chrétienne se développait à l'intérieur de la chrétienté. Aujourd'hui, la civilisation se développe en quelque sorte à vide. »

3. Pompidou (Georges), *Le nœud gordien, op. cit.*, p. 189-190. Ce thème des racines métaphysiques de l'actuelle crise de civilisation est récurrent chez lui : « Quiconque cherchera la solution dans les changements ou dans les révolutions économiques, politiques et sociaux, ne la trouvera pas, parce que le mal est métaphysique et que ses conséquences sont morales. » Entretien accordé à *Réalités* le 14 avril 1970, reproduit in Pompidou (Georges), *Entretiens et discours (1968-1974)*, Paris, Flammarion, 1984, p. 87.

Ces événements sont donc l'occasion, pour Georges Pompidou, d'aller jusqu'au bout d'une critique en règle de diverses manifestations de la modernité et des responsabilités particulières des intellectuels dès lors que les cadres moraux traditionnels ont éclaté. Il termine cet essai en exposant une conception extrêmement pessimiste du développement scientifique et technique qui, cumulé avec la dissolution des mœurs, nous exposerait à une réaction de type fasciste[1].

Curieuse rencontre que cette condamnation sans appel du modernisme et de l'intellectualisme chez un homme connu par ailleurs pour l'étendue de sa culture, pour ses goûts esthétiques d'avant-garde et pour son adhésion sans partage à une politique d'industrialisation accélérée. Il faut, pour la comprendre, se remémorer l'évolution des années 1960 : à la veille de 1968, les thèmes de la modernité sont devenus hégémoniques dans notre culture politique et les forces de gauche se les ont appropriés en même temps qu'elles entretenaient avec le monde intellectuel des rapports privilégiés. Identifié au renouveau avec la fondation de la Cinquième République, le gaullisme n'a pas su thésauriser cet avantage. Les « élections de la peur » lui donnent, certes, une Chambre introuvable mais elles l'assimilent définitivement au passé, au camp de l'ordre contre celui du mouvement. A l'intérieur de la majorité, certains souhaitent reprendre l'initiative, relancer le vieux projet de la participation, mais trop tardivement, comme le confirme l'échec du référendum de 1969. Georges Pompidou estime-t-il que la majorité a là un handicap insurmontable et qu'il faut faire avec ? Une chose est sûre : son interprétation de la crise de Mai ne milite pas en faveur de l'ouverture, de la réforme. Elle prône, au contraire, la défense de l'ordre existant, voire le retour à un passé théologique. Elle n'est pas sans rappeler certaines réactions au lendemain de la Commune. Elle se veut probablement d'une fermeté à la mesure de la peur prêtée à la majorité du corps électoral en mai-juin

1. « Le péril n'est pas illusoire. Les théoriciens peuvent, dans l'abstraction, accumuler les raisonnements subtils et compliquer à l'envi les nœuds du problème humain. Nous sommes arrivés à un point extrême où il faudra, n'en doutons pas, mettre fin aux spéculations et recréer un ordre social. Quelqu'un tranchera le nœud gordien. La question est de savoir si ce sera en imposant une discipline démocratique garante des libertés ou si quelque homme fort et casqué tirera l'épée comme Alexandre. Le fascisme n'est pas si improbable, il est même, je crois, plus près de nous que le totalitarisme communiste. » Pompidou (Georges), *Le nœud gordien*, *op. cit.*, p. 205.

1968. Cette alternative brandie qui oppose l'enchaînement anarchie-fascisme à la restauration morale est dans l'immédiat tout à fait opérationnelle. Elle encourage le Parti communiste à dénoncer les provocateurs gauchistes pendant que Georges Pompidou ne cesse de mettre en garde contre les visées totalitaires des communistes. Elle incite les gauchistes à dénoncer la collusion des communistes avec le pouvoir. Ce faisant, elle contribue à entretenir le fossé qui sépare les gauchistes des communistes, à utiliser les uns pour discréditer les autres, dans un climat de tension, de suspicion, qui s'y prête vraisemblablement mieux que ne le ferait un climat d'ouverture.

Les gauchistes : une révolution trahie

La dénonciation des forces de gauche traditionnelles – en premier lieu le PCF et la CGT, coupables à leurs yeux d'avoir trahi les potentialités révolutionnaires du mouvement – constitue le seul dénominateur commun à l'ensemble des groupes gauchistes. Ils s'opposent, en revanche, sur l'analyse des causes de cette trahison, sur leur propre part de responsabilité, sur l'appréciation de ces potentialités révolutionnaires et sur les suites qu'il convient de donner au mouvement.

L'Internationale situationniste

Les situationnistes occupent une place à part. Se réclamant avec d'autres d'une stratégie conseilliste et basiste, ils n'ont jamais eu, ni avant, ni pendant, ni après Mai 1968, une existence politique organisée de quelque importance. Leurs idées rencontrent pourtant une sensibilité antiorganisationnelle relativement répandue pendant les événements qui leur assure une écoute sans commune mesure avec leur implantation réelle. Cette écoute, nourrie aussi par la radicalité de leurs positions et par un sens évident du spectacle qu'ils dénoncent par ailleurs, fait que leur interprétation de la crise bénéficie d'une audience non négligeable, contribuant notamment, a contrario, à renforcer des réactions de défense antibasistes au sein d'une partie de la gauche et de l'extrême gauche. Tout en revendiquant l'héritage de Marx, ils condamnent le léninisme, a fortiori le trotskysme, mais aussi le maoïsme – dans lequel ils voient le dernier avatar de la bureaucratie – ou le guévarisme, mélange selon eux de romantisme et de bureaucratie. Ils se réclament des exemples de la Commune de Paris[1], des Soviets de 1905, des expériences ouvrières catalanes de mai 1937. Ils considèrent le prolétariat comme la seule classe révolutionnaire, sans toutefois le définir avec rigueur.

Les situationnistes ont bénéficié de leur brève prise de contrôle de l'Association générale des étudiants de Strasbourg pour élargir leur audience en milieu étudiant, en particulier à Nanterre. Non pas qu'ils attribuent aux étudiants un quelconque rôle révolutionnaire, bien au contraire, et ils s'opposent en cela à Marcuse. A l'occasion de leur investissement de l'association strasbourgeoise, ils diffusent assez largement une brochure dans laquelle ils soutiennent que l'étudiant, l'« être le plus universellement méprisé » en France après le policier et le prêtre, « est effectivement méprisable » du point de vue de la critique révolutionnaire[2]. Doublement asservi, à sa famille et à l'Etat, l'étudiant se console en valorisant « sa triviale misère en " un style de vie " original : le misérabilisme et la bohème » (p. 7). C'est un spectateur privilégié, et à ce titre particulièrement aliéné, de la « société du spectacle », le « comble de la fausse conscience »[3]. La crise de l'Université n'est qu'une conséquence accessoire de

1. Ils polémiquent à ce propos avec Henri Lefebvre auquel ils reprochent de s'être approprié leurs analyses de la Commune en les dénaturant. Cf. « Aux poubelles de l'Histoire ! », reproduit in *Internationale situationniste 1958-1969,* Paris, Champ Libre, 1975, p. 108 du n° 12.

2. Union générale des étudiants de France, Association fédérative générale des étudiants de Strasbourg, *De la misère en milieu étudiant* considérée sous ses aspects économique, politique, psychologique, sexuel et notamment intellectuel et de quelques moyens pour y remédier, 1966, supplément au n° 16 de *2-27 Etudiants de France,* p. 3.

3. « Dès que les " dieux ", qui produisent ou organisent son spectacle culturel, s'incarnent sur scène, il est leur principal public, leur fidèle rêvé. Ainsi assiste-t-il en masse à leurs démonstrations les plus obscènes ; qui d'autre que lui peuplerait les salles quand, par exemple, les curés des différentes églises viennent exposer publiquement leurs dialogues sans rivages (semaines de la pensée dite marxiste, réunions d'intellectuels catholiques) ou quand les débris de la littérature viennent constater leur impuissance (cinq mille étudiants à « Que peut la littérature ? »). Incapable de passions réelles il fait ses délices des polémiques sans passion entre les vedettes de l'inintelligence, sur de faux problèmes dont la fonction est de masquer les vrais : Althusser, Garaudy, Sartre, Barthes, Picard, Lefebvre, Lévi Strauss, Halliday, Chatelet, Antoine, Humanisme, Existentialisme, Structuralisme, Scientisme, Nouveau criticisme, Dialecto-naturalisme, Cybernétisme, Planétisme, Métaphilosophisme ... L'étudiant est fier d'acheter, comme tout le monde, les rééditions en livre de poche d'une série de textes importants et difficiles que la " culture de masse " répand à une cadence accélérée. Seulement il ne sait pas lire. Il se contente de les consommer du regard. » *Ibid.,* p. 9.

la crise plus générale du capitalisme moderne, elle traduit seulement « les difficultés d'un ajustement tardif de ce secteur spécial de la production à une transformation d'ensemble de l'appareil productif » (p. 6).

« Mythe publicitaire » lorsqu'on la considère en elle-même, la jeunesse n'en ressent pas moins avec plus d'acuité la crise profonde de la société moderne. La révolte des « blousons noirs » en représente la manifestation la plus superficielle et la plus immédiate, celle des « provos » lui donnant une expression politique qui reste encore élémentaire. Pour les situationnistes – dont les limites de la perspicacité politique apparaissent ici – le seul véritable modèle révolutionnaire reste, avant 1968, la Ligue révolutionnaire communiste du Japon qui regroupe à la fois les étudiants du *Zengakuren* et la Ligue des jeunes travailleurs marxistes[1]. Pour le reste, aucun parti ou syndicat ne trouve grâce à leurs yeux, tous étant également jugés incapables, sur le plan théorique comme sur le plan pratique, de comprendre les problèmes du monde moderne. Le modernisme de la classe dominante engendre pourtant sa négation elle aussi modernisée, avec sa forme organisationnelle, « la réalisation internationale du pouvoir absolu des Conseils ouvriers » (p. 24). Cette stratégie a pour préalable « une lutte à mort contre la théorie léniniste de l'organisation » (p. 25). Elle s'appuie explicitement sur la conception encore très hégélienne du prolétariat que l'on trouve dans les œuvres dites de jeunesse de Marx. Elle revendique une révolution ludique : « Les révolutions prolétariennes seront des *fêtes* ou ne seront pas, car la vie qu'elles annoncent sera elle-même créée sous le signe de la fête. Le *jeu* est la rationalité ultime de cette fête, vivre sans temps mort et jouir sans entraves sont les seules règles qu'il pourra reconnaître. » (p. 28, souligné par nous.)

On mesure l'adéquation profonde de ces analyses avec certains aspects des événements de mai-juin 1968. Se voulant, dès la fin des années 1950, les porte-parole d'une critique radicale de la modernité, les situationnistes se sentent et sont, en effet, d'emblée en terrain familier avec toute une dimension de la crise de la modernité qui éclate en Mai. Le rôle du mouvement étudiant ne les conduit pas à infléchir leurs analyses à l'issue des événements.

1. La Ligue « est actuellement la plus importante formation révolutionnaire du monde et doit être d'ores et déjà un des pôles de discussion et de rassemblement de la nouvelle critique révolutionnaire prolétarienne dans le monde. » *Ibid.*, p. 19.

La dimension prolétarienne est toujours privilégiée et la crise du mois de Mai est d'abord saluée comme « la première *grève générale sauvage* de l'histoire ..., la plus importante expérience du mouvement prolétarien moderne qui est en voie de se constituer dans tous les pays sous sa forme achevée »[1]. L'accent est mis sur les occupations. Les situationnistes contrôlent effectivement le premier comité d'occupation de la Sorbonne du 13 au 16 mai et profitent de cette tribune inattendue pour appeler « à l'occupation immédiate de toutes les usines en France et à la formation de conseils ouvriers »[2]. Le 17 mai, ils fondent le Conseil pour le maintien des occupations (CMDO) qui durera jusqu'au 15 juin, date à laquelle ils décident de le dissoudre.

Les occupations d'entreprises par les grévistes sont présentées comme « le refus du travail aliéné et donc la fête ».

Le mouvement de Mai ne fut pas un mouvement d'étudiants. Ce fut un mouvement révolutionnaire prolétarien, resurgissant d'un demi-siècle d'écrasement et, normalement *dépossédé* de tout ... Au lieu de s'attarder sur la parodie historique, effectivement risible, des étudiants léninistes, ou staliniens chinois, qui se déguisaient en prolétaires, et du coup en avant-garde dirigeante du prolétariat, il faut voir que c'est, au contraire, la fraction la plus avancée des travailleurs, inorganisés et séparés par toutes les formes de répression, qui s'est vue *déguisée en étudiants,* dans l'imagerie rassurante des syndicats et de l'information spectaculaire.

Même les formes de lutte directe développées par exemple avant les événements de Nanterre, par les « Enragés » – groupe proche des situationnistes –, avaient déjà été expérimentées par des jeunes travailleurs à Caen ou à Redon. Pour eux, la récupération syndicale fut la perte de cette poussée révolutionnaire :

L'action la plus unitaire et la plus *radicale* dans sa critique qu'on ait jamais vue fut en même temps une somme d'isolements, et un festival de platitudes dans les revendications officiellement soutenues. De même qu'ils avaient dû laisser la grève générale s'affirmer *par fragments,* qui aboutirent à une quasi-unanimité, les syndicats s'employèrent à liquider la grève par fragments, en faisant accepter dans chaque branche, par le terrorisme du truquage et des liaisons monopolisées, les miettes qui avaient été encore rejetées *par tous* le 27 mai.

---

1. *Internationale situationniste, 1958-1969, op. cit.,* p. 3 (souligné dans le texte).
2. Cf. Maitron (Jean), Perrot (Jean-Claude), Perrot (Michelle), Rebérioux (Madeleine), « La Sorbonne par elle-même, mai-juin 1968 », *Le Mouvement social,* 64, juillet-septembre 1968, p. 119.
3. *Internationale situationniste, op. cit.,* p. 7 (souligné dans le texte).

Encore une fois, les situationnistes n'existent pratiquement pas sur le terrain avant les événements et ils ne leur survivront guère, mais ils n'en expriment pas moins une sensibilité ambivalente assez répandue, au moins chez les étudiants. D'un côté, ils développent une critique radicale et pénétrante de la modernité, dans son essence – avec leurs dénonciations de la scission public/privé et de la parcellisation de la vie portée à son comble – et dans ses manifestations à travers par exemple leur détournement des images publicitaires ou de la bande dessinée. De l'autre, ils participent pleinement et bien qu'ils s'en défendent aux valeurs de cette modernité dans leur pratique même du détournement, dans leur apologie de l'éphémère, de l'autodestruction et, plus fondamentalement, dans une certaine croyance naïve dans la neutralité des technologies, aujourd'hui moyens d'asservissement, demain instruments d'émancipation. Sur le plan spécifiquement politique, leur stratégie se réduit, en définitive, à une dialectique de la négativité plus hégélienne que marxiste et très abstraite. Leur dénonciation sans appel de la prise de pouvoir par les bolcheviks en 1917 et de toutes les expériences se réclamant de ce précédent débouche sur un populisme utopique.

Ils expriment ainsi, de façon exemplaire, une ambivalence vis-à-vis du modernisme qui va contribuer à entretenir, plus ou moins confusément, une interprétation de 1968 en termes d'événements porteurs d'une modernité critique qui contiendrait déjà son dépassement.

Le constat effectué pour les situationnistes vaut pour le 22 mars, mouvement peu nombreux, peu structuré et particulièrement éphémère puisqu'il disparaît après la dissolution du 12 juin 1968 [1]. Deux livres, l'un collectif, *Ce n'est qu'un début, continuons le combat*, l'autre publié par Daniel Cohn-Bendit, *Le gauchisme, remède à la maladie sénile du communisme,* ont participé au concert discursif immédiatement après l'événement, comme le Mouvement du 22 mars a contribué à la parole de Mai [2]. Dans le climat intellectuel de l'époque, la diffusion d'une sensibilité, d'une thématique anarchisante ayant bien sûr des points communs avec les situationnistes est une donnée importante.

---

1. Certains de ses militants se signalent encore au congrès anarchiste de Carrare (août 1968). Le groupe se défait néanmoins dès cette époque.
2. Demonet (Michel) et al., *Des tracts en mai 68,* Paris, Presses de la Fondation nationale des sciences politiques, 1975, 491 p.

Dans la logique qui est la nôtre, il convient de noter l'absence de postérité directe et concrète au Mouvement du 22 mars dans le champ politique après 1968.

Les maoïstes

A la différence des précédents, les maoïstes français ne récusent pas le léninisme, mais leurs critiques du PCF et des organisations syndicales où leurs positions vis-à-vis des étudiants ne rejoignent pas pour autant celles des trotskystes. C'est même au nom du léninisme qu'ils concentrent leurs critiques sur le PCF et la CGT – encore que celle-ci soit relativement ménagée – alors que la CFDT est écartée d'emblée comme « ultra-réformiste », « social-moderniste » [1].

La CGT bénéficie, en effet, selon eux de circonstances atténuantes.

> Elle n'a pas trahi en mai-juin 1968. Elle a été ce que les traditions du mouvement ouvrier l'ont faite : une combinaison, spécifique à la France, d'une forme d'« anarcho-syndicalisme » et d'une pratique bolchevique avortée, bref un hybride de syndicalisme « révolutionnaire ». Dès lors, demander à la « grande dame » de faire la révolution, c'est lui adresser une question à laquelle son histoire ne lui permet pas de répondre [2].

Dès la constitution du PCF en 1920, les militants communistes se seraient placés dans la dépendance et la tradition du syndicalisme révolutionnaire, dépendance sanctionnée en 1936 avec la réunification de la CGT et de la CGTU, et réactualisée en 1968. C'est elle qui expliquerait que le PCF ne soit pas intervenu

---

1. « C'est paradoxalement cet ultra-réformisme, ce social-modernisme de la CFDT qui a pu la faire passer pour " gauchiste " en Mai. Le mot magique d'autogestion pouvait facilement être épuré du contenu révolutionnaire ... et se transformer en une acceptation purement gestionnaire : l'autogestion, plus la négociation avec le pouvoir, a pour produit la cogestion ... Reprenant ce mot d'ordre équivoque au départ – car masquant ce qui demeure au centre de la lutte révolutionnaire, le problème de la destruction de l'Etat capitaliste – comme ceux de " Pouvoir étudiant " de " Pouvoir ouvrier ", ou de " Pouvoir paysan ", lancé par le PSU, la CFDT lui avait fait découvrir sa vérité contre-révolutionnaire ... Le seul aspect positif de ces luttes était leurs dimensions apparemment antihiérarchiques ; en fait, elles étaient essentiellement porteuses d'une accélération de la mutation du système de gestion industrielle. » Geismar (Alain), July (Serge), Morane (Erlyn), *Vers la guerre civile,* Paris, Editions et publications premières, 1969, p. 85-86.

2. *Ibid.*, p. 271.

explicitement dans les grèves jusqu'au 27 mai. Toute l'agitation, toute la propagande du PCF se situeraient dans le domaine des luttes strictement économiques, pour la défense des intérêts immédiats des travailleurs, à travers une démarche exclusivement revendicative. Sa finalité ne serait plus la révolution sociale mais la revendication avec le court terme comme limite. Inversement, mais c'est lié, le syndicat devant cette carence du parti est conduit à prendre l'initiative politique[1], mais pas plus le parti que la CGT « ne permettent aux masses mobilisées dans la lutte économique d'embrayer sur des luttes politiques » (p. 321).

Avant mai-juin 1968, leur ouvriérisme conduit les maoïstes français à déserter les luttes étudiantes pour se consacrer exclusivement à la classe ouvrière, certains d'entre eux « s'établissent » en usine. Ils débattaient entre eux de l'opportunité de faire de l'entrisme à la CGT ou, au contraire, de tenter de créer un syndicat concurrent. Les événements les amènent à faire l'autocritique d'une démarche qui reposait sur l'attente que la CGT finisse par prendre le relais des luttes étudiantes. Ils condamnent maintenant l'entrisme[2]. Confrontée au gauchisme, l'idéologie du couple PCF-CGT aurait cessé d'être hégémonique dans la classe ouvrière. La question même de la création d'un syndicat révolutionnaire serait dépassée : « Dans les conditions historiques concrètes actuelles, la question du syndicat, de son rôle, de son fonctionnement est un faux problème ... La question principale n'est pas celle du syndicat mais celle du mouvement politique de masse et de ses formes de luttes. » (p. 321-322.)

Ce mouvement politique de masse ne peut se constituer qu'à la base et dans l'action, à travers « un processus permanent d'échanges entre les fronts de luttes, entre les entreprises et les facultés » (p. 400-401). Ainsi, divisés entre eux avant 1968 quant à la place des « étudiants progressistes » dans le mouvement révolutionnaire, les maoïstes leur reconnaissent maintenant, à l'issue des événements, un rôle indispensable, voire même déci-

---

1. Ils dénoncent à plusieurs reprises cette « syndicalisation du parti », cette confusion des rôles : « Chaque jour, à des moments différents, selon le contexte, selon les échéances, tantôt le " syndicat ", c'est le parti, tantôt le " parti " c'est la CGT. » *Ibid.,* p. 288.

2. « Le mouvement doit conquérir son autonomie. Elle passe par la rupture, nécessaire, avec les institutions révisionnistes. Au sein même du mouvement, la lutte contre l'entrisme, à partir de l'analyse du fonctionnement du couple PCF-CGT, devient la clé de toute autonomisation possible du mouvement. » *Ibid.,* p. 400.

sif[1]. La jonction entre les étudiants venus de Paris et les ouvriers jusqu'au-boutistes de Renault à Flins constitue pour eux une action exemplaire et un symbole de l'affrontement de classe, une réaction d'auto-défense du mouvement de masse, un « acte de résistance prolétarienne ». « Cette fusion d'étudiants et de travailleurs, c'est la clé de voûte de la Révolution en France. » (p. 410.)

Au total, leur interprétation des événements conduit les maoïstes français à exalter l'action directe – bien qu'ils dénoncent les déviations anarcho-syndicalistes – et les mouvements de masse tout en prônant, au moins dans l'immédiat, une pratique de type blanquiste :

> Le mouvement révolutionnaire est actuellement fluide. Les fluctuations du polycentrisme, des pseudo-centres, dans cette phase d'achèvement du métabolisme de Mai, le développement des contradictions entre lui et le révisionnisme, entre lui et la bourgeoisie, fondent la nécessité du bond en avant et son urgence. Un nombre limité d'unités militantes peut initier cette étape. Cela suppose, en permanence, un brassage et des échanges d'expériences. Ces échanges, la maîtrise de ces luttes, supposent l'émergence d'un centre, d'un quartier général provisoire, qui prenne en charge ce bond en avant (p. 401).

Les trotskystes

Les groupes trotskystes sont aussi nombreux que divisés entre eux. Les formations qui occupent le devant de la scène politique en Mai – au moins au Quartier latin – sont la Jeunesse communiste révolutionnaire (JCR) dont les membres adhèrent souvent individuellement au Parti communiste internationaliste de Pierre Franck, et la Fédération des étudiants révolutionnaires (FER) proche des lambertistes[2] de l'Organisation communiste interna-

1. « La fusion ouvriers-étudiants est devenue une réalité sur le terrain. Le fait que des étudiants, et quelques enseignants, aient été capables de se battre, non seulement pour des objectifs qui leur sont propres (comme la conquête de la Sorbonne début Mai), mais qu'ils soient venus à l'aube à 50 kilomètres de Paris se battre pour les objectifs des travailleurs de Flins, revêt une signification très grande. Le fait que leur lutte ait une telle valeur pour des militants étudiants en fait percevoir la dimension révolutionnaire aux ouvriers de Flins. Ce n'est pas un discours idéologique que les militants sont venus tenir à Flins ce matin-là, mais c'est participer à l'action, c'est même, pour une large part, permettre l'action *en être en quelque sorte les accoucheurs.* » *Ibid.*, p. 354 (souligné par nous).

2. Militants rassemblés autour de Pierre Lambert, responsable Force ouvrière de la Sécurité sociale.

tionaliste. Il faut aussi mentionner dans cet inventaire rapide les pablistes, qui mettent en avant la revendication autogestionnaire, et les militants trotskystes, regroupés autour de *La Voix ouvrière*. Tous se réclament, bien entendu, des analyses de Trotsky et partagent sa dénonciation du stalinisme, mais ils s'opposent, en revanche, sur l'appréciation des rôles respectifs des prolétariats des pays développés et du Tiers Monde dans le processus révolutionnaire. Tous condamnent le régime soviétique mais tous ne portent pas le même jugement sur son évolution future. Enfin, s'ils reprennent tous l'idée d'un « programme de transition » défendue par Trotsky, ils s'opposent sur son interprétation, sur la tactique à suivre pour sa mise en œuvre, sur la plus ou moins grande rigidité de leurs conceptions organisationnelles et sur les potentialités politiques du mouvement étudiant.

Malgré sa pénétration dans l'UNEF – une UNEF il est vrai moribonde à la veille de Mai – et peut-être parce qu'elle maîtrise trop bien la mise en scène des manifestations, la FER se marginalise rapidement. Son arrivée le 10 mai au soir boulevard Saint-Michel, regroupée en bon ordre derrière ses drapeaux, demandant aux étudiants de se disperser en attendant que les travailleurs rejoignent le mouvement, puis son refus d'affronter les forces de l'ordre et son départ du Quartier latin assiégé expliquent son isolement ; un isolement qu'accentuent encore ses critiques ultérieures des modalités de l'occupation de la Sorbonne. Les pablistes, peu nombreux, vont disperser leurs forces dans l'animation d'un certain nombre de comités d'action et ils ne parviennent pas à imposer le regroupement dans une structure unique de tous les militants gauchistes les plus politisés, quelle que soit leur obédience trotskyste ou qu'ils soient maoïstes. Les trotskystes de *La Voix ouvrière* ont une audience aussi réduite, très localisée dans quelques entreprises.

Plus prudente dans ses modalités d'intervention, plus attentiste face à l'enchaînement des circonstances et plus sceptique, rapidement, quant à leur portée, mieux intégrée aussi en milieu étudiant, collant à l'UNEF – quitte à s'allier au PSU – tout en cherchant à la radicaliser, la JCR, si elle échoue également dans sa tentative d'unification de l'extrême gauche, traverse pourtant mieux la tourmente soixante-huitarde que ses autres rivales trotskystes. Elle voit d'abord dans les événements la justification de son refus des tentations ouvriéristes initiales, à la différence par exemple des maoïstes[1]. Même si son implantation en milieu étudiant n'a pas été sans entraîner, de l'aveu même de ses responsables, des « déformations petites bourgeoises » sur le plan organisationnel et dans sa pratique militante.

Pour la JCR, le mouvement étudiant a agi, au cours de ces journées, comme substitut provisoire au parti d'avant-garde, la symbolique des affrontements avec les forces de l'ordre lui permettant de s'adresser à la classe ouvrière « par-dessus la tête des directions bureaucratiques »[2]. Pourtant la fusion étudiants-ouvriers n'aura pas lieu. La situation était-elle révolutionnaire ? Certaines conditions objectives d'une crise révolutionnaire étaient réunies : la rapidité de la propagation de la grève avec l'occupation des locaux, le ralliement à la classe ouvrière des ingénieurs, des cadres, des techniciens, la vacance du pouvoir, mais il lui manquait une direction politique unifiée, le PCF n'existant plus « que par une fiction organisationnelle, lointaine caricature sans vie du bolchevisme » (p. 175), sans qu'une force alternative se dessine. La manifestation de Charléty, à la fois affirmation pour les uns d'une force sur la gauche du PCF et récupération

---

1. « Six mois avant l'UJCml, elle connut également des tentations ouvriéristes : fin 1966, des militants proposaient de déserter le milieu étudiant en petit-bourgeois afin de réinvestir les forces dans les entreprises. Mais ce courant ne gagna jamais une véritable audience. L'organisation refusait d'édifier son aile ouvrière sur la base de la liquidation de son implantation étudiante. Les militants avaient compris l'importance politique du milieu étudiant : fort d'un demi-million d'individus concentrés dans d'immenses complexes universitaires, profondément inquiet et mécontent, le milieu étudiant constitue une importante force de contestation sociale. Il constituait en fait la seule véritable force sociale que les groupes d'avant-garde pouvaient prétendre diriger, en raison de la faillite définitive des organisations de jeunesse des partis ouvriers traditionnels. Le milieu étudiant était *à la fois* une réserve inépuisable de militants susceptibles de devenir des cadres révolutionnaires, et une force sociale que les groupuscules pouvaient organiser. Le travail d'implantation de la JCR devait en conséquence respecter les étapes : il fallait consolider l'implantation étudiante, puis l'étendre à tous les secteurs de la jeunesse scolarisée. Au terme de ce travail, la JCR détiendrait les cadres militants et l'impact organisationnel indispensables à l'implantation ouvrière. » Bensaïd (Daniel), Weber (Henri), *Mai 1968 : une répétition générale,* Paris, Maspero, 1968, p. 78.

2. « Ce rôle de parti d'avant-garde, le mouvement étudiant l'a assumé avec une claire conscience de ses limites. Jamais cette " substitution " n'a été " théorisée " dans un sens marcusien. Au contraire, la volonté d'entraîner les travailleurs dans la lutte présidait à toutes les décisions. Dès le lundi 6 mai, la jonction avec les travailleurs se trouvait au centre de tous les débats. On ne comprend rien aux formes de lutte choisies par les étudiants si l'on ne tient pas compte du caractère obsédant de cette préoccupation... Les manifestations pseudo-insurrectionnelles, les forêts de drarpeaux rouges, les barricades, les occupations de facultés, toutes ces transpositions inspirées de la tradition ouvrière, constituaient finalement un ensemble sémantique visant à rendre audible le message étudiant. » *Ibid.,* p. 143.

moderniste pour les autres, illustrerait cette impasse. Une fédération des divers comités de grève et comités d'action aurait permis l'embryon d'un futur pouvoir ouvrier ; de tels comités de base existaient, mais ils ont gardé un caractère local, dispersé, et n'ont guère eu d'autre rôle que celui d'organiser l'occupation physique des locaux. A aucun moment n'a été développée une dynamique de contrôle ouvrier, de dualité du pouvoir, qui aurait permis à la classe ouvrière d'affirmer son pouvoir face à l'Etat bourgeois.

Une grève insurrectionnelle était-elle possible en 1968 ? Autant les analyses précédentes se veulent relativement argumentées et précises, autant la réponse des responsables de la JCR est ici lapidaire. S'appuyant sur André Glucksmann, ils récusent sommairement l'hypothèse d'une possible réaction de notre environnement international [1] et se livrent à un examen non moins sommaire des capacités de répression de la police et de l'armée pour en déduire « qu'en Mai, la grève insurrectionnelle était possible et à moindre frais » (p. 197-202).

Le PCF et la CGT :
un mouvement de masse sans précédent

La marge de manœuvre du PCF et de la CGT dans leur interprétation des événements est particulièrement étroite car ils sont confrontés à une double offensive.

D'un côté, ils doivent répondre au discours de ceux qui, notamment à droite à l'occasion de la campagne électorale, ont agité le spectre d'un coup de force communiste et cherchent à les isoler au sein de la gauche. L'invasion de la Tchécoslovaquie ne leur facilite pas la tâche, encore qu'elle les serve d'une certaine façon, en leur donnant l'occasion d'exprimer publiquement leur désapprobation. Ils doivent donc rassurer, sans pour autant renoncer à se réclamer d'un projet révolutionnaire qui fonde leur légitimité au sein du mouvement ouvrier et les autorise à reven-

---

1. « Tout d'abord, comme le montre A. Glucksmann (dans *Stratégie et révolution en France, op. cit.*), la France était un espace neutre militairement. Les Américains, occupés au Vietnam, ne pouvaient y intervenir ; point où se noue un équilibre instable, le monde bourgeois et le monde bureaucratique étaient condamnés à y regarder naître la révolution, ne pouvant agir sans risquer de précipiter leur propre perte. Il en résulte que l'issue de la crise résultait d'un rapport de force interne, circonscrit dans le périmètre national. » *Ibid.*, p. 196.

diquer un rôle moteur, voire dirigeant, au sein des forces de gauche.

De l'autre, ils doivent affronter les critiques de l'ensemble des groupes gauchistes qui ne sont précisément d'accord, comme nous venons de le voir, que pour les accuser d'avoir trahi la révolution. Ils doivent répondre à ces critiques tout en veillant à ne pas se couper d'une jeunesse contestataire dont le poids politique a été révélé, après les précédents étudiants étrangers, par les événements.

Face à cette double offensive, ils ne font cependant pas la part égale et la priorité est donnée à la lutte contre le gauchisme[1]. Dans leurs grandes lignes, les interprétations du PCF et de la CGT sont à l'évidence proches. Elles distinguent, pour ce qui concerne la dimension spécifiquement étudiante du mouvement, la majorité des étudiants, en retrait par rapport aux événements ; la masse des manifestants étudiants, victimes de préjugés liés à leurs origines petites-bourgeoises mais sincèrement désireux d'une alliance avec la classe ouvrière ; les militants gauchistes enfin, souvent manipulés par le pouvoir et dans tous les cas soucieux de récupérer à leur profit une telle alliance. L'accent est mis sur l'importance de la mobilisation ouvrière, d'une ampleur sans précédent y compris par rapport aux grandes références historiques que sont les grèves de 1936 ou la Libération. L'importance des avantages immédiats obtenus par les grévistes est également soulignée. L'importance des attentes plus radicales d'une partie des travailleurs n'est pas niée, mais celles-ci se sont heurtées à l'absence d'un accord politique au sein de la gauche. Pour le PCF et pour la CGT, l'appel de François Mitterrand en faveur d'un gouvernement élargi de transition comme la présence, même muette, de Pierre Mendès France à Charléty illustrent les risques de voir le mouvement dévoyé au profit d'une restauration de la troisième force.

Des nuances apparaissent pourtant, non seulement entre les interprétations du PCF et celles de la CGT, non seulement entre les responsables de ces organisations et ceux qui en démissionnent

1. « Le Parti communiste continuera à se développer dans la lutte sur deux fronts : contre l'opportunisme de droite et contre l'opportunisme de gauche... Cette lutte sur deux fronts n'exclut pas, mais suppose l'orientation de l'effort principal contre le danger le plus pressant, qui est aujourd'hui le gauchisme. » Rochet (Waldeck), *Les enseignements de mai-juin 1968,* Paris, Les Editions sociales, 1968, p. 80-88.

pour manifester leur désaccord comme André Barjonet, mais des nuances non négligeables séparent aussi les représentants autorisés du parti qui s'expriment sur les événements, comme René Andrieu ou Laurent Salini.

Répartition des rôles, itinéraires personnels différents ou inégale réceptivité aux événements, ces deux analystes de Mai – qui, à l'évidence, n'engagent pas qu'eux-mêmes mais parlent d'abord en communistes – émettent par exemple un jugement sensiblement différent sur les manifestations étudiantes. Le premier s'interroge sur « des barricades qui n'en sont pas en fait » et n'hésite pas à citer longuement, à propos du préfet de police Grimaud, les *Mémoires* de Vidocq [1], à dénoncer « l'influence des théories de l'anarchiste russe Bakounine » [2] et « les guérilleros du Massif central » [3]. Si Laurent Salini voit dans « la critique " de gauche " du Parti communiste un anticommunisme rénové » [4], c'est sans « pour autant méconnaître ou sous-estimer l'apport, le courage, la résolution des étudiants, la mutation capitale accomplie avec l'entrée en lice d'une grande partie de la jeunesse universitaire, d'une partie notable des intellectuels et des cadres » [5]. Pour le premier, la nuit du 10 mai, animée par « des étudiants d'âge mûr », est d'abord une nuit d'émeutes qui « a joué un rôle de premier plan pour susciter dans le pays un réflexe de peur dont le pouvoir a été bénéficiaire » [6]. Pour le second,

> ... le 10, la manifestation dirigée par l'UNEF au Quartier latin est particulièrement imposante. Elle se déroule d'abord sans incidents notables. Dans la nuit, repliés dans la rue Gay-Lussac et les rues avoisinantes, pressés par des forces de police très nombreuses, 4 000 à 5 000 étudiants (une partie seulement de ceux qui avaient répondu à l'appel de l'UNEF) dressent des barricades que les policiers enlèveront au petit jour, tandis que flambent les voitures, les étudiants se repliant après avoir incendié leur dispositif de protection. L'attaque policière est très violente. Les blessés vont se compter par dizaines et dizaines, les arrestations par centaines. A l'aube du samedi 11, le pays tout entier n'est qu'indignation. Le drame est noué [7].

---

1. Andrieu (René), *Les communistes et la révolution,* Paris, Julliard, 1968, p. 94-100.
2. *Ibid.,* p. 174.
3. *Ibid.,* p. 237.
4. Salini (Laurent), *Mai des prolétaires,* Paris, Les Editions sociales, 1968, p. 11.
5. *Ibid.,* p. 12.
6. Andrieu (René), *Les communistes..., op. cit.,* p. 92.
7. Salini (Laurent), *Mai des prolétaires, op. cit.,* p. 14.

Dans un autre domaine, la question du pouvoir, René Andrieu affirme que celui-ci n'était pas vacant et va jusqu'à s'interroger sur une éventuelle manœuvre du général de Gaulle visant à encourager une insurrection pour légitimer ensuite une riposte militaire [1]. Laurent Salini estime, au contraire, que, de l'aveu même du général, la question de la vacance du pouvoir était posée « aux yeux d'un grand nombre de travailleurs qui espéraient un tournant politique » [2]. René Andrieu conclut son ouvrage en faisant dépendre « le passage pacifique au socialisme » « pour une part importante de l'aptitude de la SFIO à renoncer à la collaboration de classe avec la bourgeoisie pour se tourner résolument vers l'alternative socialiste » [3]. Laurent Salini admet d'abord qu'il y a « une part de duperie » dans le suffrage universel, mais pense qu'il est possible de le transformer en « instrument d'émancipation » en combinant l'action de masse électorale avec l'action de masse revendicative [4].

Pseudo-barricades ou dispositif de protection face à la police ? Cette nuance sensible exprimée à l'occasion de l'interprétation de Mai dépasse son objet anecdotique et le cas de ceux qui le révèlent parce qu'elle traduit des flottements des communistes à l'issue des événements. Face aux critiques et aux agissements de l'extrême gauche, le PCF va finalement hésiter entre le recours à l'amalgame – la dénonciation des « gauchistes-Marcellin » – et une réponse politique argumentée. En l'absence d'un accord politique à gauche satisfaisant à un certain nombre de ses conditions, le parti n'est-il pas légitimé à circonscrire le mouvement à sa dimension revendicative, à laisser l'initiative à la CGT sans pour autant paraître renoncer à sa vocation révolutionnaire ? Même hésitation en ce qui concerne l'avenir : convient-il, une fois les événements passés, d'en revenir purement et simplement à l'alliance privilégiée avec une SFIO de plus en plus discréditée, totalement absente en Mai, ou faut-il désormais lier les luttes électorales aux luttes revendicatives de masse, en actualisant le léninisme à la lumière des événements, sans préjuger au préalable des alliances organisationnelles nécessaires ? La condamnation globale, prioritaire et définitive du gauchisme répond aux outrances de celui-ci mais elle laisse ces questions pendantes.

---

1. Andrieu (René), *Les communistes...*, *op. cit.*, p. 170.
2. Salini (Laurent), *Mai des prolétaires*, *op. cit.*, p. 39.
3. Andrieu (René), *Les communistes...*, *op. cit.*, p. 248.
4. Salini (Laurent), *Mai des prolétaires*, *op. cit.*, p. 164-165.

La CFDT : une aspiration autogestionnaire

Au cours des événements, la CFDT s'est radicalisée sous l'effet de la pédagogie de l'événement comme elle aime à dire [1]. Après avoir épousé le mouvement, elle en tire les leçons lors du conseil de juillet qui se condensent en quatre idées-forces.

D'abord, les étudiants sont reconnus comme une force sociale à égalité avec les salariés, ce qui ne signifie ni l'assimilation, ni la subordination. Les travailleurs ont l'expérience de la lutte des classes et la capacité de bloquer l'économie. Les étudiants expriment les aspirations de la jeunesse et une révolte profonde contre l'aliénation [2].

La seconde leçon que tire la CFDT porte sur le potentiel de refus que recèle la condition ouvrière. Sensible aux thèses de la nouvelle classe ouvrière qui admettaient l'intégration de la classe ouvrière traditionnelle à la « société de consommation », la centrale d'Eugène Descamps révise son appréciation qui n'avait d'ailleurs pas été acceptée dans toutes ses composantes [3]. Edmond Maire exprime bien, en 1971, l'influence de Mai sur son organisation :

> Dans la situation apaisée d'avant 1968, nous ne voyions de solution que progressive et lente avec l'intervention des événements politiques entendus au sens parlementaire, électoral, pour pouvoir avancer vraiment, tandis qu'aujourd'hui, la politisation de Mai 1968 est *une action politique de masse,* comme nous l'avons bien dit au dernier congrès, et que les transformations politiques dépendent beaucoup plus directement de l'action syndicale qu'auparavant [4].

La CFDT envisage donc une suite à Mai 1968 qui comportera des « luttes dures ». Elles porteront sur des revendications « quantitatives », de salaires, de réduction du temps de travail

---

1. « C'est l'événement qui donnera finalement un contour précis et totalement concret à notre pensée et à notre action. » Bouladoux (Maurice), *Pour un syndicalisme moderne au service de l'homme,* Paris, CFTC, 1955, p. 69. Cette problématique est passée de la CFTC à la CFDT et a trouvé un point d'orgue en Mai 68 : « Dans notre organisation, on peut dire que l'absence de dogmatisme a laissé libre cours à des idées surgies dans l'action et répondant aux aspirations du moment. » Detraz (Albert), in Bonéty (René) et al., *La CFDT,* Paris, Le Seuil, 1971, p. 173.

2. Cf. en particulier le communiqué du 16 mai. Voir aussi Descamps (Eugène), *Militer,* Paris, Fayard, 1971, p. 112-114.

3. Declercq (Gilbert), *Syndicaliste en liberté,* Paris, Le Seuil, 1974, p. 128.

4. Maire (Edmond), *La CFDT,* Paris, Le Seuil, 1971, p. 171.

mais aussi sur des réformes de structures. Le thème de l'autogestion est le vecteur de cette perspective. Deux hommes expriment particulièrement cette préoccupation dans la période, Albert Detraz et Fredo Krumnow. Ce dernier la développe au conseil fédéral d'Ha-cui-tex en août 1968 : « Dans la société que nous voulons construire pour l'avenir, ce sont les travailleurs qui auront à gérer eux-mêmes l'entreprise et l'économie. [1] »

Enfin, la CFDT s'interroge sur les causes de l'échec subi en Mai 1968. La désunion syndicale, la division politique sont commentées. Des appréciations divergentes sont perceptibles mais un consensus s'établit autour de l'idée que la CFDT a manqué d'un véritable interlocuteur politique. Le constat récurrent dans la vie de l'organisation se nourrit d'une épreuve intense.

Comme toujours, les orientations de la CFDT comportent de multiples nuances. Il convient de noter les réserves apparues au SGEN, syndicat des enseignants, en première ligne dans le mouvement universitaire. Le SGEN appuie la démarche de démocratisation et de réforme du système scolaire. Il s'est montré réservé sur les méthodes des étudiants en lutte et sur la mise en cause globale de l'Université dont le caractère de service public lui semble indéniable.

LE REGARD DES SOCIOLOGUES

La sociologie bénéficie incontestablement d'un crédit particulier auprès d'une partie de l'opinion désireuse de comprendre un mouvement qui a semblé ébranler les bases de la société. D'autres analystes seront certes entendus. En tant que philosophe internationalement reconnu, Jean-Paul Sartre, par exemple, exerce une influence [2], mais celle-ci, marquée par son ton polémique et son apologie de la violence, reste limitée.

L'auteur de la *Critique de la raison dialectique* ne procède pas à une véritable analyse du groupe en fusion. Il s'engage. Aux côtés des étudiants qui jouent le rôle de détonateur et de la

---

1. Krumnow (Fredo), *La CFDT au cœur*, Paris, Syros, 1976, p. 57. Ha-cui-tex : Fédération CFDT de l'habillement, du cuir et du textile.

2. Par l'intermédiaire des *Temps modernes* ou de certaines interviews comme celles qu'il accorde au *Nouvel Observateur* les 19 et 26 juin 1968 ou le 17 mars 1969, et, surtout, à travers ses prises de position et son engagement aux côtés des maoïstes.

classe ouvrière, « la seule productrice »[1]. CGT et PCF ont trahi la révolution. La solution réside dans la violence. Il faut casser l'Université. « Il faut trouver des formes de luttes nouvelles et chercher ce que pourrait être l'organisation d'un pouvoir révolutionnaire dans les sociétés néo-capitalistes dites de consommation.[2] » Après 1969, Sartre conservera la même appréciation de l'événement et, rejoignant les maoïstes, il mettra en cause l'intellectuel traditionnel qui devra faire place à l'intellectuel polyvalent[3]. A l'épreuve du temps, son influence est d'une portée moindre, politiquement, que celle d'un Raymond Aron, d'un Michel Crozier ou d'un Alain Touraine.

Raymond Aron, Michel Crozier, Alain Touraine : il ne s'agit pas, on le voit, de n'importe quelle sociologie. Peut-être parce que l'on pense d'abord à d'autres disciplines, comme l'histoire[4], on surestime aujourd'hui généralement l'influence du marxisme dans la sociologie française des années 1960. Les héros de Godard sont prémonitoires par rapport à 1968 mais ils ne sont pas représentatifs de la majorité des étudiants dans le milieu des années 1960, même si quelques vétérans de l'UNEF, issus de l'UEC ou de la JEC peuvent s'y reconnaître. Jusqu'en 1968, l'influence du marxisme est restée très minoritaire dans une sociologie universitaire – mais y a-t-il une autre sociologie à l'époque ? – qui se réclame moins de Marx ou de Durkheim que du fonctionnalisme et du systémisme nord-américain. Le réajustement idéologique du PCF à travers l'élaboration de ses thèses sur le « CME » est essentiellement économique et ne concerne pratiquement pas la sociologie. Le premier tome de la *Critique de la raison dialectique* est resté sans suite. La parenthèse d'*Arguments* est refermée et si l'influence d'Althusser s'étend, son théoricisme exclut toute sociologie. Au sein de la « nouvelle gauche », Serge Mallet ou André Gorz interviennent plus en chroniqueurs ou en militants qu'en détenteurs d'un savoir scientifique. Pierre Bourdieu entretient, non sans coquetterie, l'ambi-

---

1. Critique de Marcuse. Sartre (Jean-Paul), *Situation VIII*, Paris, Gallimard, 1972, p. 216.

2. *Ibid.*, p. 212.

3. Gavi (Philippe), Sartre (Jean-Paul), Victor (Pierre), *On a raison de se révolter*, Paris, Gallimard, 1974, p. 63-64.

4. En particulier à travers le rôle des historiens de la Révolution française dans la diffusion du marxisme, cf. Judt (Tony), *Le marxisme et la gauche française, 1830-1981*, Paris, Hachette, 1986, p. 188-190.

guïté au regard du marxisme et choisit de toute façon de se taire après les événements. Parmi les sociologues de la chaire, l'opinion la plus partagée, quelle que soit la diversité des formulations, consiste à voir dans la lutte des classes une théorie rendant peut-être compte de la société bourgeoise du XIXe siècle mais assurément dépassée pour rendre compte des sociétés capitalistes contemporaines. Seul ou presque, Henri Lefebvre fait exception, s'affichant ouvertement et marxiste et sociologue.

Un vaste psychodrame

Dans l'optique de Max Weber, théoricien de la distinction du savant et du politique, Raymond Aron ne cesse pas d'être un universitaire et un militant. Libéral, il s'est prononcé pour l'indépendance de l'Algérie. Après 1962, il poursuit son enseignement de sociologie, marque ses réserves envers la politique canadienne du général de Gaulle et surtout condamne sa déclaration hostile par avance à qui, Israéliens ou Arabes, useraient des armes les premiers. Il se prononce en faveur d'une réforme de l'Université et, en 1967, il avait été chargé, au niveau national, de la direction de la section de sociologie.

Pessimiste dès le début des événements de 1968, Raymond Aron enseigne aux Etats-Unis du 14 au 23 mai. Il consacre une série d'articles dans *Le Figaro* à la crise de l'Université et lance un appel à la majorité silencieuse pour s'opposer à la politisation, favoriser le retour à la légalité et esquisser les grands axes d'une réforme réaliste. Il prolonge ses réflexions dans un dialogue avec Alain Duhamel qu'il publie en septembre 1968 sous le titre *La révolution introuvable.*

L'auteur de *L'opium des intellectuels* adopte la même attitude démythifiante qu'à l'égard du progressisme des années 1950. Il qualifie l'événement de psychodrame, d'immense défoulement, de délire. Indigné par les mouvements de foule, il reconnaît avoir joué « Tocqueville, ce qui ne va pas sans quelque ridicule, mais d'autres ont joué Saint-Just, Robespierre ou Lénine, ce qui, tous comptes faits, était encore plus ridicule »[1].

Raymond Aron admet l'existence de problèmes communs aux sociétés industrielles développées et aux jeunesses étudiantes, mais il entend cerner la « forme particulière » qu'ils prennent en France

---

1. Aron (Raymond), *La révolution introuvable, op. cit.*, p. 29.

(p. 159). Les sociétés modernes sont fragiles, d'autant plus que la pacification de la vie collective entraîne une sorte de refoulement des pulsions et que le désenchantement du monde provoque des accès de fièvre. Le pays du général de Gaulle est travaillé par des tendances générales, mais de manière singulière.

Le sociologue met en évidence quatre facteurs propres à la France qui expliquent l'intensité de la crise. D'abord, la société souffre d'une faiblesse des corps intermédiaires (p. 96-97, 129). Vieux travers que le régime gaulliste a aggravé par le pouvoir solitaire et le bipartisme (p. 105). Dans le cas des syndicats, qui partout ailleurs sont devenus des instruments de conservation sociale, nous disposons d'organisations minoritaires aux idéologies radicales. La CFDT a voulu tourner la CGT sur sa gauche parce que sa rivale et le PCF semblent affaiblis.

Le deuxième trait de la situation française réside dans le maintien de la tradition révolutionnaire. A défaut de crise ministérielle, la nation « accepte que les mouvements de rue fassent ou défassent les régimes » (p. 40, 144). Le mythe sorélien de la grève générale a retrouvé « une certaine fraîcheur » (p. 44, 100), ce qui traduit le retour de l'archaïsme dans une société en voie de modernisation.

En troisième lieu, le mécontentement ouvrier trouve son origine dans le freinage des salaires et la montée du chômage. « A coup sûr, les responsables, obsédés par la bataille contre le dollar, ont trop longtemps serré les freins. (p. 167) » « La conjoncture économique ne suffit certes pas à expliquer la violence des convulsions, mais, à en croire des informations sérieuses, la majorité des syndicats se disposait à des mouvements revendicatifs en automne. (p. 92) »

Enfin, la crise universitaire française est exacerbée par la distance qui sépare les enseignants des enseignés et transforme ces derniers en « foule solitaire » (p. 31). L'université de Paris participe de la monstruosité de la capitale. Evoquant les rats, névrosés lorsqu'ils sont trop nombreux, Raymond Aron estime que les étudiants français souffrent de leur concentration.

Des facteurs explicatifs sont discernables. Ils ne sauraient être isolés du processus même de la crise, ce que le sociologue appelle « l'interprétation par le récit d'abord » (p. 165). Quatre séquences se sont enchaînées, la commune étudiante, la grève générale, le passage à vide du général de Gaulle, la restauration. Un enchaînement d'accidents a permis à une pluralité de causes de jouer sous une forme compréhensible et imprévisible. Raymond Aron ne s'attarde guère aux rôles des idéologies. S'il mentionne l'influence ambiguë de Pierre Bourdieu [1], s'il note la revanche de Sartre sur les structuralistes, il juge que l'opinion à la mode n'a presque pas de contenu, qu'il convient, dans la lignée de Pareto ou de Lebon, de comprendre ce que les acteurs ressentent, non ce qu'ils disent.

Psychodrame, la révolution de Mai a mis en péril l'équilibre de la nation et bouleversé l'Université libérale. La réponse gaulliste de la participation risque de paralyser l'économie. Raymond Aron ne désespère pas de l'avenir, le pire n'étant pas toujours sûr.

En 1969, assuré que « le gauchisme de demain, comme celui d'hier ou d'aujourd'hui, s'exprimera dans un langage marxiste » [2], Raymond Aron parachève théoriquement son opposition au mouvement étudiant soixante-huitard en publiant une critique des lectures sartrienne et althussérienne de Marx. La part consacrée à la critique d'Althusser constitue l'essentiel de l'ouvrage : en privilégiant ainsi celui-ci, il s'agit d'établir un contre-feu devant une lecture de Marx qui fait alors école, et, selon certains, « de marquer un grand point en faveur du libéralisme atlantique » [3].

La « société bloquée »

Parmi les analyses qui voient dans les événements de mai-juin 1968 une crise essentiellement culturelle, certaines, sans qu'on puisse leur nier une dimension internationale, privilégient toutefois une spécificité française, enracinée dans nos traditions étatique et administrative. Toujours membre du club Jean-Moulin en 1968, Michel Crozier est le porte-parole le plus écouté de ce type d'interprétation.

Cet auteur estime que cette crise confirme en effet ses thèses antérieures, en particulier telles qu'il les avait exposées dès 1963, dans *Le phénomène bureaucratique*. Se réclamant déjà à l'époque

---

1. *Ibid.*, p. 79-81. Raymond Aron admet l'inégalité des dons inscrits dans le patrimoine génétique et cite sans réserve Konrad Lorenz (p. 27).

2. Aron (Raymond), *D'une sainte famille à l'autre. Essais sur les marxismes imaginaires*, Paris, Gallimard, 1969, p. 28.

3. Cf. par exemple la critique de Maurice Clavel, « La bataille des caïmans », dans *Le Nouvel Observateur*, 14 avril 1969.

d'une démarche « culturaliste » intégrant les apports de la sociologie américaine des organisations [1], Michel Crozier partait d'un constat initial : l'incapacité de la bureaucratie française à se réformer. Le « cercle vicieux » de la bureaucratie aboutirait à ce que celle-ci, lorsqu'elle est confrontée à des situations nouvelles, ne se transforme pas mais renforce au contraire ses modes de fonctionnement existants. L'originalité de Michel Crozier résidait moins dans ce constat que dans l'interprétation qu'il avançait de cette résistance au changement : ce qui est inadaptation du point de vue de l'ensemble d'un système bureaucratique donné s'avérerait correspondre à une adaptation stratégique plus ou moins consciente de ses agents. Face à des difficultés imprévues, coupées des problèmes concrets, isolées d'un service à l'autre, les directions ont tendance à fuir en avant en édictant de nouvelles règles, au prix, chaque fois, d'un centralisme accru qui renforce encore leur isolement. A la base du système, les exécutants accepteront d'autant plus facilement ce processus que la rigidité du règlement leur permet de conserver le monopole de l'information à laquelle ils ont accès et qu'elle leur permet de marchander leur participation en échange du maintien de leur indépendance et de leur autonomie. Dans ces conditions, l'évolution des bureaucraties est condamnée à une alternance de périodes de gestion routinière, « ritualiste », et de crises.

Dans cette optique, la crise est « un des éléments distinctifs indispensables de tout système d'organisation bureaucratique » [2], en intervenant de deux façons : d'abord, la crise permet des réajustements qui, à terme, s'intègrent dans la tendance générale à l'impersonnalité et à la centralisation ; ensuite, elle substitue provisoirement l'autorité personnelle à celle du règlement, permettant des solutions ponctuelles aux difficultés qui l'ont provoquée. Toutefois, ce faisant, elle n'en renforce pas moins la règle contre l'arbitraire de l'autorité directe, quitte d'ailleurs à entretenir des velléités réformatrices qui s'exprimeront à nouveau lors de la prochaine crise.

A l'appui de cette analyse, Michel Crozier invoquait deux études empiriques menées aux Chèques postaux et à la Manufacture des tabacs et il s'interrogeait sur la portée de son modèle

---

1. Crozier (Michel), *Le phénomène bureaucratique,* Paris, Le Seuil, 1963, p. 276-277.
2. *Ibid.,* p. 259.

et son éventuelle extension à la compréhension du système éducatif ou à celle des relations entre patrons et ouvriers dans les entreprises ; sur son extension, plus généralement, à la compréhension des résistances au changement dans la société française. Première des correspondances relevées entre ses observations empiriques et la société française : l'isolement de l'individu – remarqué en son temps par Tocqueville et confirmé depuis par d'autres recherches sociologiques –, sa réticence à s'engager dans des groupes informels, l'isolement des différentes « strates » sociales les unes vis-à-vis des autres, et, corollaire de cet isolement, l'acceptation de l'autorité mais le refus du « face à face » dans les relations de pouvoir, chacun trouvant en définitive son compte, « son bon plaisir », dans une liberté garantie à l'intérieur de limites préétablies[1]. Cette perspective donne pour Michel Crozier un éclairage nouveau à ce qu'il considère comme le paradoxe de la vie politique française, à savoir la faiblesse d'un pouvoir central pourtant omnipotent :

> Les dirigeants français ont théoriquement énormément de pouvoirs... Mais ces pouvoirs formels ne leur sont pas d'un grand secours, car ils ne peuvent agir que de façon impersonnelle et n'ont pas de possibilité d'intervention réelle auprès des groupes qui leur sont subordonnés... S'ils veulent introduire un changement, il faut à la fois que ce changement réponde à un besoin urgent et qu'ils acceptent de s'engager dans la dure épreuve que constitue une crise aussi bien pour eux que pour l'organisation dont ils ont la charge. Ainsi, malgré l'apparente toute-puissance que leur donne leur situation au sommet de la pyramide hiérarchique, ils sont en fait à peu près paralysés par la résistance générale de toutes les catégories qui leur sont subordonnées et ils ne peuvent faire sentir leur influence que dans des circonstances tout à fait exceptionnelles (p. 292).

Les Français craindraient donc moins le changement en soi que la perte de leur sécurité et de leur indépendance à la suite d'une modification des règles du jeu consécutive à un éventuel changement. Le système d'enseignement illustrerait particulièrement ce modèle bureaucratique : centralisation et impersonnalité y sont poussées au maximum, la pratique pédagogique y entretient un fossé entre le maître et l'élève, le contenu de l'enseignement est abstrait et sa finalité vise avant tout à la sélection d'une

1. « La persistance d'un tel modèle permet de conserver dans le cadre d'une organisation complexe quelque chose de l'indépendance que possédaient autrefois les petits producteurs indépendants. » *Ibid.*, p. 290.

élite restreinte. Le mouvement ouvrier, au-delà d'une hostilité apparente envers les bureaucraties syndicales, s'inscrirait également dans ce modèle : la peur partagée du face à face entre les employeurs d'un côté, les travailleurs et leurs syndicats de l'autre, fonderait le rôle exorbitant et propre à la France de l'Etat, dans le domaine des relations professionnelles. De la même façon que la crise est, pour Michel Crozier, consubstantielle au phénomène bureaucratique, les organisations syndicales ne sauraient obtenir des avantages décisifs pour les salariés sans bouleversements politiques profonds : les grèves générales et les manifestations correspondent à l'expression d'une idéologie révolutionnaire mais elles sont aussi une pratique revendicative induite par le système français de relations professionnelles.

Les événements de mai-juin 1968 sont interprétés à travers ce cadre d'analyse. L'« effervescence révolutionnaire » qui les a caractérisés correspondrait, en fait, à un refus profond et refoulé du changement. La crise de Mai

> ... n'était révolutionnaire ni dans ses objectifs politiques, ni dans ses intentions sociales, alors qu'elle l'était profondément dans ses moyens d'expression... Ce n'est pas une rupture politique qu'elle a apportée, mais une rupture culturelle. ... c'est dans le fonctionnement des institutions de la vie quotidienne, et non pas dans l'organisation du pouvoir politique ou du pouvoir économique, qu'il faut rechercher l'origine et les ressorts de la crise[1].

Les manifestants ont, en quelque sorte, mis en scène une inversion de la « société bloquée » : prises de parole individuelles, affirmation du face à face, contestation systématique de l'autorité, substitution d'un déballage de l'information à l'univers habituel du secret, sans réaliser que cette inversion restait encore dans la logique du système qu'ils dénonçaient.

Réponse brutale et prévisible aux interventions technocratiques qui ont imposé la modernisation de la société française, la crise sera-t-elle « une crise régressive », aboutissant, en définitive et à l'instar des crises précédentes comme 1936 et la Libération, à une restauration de l'autoritarisme bureaucratique ? Michel Crozier voit dans cette crise une dimension supplémentaire, au regard de ces ruptures antérieures, qui peut lui faire jouer un rôle cathartique. En mimant, en effet, l'accomplissement d'une révo-

1. Crozier (Michel), *La société bloquée*, Paris, Le Seuil, 1970, p. 170.

lution totale, les acteurs de Mai peuvent avoir définitivement exorcisé le mythe révolutionnaire et ouvert la voie à une conduite différente du changement [1], si les élites savent en saisir l'opportunité.

Plus sensible dans notre pays, compte tenu de nos traditions bureaucratiques, ce tournant dépasse cependant le seul cadre français. La fin des années 1960 accompagne, selon Michel Crozier, la fin des rêves de convergence entre l'Est et l'Ouest, en même temps que la tragédie vietnamienne a provoqué la fin du libéralisme américain triomphant. L'heure des systématisations globales planifiées comme celle de l'incrémentalisme libéral sont terminées. Ce qui est en jeu, c'est un renouvellement de la méthode intellectuelle elle-même. On va retrouver ici l'approche saint-simonienne de la gauche moderne dont Michel Crozier a été un des idéologues. Avec un glissement, toutefois, qui tend à créditer la sociologie d'une mission nouvelle – à la mesure du rôle qui lui a été reconnu pendant les événements – par rapport aux débats plus économiques et comptables de la fin des années 1950 et du début des années 1960.

Michel Crozier a d'ailleurs un discours ambivalent à l'égard de la sociologie. Il entend lui accorder un rôle central dans la redéfinition des mécanismes de régulation sociale et, pourtant, au lendemain des événements, en novembre 1968, il était extrêmement critique vis-à-vis d'« une discipline à la mode qui attire tous ceux qui ressentent plus profondément le malaise de notre société », « une discipline vague qui ne peut répondre aux attentes trop ambitieuses qu'elle suscite », « une discipline sans traditions et sans débouchés » [2]. Qu'importe. Fort des acquis des études sociologiques empiriques et de ceux de la psycho-sociologie, un savoir scientifique serait en train de se constituer qui, dépassant la dichotomie traditionnelle des fins et des moyens, refusant aussi bien l'« illusion déterministe » que l'« illusion volontariste », per-

1. « Peut-être découvrira-t-on à l'expérience que c'est la génération qui a fait Mai, qui aura brisé la première l'attachement traditionnel aux illusions révolutionnaires dont elle aura pu, mieux que les générations précédentes, mesurer le caractère dérisoire... Le général de Gaulle avait tenu à jouer Richelieu et Louis XIV. Les enragés de Mai lui ont répondu par les grands jeux de 1793 et 1848. Mais maintenant que le départ du général a bien signifié que le temps du spectacle est terminé, on peut se demander si ces dix ans de *Sons et lumières* s'achevant dans l'apothéose de Mai n'ont pas eu surtout un effet d'exorcisme. » *Ibid.*, p. 177-178.

2. Cf. Crozier (Michel), « Réponses d'un témoin », *Recherches et débats*, 63, mars 1969, p. 76.

mettrait l'élaboration expérimentale de nouveaux modèles de régulation fondés sur la conduite rationnelle du changement et de l'innovation, avec la participation du plus grand nombre. La participation constituerait, en effet, l'enjeu majeur de ce nouveau type de régulation, non plus la participation comme partage des acquêts de la croissance, mais la participation comme processus de décision, « une participation consciente et rationnelle fondée sur l'idée d'une négociation libre »[1].

La revendication constante d'une démocratie directe a en effet dominé, non sans naïveté, les événements de Mai. Michel Crozier nous invite donc à repenser une participation adaptée à la complexité des « sociétés post-industrielles », fondée « sur la mobilité, la concurrence et la négociation ». C'est sur ce dernier point que son apport s'avère le plus important, si l'on en juge par l'influence qu'il va exercer auprès de certains hommes politiques comme Jacques Chaban-Delmas, ou son conseiller aux Affaires sociales à l'époque, Jacques Delors.

On assisterait à une nouvelle matrice de l'organisation sociale dans laquelle se rejoindraient les grandes organisations et la société globale. Contraintes à l'ouverture et de plus en plus confrontées à des problèmes spécifiquement humains, les premières tendraient à devenir de véritables sociétés politiques. A l'inverse, la société globale susciterait en son sein, au fur et à mesure qu'elle se complexifie et qu'elle se modernise, des sous-systèmes organisés conduits selon la même rationalité que les premières. Cette généralisation d'une nouvelle matrice organisationnelle permettrait de dépasser l'opposition paralysante dans le système bureaucratique entre l'individu et le groupe. Si Michel Crozier affirme ici plus qu'il ne démontre, on doit pourtant s'arrêter sur la place que cette construction de l'esprit reconnaît à la « grande organisation ». Celle-ci, de par son mode même de fonctionnement, serait porteuse d'« une gestion scientifique d'activités jusqu'alors dominées par des principes moraux » (p. 61). Les pratiques de gestion se réduiraient ainsi à l'avenir à des opérations abstraites et universelles, laissant place pour une attention plus grande aux variables humaines, entraînant un déclin du conformisme général et favorisant les particularismes individuels. Vision on ne peut plus saint-simonienne du devenir

1. Crozier (Michel), *La société bloquée, op. cit.*, p. 83.

social, mais pas forcément optimiste, comme nous prévient l'auteur, cette société concurrentielle étant génératrice d'angoisse [1].

Dès lors que l'on admet la généralisation de cette matrice organisationnelle et que l'on estime la grande organisation porteuse d'une rationalité nouvelle, « il ne faut pas lutter pour contenir des organisations trop puissantes, mais combattre pour qu'elles se modernisent réellement » (p. 86).

La priorité à une nécessaire modernisation – dont nous avons vu le rôle central dans la première moitié des années 1960 – est donc maintenue, mais avec une inflexion destinée à intégrer le choc imprévu du mois de Mai. La modernisation était auparavant envisagée comme thème mobilisateur consensuel dans le cadre de l'élaboration d'une planification démocratique. Elle prend maintenant une résonance conflictuelle et renvoie désormais moins à une programmation économique globale qu'à des objectifs limités, concrets, ponctuels et négociés. La participation doit être conçue à tous les niveaux en termes de négociation, donc d'affrontements, pour arriver à des compromis. Les contradictions et les affrontements devraient donc être non seulement acceptés mais pleinement reconnus, institutionnalisés :

> Ce dont nous avons besoin désormais, c'est d'une capacité nouvelle au niveau des organisations ou des systèmes dont nous faisons partie pour faire face plus consciemment à des contradictions beaucoup plus directes et beaucoup plus claires... A cette capacité organisationnelle, on peut ajouter une « capacité systémique » qui consiste dans l'aptitude à élaborer et à maintenir les règles, les coutumes, les systèmes de rapports humains et les procédés de contrôle social, sans lesquels un ensemble social est incapable de faire apparaître et de traiter les problèmes qui sont les siens (p. 210).

Ces analyses et ces propositions post-soixante-huitardes présentent au total une assez grande permanence par rapport aux propositions de la gauche moderne dans les années 1960 et, plus encore, par rapport aux analyses antérieures de l'auteur. Nous

---

1. « On peut penser que des tensions de plus en plus fortes risquent de se développer au sein des sociétés post-industrielles. La crise morale que nous vivons n'en est que le prodrome et on peut se demander si la vague nouvelle de valeurs hédonistes qui submerge le monde occidental ne constitue pas, tout compte fait, la contrepartie naturelle et la compensation indispensable de cette civilisation plus vivace, plus créatrice, mais plus dure aussi que nous sommes en train de créer. » *Ibid.*, p. 64.

avons, bien sûr, relevé des inflexions suscitées par la crise du mois de Mai, mais elles restent secondaires par rapport à une approche saint-simonienne, inchangée pour l'essentiel. Non pas que Michel Crozier minimise la portée de cette crise, bien au contraire, et il se démarque explicitement sur ce point d'un Raymond Aron (p. 168-169), mais il la circonscrit à une dimension exclusivement culturelle. L'ampleur de cette crise serait à la mesure de l'inadaptation fondamentale – face aux exigences de la modernité – des rigidités bureaucratiques et du centralisme qui caractérisent notre culture nationale.

L'issue à cette crise envisagée par Michel Crozier emprunte beaucoup dans sa formulation à la sociologie nord-américaine – le systémisme est invoqué à maintes reprises – mais elle reprend, quant au fond, le projet des forces vives des années 1960 :

> S'il est bien vrai que l'acuité de ces problèmes (de mutation) tient d'abord à la faiblesse de la capacité organisationnelle et de la capacité systémique de l'ensemble français, le problème absolument essentiel de la société française est d'augmenter ses capacités collectives, c'est-à-dire de rendre les Français plus capables de coopération organisée et efficace. Ce que nous appelons investissement institutionnel, c'est l'effort douloureux, politiquement pénible et financièrement coûteux, pour aider à développer graduellement des systèmes de relations et de négociations, des ensembles de règles et de coutumes et des modèles de régulation plus complexes, plus ouverts, plus compréhensifs et plus efficaces.

C'est ce diagnostic que nous trouverons à la base du projet de « nouvelle société » cher à Jacques Chaban-Delmas.

Un communisme utopique

Agrégé d'histoire, Alain Touraine s'est orienté vers la sociologie industrielle dans la mouvance de Georges Friedmann. Admettant la pluralité des sciences de la réalité sociale, il fixe à sa discipline la connaissance de l'action sociale, en rupture avec les représentations des acteurs comme avec le positivisme.

La méthode qu'il entend suivre est nommée *actionaliste*. Elle aborde le travail comme condition historique de l'homme, comme principe de transformation du sujet en même temps que de la nature. L'étude des relations sociales est attribuée au fonctionnalisme et celle des expressions symboliques au structuralisme.

Alain Touraine récuse la notion de totalité historique. La sociologie industrielle repose sur un dualisme, celui de la situation et de l'action, de la nature et du sens. Une telle perspective écarte la distinction entre infrastructure et superstructure. Loin d'admettre une seule source de conflits, elle distingue bien au contraire quatre grands types d'aliénation : économique, politique, bureaucratique et techniciste. Avec la civilisation industrielle, la société s'organise en fonction de son développement et sous l'effet de la liberté. En son sein, des sujets historiques construisent des modèles sociaux de conduite à partir de leur situation de travail. Liant trois principes d'identité, d'opposition, de totalité, la conscience ouvrière connaît des étapes historiques d'une évolution historique : phase professionnelle, spécialisée, automatisée. Elle constitue le mouvement ouvrier qui se modifie avec la conscience ouvrière et les situations historiques particulières où elle se trouve. « De nouveaux problèmes surgissent ; de nouveaux mouvements sociaux se forment ou se formeront. On s'exposerait à ne pas les comprendre, à ne même pas les apercevoir, si on considérait le mouvement ouvrier de tradition européenne comme le centre immuable de tous les mouvements d'importance historique. [1] »

Les thèses proposées dans *Sociologie de l'action* (1965) sont développées et précisées dans *La conscience ouvrière* (1966) qui se concentre sur le travail et n'aborde pas, à la différence du premier essai, les problèmes du système politique et de la culture de masse. A partir d'une enquête menée en 1955-1956 sur un échantillon de 2 029 ouvriers de sept branches, l'auteur s'applique à cerner les différents types d'attitudes ouvrières établis non au niveau individuel mais au niveau social le plus élevé, celui de l'action historique. Il conclut que la conscience de classe « naît, qu'elle se développe et qu'elle meurt. Expressions bien dangereuses, pourtant, car, en réalité, la conscience de classe ne suit pas une trajectoire ; elle est liée à un événement central de l'histoire du travail, à la rencontre du métier ouvrier et de l'organisation industrielle » [2]. Avec la société industrielle avancée, les problèmes les plus importants se déplacent vers l'organisation, vers la direction et se « politisent » de plus en plus. Alain Touraine est conduit à conclure que l'expression de conscience ouvrière « devient de plus en plus inadéquate » [3].

1. Touraine (Alain), *Sociologie de l'action*, Paris, Le Seuil, 1965, p. 409.
2. Touraine (Alain), *La conscience ouvrière*, Paris, Le Seuil, 1966, p. 329.
3. *Ibid.*, p. 352.

Dans le prolongement de ses analyses, Alain Touraine propose une interprétation de Mai qui diagnostique un conflit et une crise. Un type nouveau de société émerge en France, urbaine, post-capitaliste [1], programmée. L'opposition centrale dresse les professionnels contre les technocrates et porte sur le pouvoir. Les premiers ont forgé une contre-utopie libertaire pour mieux combattre l'utopie dominante, celle des modernisateurs gaullistes. Le mouvement de Mai est aussi une réaction à la contradiction qui opposait les réalités techniques et culturelles en formation et les héritages organisationnels et institutionnels du passé. Les problèmes de la société développée ont fait irruption de manière sauvage, sans théorie, sans parti, sans politique. « Au-delà de la crise, de la révolte et des barricades, une nouvelle période de l'histoire sociale commence. [2] »

Cette analyse n'est pas incompatible avec celle dont se réclame la gauche moderne. Elle la gauchit un peu, mais lui apporte en contrepartie une épaisseur théorique qui ne sera pas négligeable dans le débat avec la gauche marxiste.

Revivifier le marxisme ?

Philosophe et sociologue marxiste, Henri Lefebvre s'est appliqué à développer une pensée dialectique, à critiquer le stalinisme, à comprendre la modernité. Sa problématique de la conscience mystifiée s'est concrétisée dans l'étude de la vie quotidienne qui est structurée à travers la dissociation du travail, de l'habitat et de la vie privée et des loisirs.

Henri Lefebvre part donc de l'événementiel. Mai a d'autant plus surpris que l'idéologie de la désidéologisation régnait, que la dialectique marxiste était enterrée. Comme processus original, comme acte historique, le mouvement déjoue nécessairement les prévisions. Issu des conditions antérieures, ce qui est advenu en 1968 révèle les contradictions de la société française.

Le pays du général de Gaulle – Henri Lefebvre ne cite jamais

1. Alain Touraine n'emploie pas ce terme même s'il en exprime l'idée. Pour ne pas suggérer d'anachronisme, nous ne disons pas post-industrielle, expression qu'il n'utilisera qu'en 1969.

2. Touraine (Alain), *Le mouvement de Mai ou le communisme utopique*, Paris, Le Seuil, 1968, p. 288.

le nom du président de la République[1] – est marqué de manière spécifique par la dissociation entre l'Etat et la société civile ; d'un Etat, système politique basé sur les monopoles et couvrant en un sens toute la vie sociale, et d'une société civile complexifiée, urbaine. Les corps intermédiaires ont quasiment disparu soit que l'appareil politique les absorbe, soit qu'ils se réduisent à des groupes de pression. Bref, le pouvoir a créé le vide autour de lui. Il gère, en appliquant une stratégie politique à l'état pur à laquelle répond « la révolution institutionnalisée avec son appareil, sa doctrine, sa rationalité, ses catégories mentales et sociales, son immobilisme constitutif » (p. 126-127). La spontanéité, la contestation ont rempli le vide. Mai 1968 a manifesté trois tendances, celle des archaïques qui traduisent la bonne conscience bourgeoise, celle des modernistes aussi bien libéraux que marxistes et celle des possibilistes plus préoccupés des virtualités que du réel.

Le mouvement part de la faculté des Lettres et plus particulièrement des sciences sociales, maillon faible de l'Université. Pour secouer les archaïques et favoriser les solutions des modernistes, « le pouvoir a sinon favorisé le mouvement étudiant à ses débuts, du moins laissé faire » (p. 85). Le jeu stratégique a été débordé parce que la spontanéité était globale, radicale, libre, violente, politisée. La dynamique du mouvement renforcée par les oppositions qu'elle suscite inaugure une interaction entre la marginalisation de Nanterre et la centralité urbaine de la Sorbonne. La parole explose tandis que les lieux de production sont occupés. La décomposition sociale atteint les sommets. Personne ne se présente pour s'emparer d'une société vacante. Ceux qui le pourraient obéissent à des schémas idéologiques et institutionnels qui l'interdisent. Dans son reflux, le mouvement esquisse des formes d'autogestion.

Henri Lefebvre traite principalement de la situation des étudiants. Pour le second grand acteur qui a été influencé par l'idéologie de la consommation[2], sans cesser d'être exploité, il

---

1. Il évoque Sa Majesté (p. 59) et surtout souligne l'intelligence de la troisième voie (p. 60, p. 87-88). Le refus de nommer provient de ce que « ce pouvoir dit personnel est en réalité celui d'une fraction de la bourgeoisie ». Lefebvre (Henri), *L'irruption de Nanterre au sommet,* Paris, Anthropos, 1968, p. 54.

2. Tout en reconnaissant une fonction utopique à l'œuvre de Herbert Marcuse, Henri Lefebvre en critique les insuffisances, notamment par l'unilatéralité de sa thèse sur la réification.

pose des questions : « Que s'est-il passé lors de l'extension à la classe ouvrière du mouvement des étudiants ? Comment les ouvriers ont-ils perçu ce mouvement avant de le suivre, au moment de l'intensifier ? Quel a été le rôle de la jeunesse ouvrière ?[1] » En revanche, Henri Lefebvre formule des hypothèses originales à l'égard des enseignés de l'Université.

Citant Jacques Berque, le sociologue marxiste définit la jeunesse comme un « rapport au monde »[2]. Elle a révélé une situation commune à tous les âges parce qu'elle est antiréductrice. Les jeunes ouvriers refusent la division sociale du travail. Les jeunes littéraires s'opposent à un avenir incertain de « petits cadres ». Les scientifiques postulent contre l'usage social de la connaissance[3]. Tous s'élèvent contre la marginalité, alors que l'opinion dite publique les considère comme des privilégiés. Leur poussée a ébranlé les superstructures et mis à l'ordre du jour l'invention de formes nouvelles de vie sociale. L'échec du mouvement de Mai manifeste le besoin de théorie, un marxisme pensant la société moderne et se reconstruisant[4] au-delà du dogmatisme et du révisionnisme, de l'économisme et du philosophisme. Le sens commun tire de l'expérience une leçon négative : « Il ne fallait pas bouger ! » « On oublie qu'il s'agit des limites de la spontanéité, d'une spontanéité nécessaire plus encore que d'un échec.[5] » Une révolution culturelle est en cours, qui ne se limite pas à la culture. « Que le mouvement après un reflux, renaisse, sans doute ailleurs et autrement cela semble hautement probable.[6] »

Depuis sa rupture avec le Parti communiste en 1958, Henri Lefebvre a milité pour l'émergence d'une « nouvelle gauche », participé aux débats idéologiques du PSU et influencé certains des animateurs de l'Internationale situationniste, mais, engagé, il reste spectateur. Enseignant la sociologie à Nanterre en 1968, il prend parti dès le début de l'agitation des étudiants qu'il soutient, se coupant de nombre de ses collègues. Au total, c'est un engagé

1. Lefebvre (Henri), *L'irruption de Nanterre...*, *op. cit.*, p. 124.
2. *Ibid.*, p. 76.
3. *Ibid.*, p. 77, 117-118, 144-145, 165.
4. Autrement dit, l'œuvre de Marx est nécessaire mais non suffisante. Lefebvre (Henri), *L'irruption de Nanterre...*, *op. cit.*, p. 26.
5. *Ibid.*, p. 126.
6. *Ibid.*, p. 93.

solitaire dont l'influence restera diffuse, plus intellectuelle que directement politique.

En septembre 1987, l'Association anglaise pour l'étude de la France moderne et contemporaine tenait, à Reading, un colloque sur *May 1968, Twenty years on.* A l'issue des débats, un historien chevronné notait : « Nos analyses, souvent pertinentes, trahissent l'atmosphère. » La remarque s'impose aussi pour les premières productions sur Mai. L'effervescence intellectuelle de l'événement ne se retrouve plus dans les interprétations que nous avons analysées. Songeons à la convergence face à l'événement de catholiques comme le père de Certeau, de gaullistes comme Maurice Clavel, d'anciens trotskystes tel Claude Lefort. Les matrices de sens, les grilles de lecture qui sont à l'œuvre sont très classiques : anarchisme(s), libéralismes, marxismes. Incriminée, la sociologie est en même temps valorisée. Trois autres phénomènes frappent l'observateur. Très incertain sur les classes moyennes, le marxisme trouve une assez large audience auprès d'elles. L'homme qui a inspiré les analyses de l'UNEF sur l'école reproductrice, Pierre Bourdieu, ne propose pas de décryptage de l'événement [1]. Le structuralisme, tout de même atteint par l'entrée en scène de l'histoire, perdurera en particulier grâce à la plume d'Althusser qui ne se reconnaît pas dans l'esprit soixante-huitard [2].

Tout aussi surprenantes sont les conséquences du choc politique. Mort et résurrection du gaullisme. De Gaulle chute sur sa réponse à la crise. Les institutions de la Cinquième République, la majorité de droite sont confirmées, aux dépens de la gauche mais aussi du centre d'opposition.

Les interprétations gauchistes des événements sont multiples ; nous n'avons retenu que les plus influentes. Toutes considèrent qu'on se trouvait en face d'une situation révolutionnaire, l'ordre bourgeois vacillant n'ayant dû sa survie qu'à la duplicité du PCF et de la CGT. Il y a là un contentieux qui va hypothéquer durablement les rapports des communistes avec l'extrême gauche. Au-delà des rivalités d'appareils qui opposent celle-ci à ceux-là, au-delà aussi des concurrences et des affrontements tout aussi

1. Il ne le fera qu'en 1984. Bourdieu (Pierre), *Homo academicus, op. cit.*, p. 210-250.

2. Pour une critique sévère de l'attitude du philosophe avant et pendant la crise, cf. Judt (Tony), *Le marxisme et la gauche française. 1830-1981, op. cit.*, p. 205, 234, 238.

violents qui divisent cette extrême gauche elle-même, il y a dans les interprétations gauchistes une ambivalence fondamentale qui renvoie à la place respective des intellectuels et de la classe ouvrière dans un mouvement qui proclame la révolution comme objectif, dans un pays capitaliste développé.

D'une part, quel qu'ait été leur ouvriérisme, tous ces groupes gauchistes sont contraints de saluer le rôle des étudiants et de leur détermination non seulement dans le déclenchement du mouvement, mais aussi dans son extension à l'ensemble de la classe ouvrière. Dans un contexte marqué par la reconduction du gaullisme aux législatives de mars 1967 et par un durcissement de sa politique économique et sociale, c'est la solidarité exemplaire des étudiants face à la répression qui suggère à la classe ouvrière de mettre en œuvre sa propre solidarité, ce à quoi avaient échoué la CGT et la CFDT malgré leur plate-forme revendicative commune et la répétition des journées nationales d'action.

D'autre part, les étudiants – par conviction idéologique pour les plus politisés, par intuition du rapport des forces pour tous – comprennent très vite que leur mouvement est condamné au pourrissement et à l'isolement s'il n'est pas relayé par les masses ouvrières. L'inverse n'est pas vrai : dès l'instant où les travailleurs occupent leurs usines, les étudiants peuvent éventuellement reprendre leurs cours et passer leurs examens sans grand dommage pour eux.

Dans le déroulement chronologique des événements, les étudiants ont un rôle moteur, ils sont les premiers. Dans le rapport des forces global, leur rôle devient d'autant plus accessoire que s'affirme une solidarité spécifiquement ouvrière. D'où leurs tentatives désespérées – tout sentiment de générosité, incontestable, mis à part – pour fraterniser avec les ouvriers en grève. Dès l'instant où cette fraternité s'avère limitée sinon impossible, il ne leur reste plus qu'une issue : s'identifier eux-mêmes à la classe ouvrière telle qu'ils peuvent la connaître, c'est-à-dire à une classe ouvrière mythique et à son épopée historique pour les plus romantiques, à son pur concept pour les autres, ou aux deux.

Il y a ainsi, dans l'enchaînement même des événements au sein de l'événement « 68 », une logique des rapports des forces qui contribue à donner au Mai français sa spécificité au regard des exemples étrangers : les éléments les plus porteurs de « modernité » sont en même temps ceux pour lesquels l'histoire du XIXe

siècle et la Révolution de 1917 réinvestissent la conscience sociale. Ce décalage est essentiel si l'on veut comprendre l'incapacité, dans les années qui suivent, des leaders de Mai à s'imposer à une classe politique qui reste, pour l'essentiel, à gauche comme à droite, composée d'hommes et de femmes entrés en politique avant ou après Mai, mais pas pendant. Les anciens soixante-huitards, qui reviennent sur la sellette de façon récurrente, se sont marginalisés ou repliés sur la sphère privée. Ceux qui ont réussi dans un rôle public l'ont fait dans les médias ou le spectacle, plus que sur la scène politique. La création intellectuelle et artistique récupère apparemment plus facilement la provocation que les états-majors partisans. Si Mai a profondément renouvelé, par exemple, les messages publicitaires, le renouvellement de l'affiche politique par l'« atelier populaire » des Beaux-Arts est resté sans lendemain.

Plus largement, et c'est aussi une des curiosités de 1968, ce mouvement, porteur d'une libéralisation culturelle éminemment moderne, parce qu'il ne peut durer qu'en se référant aux révoltes ou aux révolutions passées, provoque une césure dans notre vie politique. Les idées de la « gauche moderne », hégémoniques dans les années 1960, sortent discréditées de l'épreuve : plus question dans l'immédiat de consensus, de « forces vives », de politique des revenus. Selon son camp, l'heure est à la fermeté ou à la rupture. Ceux qui l'oublient ou le nient l'apprendront à leurs dépens, à gauche comme à droite. L'hégémonie politique du modernisme est provisoirement terminée. En revanche, son hégémonie idéologique est ébranlée mais elle reste vivace. Les thèses d'Alain Touraine vont faire école.

TROISIÈME PARTIE

DES BARRICADES À LA COHABITATION

Les passions politiques sont comme les autres, elles ne durent pas. De nouvelles générations viennent qui ne les comprennent plus ; la génération même qui les a éprouvées change, éprouve des passions politiques qui, n'étant pas exactement calquées sur les précédentes, réhabilitent une partie des exclus, la cause d'exclusivisme ayant changé.

Marcel Proust, *La prisonnière. A la recherche du temps perdu,*
La Pléiade, t. III, p. 236.

Au Stift, séminaire protestant de Tübingen, trois jeunes gens ont vibré au diapason de la grande Révolution. Ils ont chanté *La Carmagnole.* Ils ont dansé autour de l'arbre de la Liberté qu'ils avaient planté. Ils ont juré fidélité aux idéaux de la modernité, c'est-à-dire de la République et de la Science.

Chacun des trois séminaristes accomplit une évolution distincte qui représente une possibilité typique de la réponse allemande à l'évolution de la France. Schelling s'enfonce dans l'obscurantisme néo-romantique. Hölderlin demeure fidèle à son serment et sombre dans la folie. Hegel bâtit sa philosophie comme compréhension de l'échec révolutionnaire qui est identiquement le triomphe de la bourgeoisie. Ruse de la raison.

Evoquer le dernier grand philosophe pour traiter de la postérité de Mai ne relève pas du raccroc, s'il est pertinent de rappeler que Jean Hyppolite et Alexandre Kojève meurent en 1968, « par une coïncidence que leur maître eût interprété »[1]. L'auteur de *La Phénoménologie* introduit au continent histoire, avec ses processus, ses détours, ses contradictions, quand bien même « Hegel vire généreusement les avantages de son état bourgeois au compte de la Vérité »[2].

Comme les jeunes de Tübingen, les enfants de Mai se sont dispersés. Certains entrent en religion, ou rejoignent des commu-

1. « Hegel », *L'Arc,* 38, 1969, p. 4.
2. Fèvre (Pierre), *La coexistence mondiale et la raison d'Etat,* Paris, Aubier-Montaigne, 1967, p. 50.

nautés. Il en est qui se sont suicidés. D'autres ont continué à être gauchistes. Certains ont rejoint le PCF. Quelques-uns ont tenté « l'accommodation hégélienne » ; en cette époque, elle a pris la figure social-démocrate. Plusieurs ont opté pour le plaisir ou les affaires.

Cette dispersion se fait en partie au gré des contingences individuelles – non négligeables chez de jeunes femmes et de jeunes hommes qui, étudiants en 1968, ne subissent pas encore les pesanteurs d'une insertion professionnelle –, en partie au gré des échéances politiques : départ du général de Gaulle, signature du programme commun et campagne de l'élection présidentielle de 1974, entrée dans la crise économique et rupture de l'union de la gauche, élection de François Mitterrand en 1981.

TROIS TEMPS RYTHMENT LA DISPERSION

Le premier est incertain. Après le temps de la modernité triomphante et celui de la parenthèse révolutionnaire, c'est le temps de l'ambiguïté, l'après-Mai où chacun s'efforce d'accomplir les potentialités qu'il a cru y déceler. Potentialités incertaines, contradictoires comme les interprétations. Un observateur aussi avisé de notre vie politique que René Rémond n'hésite pas à diagnostiquer, au sortir des événements, « un renforcement du gaullisme comme force politique et un affaiblissement simultané du régime »[1]. Pas facile d'anticiper l'avenir, fin 1968-début 1969. Tout semble alors possible. Possible, pour le pouvoir, de réformer en profondeur la société française en s'appuyant sur la base parlementaire la plus conservatrice qu'il ait jamais eue. Possible, pour les gauchistes, de préparer une grève générale révolutionnaire en s'alliant à une organisation syndicale dont l'appareil reste contrôlé par des démocrates-chrétiens. Possible, pour Michel Rocard, de prendre la relève moderniste de Pierre Mendès France tout en se réclamant des barricades de Mai. Possible, pour Jean-Pierre Chevènement, Jean Poperen et quelques autres, de constituer un authentique Parti socialiste révolutionnaire en passant accord avec le chantre de la troisième force, Gaston Defferre.

1. Rémond (René), « Etait-ce une révolution ? », *Recherches et débats,* 63, mars 1969, p. 88.

Possible, enfin, pour le PCF, de s'allier à ce Parti socialiste, d'alterner louanges et critiques, de souffler le chaud et le froid, de soutenir inconditionnellement son candidat à la présidence en 1974, pour dénoncer ensuite, le moment venu, sa duplicité.

La crise économique vient remettre brutalement les pendules à l'heure, non sans hésitations d'abord quant à son ampleur, quant à sa durée, non sans impuissance quant aux réponses à mettre en œuvre. La crise enterre, plus définitivement que 1968, la « modernité ». Valéry Giscard d'Estaing opère, au début de son septennat, les réformes modernistes qui peuvent être réalisées au moindre coût. Pour le reste, le temps de la modernité – dont chacun, parmi les responsables politiques, continue de se réclamer – devient synonyme de chômage, d'insécurité, de précarité, d'isolement.

C'est peut-être la force de François Mitterrand en 1981 : cette intuition qu'il fallait – au moment où l'avant-garde artistique a déjà dépassé le post-modernisme – tourner la page et revenir à la France aussi tranquille que la force qu'il promet, la France du village et du clocher. L'Histoire balbutie mais elle ne recule pas. Il faudra nous interroger sur la signification de ce retour au conservatisme libéral, sanctionné par les élections de mars 1986, au regard des espérances soixante-huitardes.

CHAPITRE 5

ÉPILOGUES EN TOUS GENRES

Quelles que soient leurs divergences dans l'appréciation de la nature et de la portée des événements, la quasi-totalité des interprétations s'accordent au moins sur un point : malgré le reflux du mouvement social et malgré son désaveu par les urnes, ces événements apparaissent porteurs de potentialités qui, d'une façon ou d'une autre, hypothèquent durablement la scène politique française et auxquelles il importe de faire face dans l'immédiat.

Déjà usé par dix années d'exercice efficace mais lointain du pouvoir, le gaullisme gaullien est dorénavant en sursis. Son succès électoral de juin peut faire illusion mais le style du successeur de Georges Pompidou, Maurice Couve de Murville, augure mal d'une possible reconquête de ses bases populaires. La présence de Michel Debré aux Affaires étrangères, de Maurice Schumann aux Affaires sociales, d'Olivier Guichard à l'Aménagement du territoire ou de René Capitant à la Justice, ne manifeste pas une grande volonté de renouvellement. Pourtant, le pouvoir est hanté par la crainte que l'agitation étudiante ne recommence et ne redéclenche une crise. Il manie la carotte et le bâton. A l'Education nationale, Edgar Faure symbolise le dialogue et l'ouverture, imposant à la majorité la loi d'orientation de l'enseignement supérieur du 12 novembre 1968. Des représentants élus des étudiants seront désormais associés à la gestion des organismes universitaires, un début d'autonomie des universités est mis en place et l'exercice des libertés syndicales et politiques est garanti ; les Comités de défense de la République critiquent violemment ces réformes. A l'Intérieur, Raymond Marcellin affiche les forces de l'ordre et ne manque pas une occasion de dénoncer les « groupements subversifs qui veulent renverser la République et porter un mauvais coup à la France ». Fin août, son ministère publie une brochure exposant *Les objectifs et les méthodes des mouvements révolutionnaires.*

Il est cependant abusif de voir dans ce gouvernement « un choix de personnalités » et non « un choix de programme »[1]. Le général a réuni autour de lui un carré de fidèles et il a, face à la contestation violente dont il vient d'être victime, sinon un programme du moins un projet de réponse : la relance de son vieux rêve de la troisième voie, par la participation.

Ecartée durablement du pouvoir, l'opposition de la gauche parlementaire ne connaît pas son usure mais elle n'en sort pas moins discréditée des événements auprès de ses sympathisants les plus radicaux. D'une part, Mai – auquel vient s'ajouter, en août, l'invasion de la Tchécoslovaquie par les troupes soviétiques – semble remettre en cause la longue marche électoraliste vers l'unité et l'accès au pouvoir entamée depuis 1962. Si les communistes sont mis au premier rang des accusés par les leaders gauchistes qui leur reprochent d'avoir trahi la révolution, la FGDS a brillé par son absence, aussi bien dans la révolte étudiante que dans les usines occupées. Son incapacité à contrôler ou même à suivre un mouvement de masse est patente. Son principal dirigeant, François Mitterrand, a commis des maladresses, se prêtant à l'accusation de vouloir utiliser la situation pour servir ses ambitions personnelles ; il démissionne, le 7 novembre, de la présidence de la FGDS. Parmi les responsables de la gauche, seul Pierre Mendès France en sort indemne, ayant manifesté son engagement et sa présence aux côtés des manifestants sans pour autant donner l'impression de vouloir s'imposer. Ce discrédit de l'opposition parlementaire favorise l'irruption d'une extrême gauche extra-parlementaire que la répression de Raymond Marcellin contribue, de son côté, à valoriser. D'autre part, une des leçons des événements, c'est aussi et contradictoirement qu'en l'absence d'un accord politique au sein de la gauche parlementaire, aucun mouvement de masse, aussi puissant soit-il, ne peut déboucher sur un changement quelconque. Ce dernier constat va relancer le débat introduit par le PCF, bien avant 1968, sur la nécessité de conclure un programme commun de

1. Chapsal (Jacques), *La vie politique sous la Cinquième République, op. cit.*, p. 378.

gouvernement, et, ce faisant, réactualiser le rôle de la gauche parlementaire.

A l'automne 1968, la situation de la gauche est donc très ouverte, comme le sont les potentialités dont les événements du printemps paraissent porteurs.

LES PÉRIPÉTIES DE LA TROISIÈME VOIE DE LA PARTICIPATION À LA « NOUVELLE SOCIÉTÉ »

Pour les conservateurs les plus éclairés, accomplir Mai, c'est prévenir le retour de semblables événements en satisfaisant l'aspiration aux réformes dont ils ont témoignée.

C'est au regard de ce dessein qu'il faut revenir sur le premier projet mort-né de référendum, annoncé par le général le 24 mai, au cœur de la crise. A droite, tout le monde, loin s'en faut, n'estime pas nécessaire de répondre par un contre-feu au malaise et au mécontentement révélés par Mai. La stratégie amorcée le 24 mai s'est d'abord heurtée aux contingences de la rue et elle a fait place au revirement tactique de la dissolution des législatives. Elle se heurte maintenant au succès même de ce revirement. La victoire électorale des gaullistes transforme, en effet, provisoirement les enjeux :

> Le « mandat de rénovation » s'efface derrière la promesse de l'ordre ... La confirmation du pouvoir obtenue si massivement couvre-t-elle la politique formulée le 24 mai ? La réaction conservatrice peut-elle fonder le mandat pour la rénovation ? Bref, noyé par une majorité d'ordre, le général de Gaulle a-t-il encore la liberté d'engager une politique de mouvement [1] ?

L'avenir du gaullisme paraît, au lendemain de ces élections, aussi ouvert que celui de la gauche, aussi ouvert, plus fondamentalement, que l'éventail des interprétations de la crise.

Contre toute attente, la rentrée universitaire a lieu sans trop de heurts. Si, en novembre, les 33 députés communistes et 6 UDR, dont Christian Fouchet, s'abstiennent dans le vote de la loi d'orientation universitaire, celle-ci est arrachée à la majorité

---

1. Bon (Frédéric), « Le référendum du 27 avril 1969. Suicide politique ou nécessité stratégique ? », *Revue française de science politique*, 2, avril 1970, p. 207-208.

de l'Assemblée nationale et recueille 441 voix. En s'appuyant à la fois sur l'autorité du général et sur l'adhésion de l'opinion aux réformes, Edgar Faure a eu raison des opposants, aussi nombreux et déterminés dans son propre camp, sur une base conservatrice, que chez les étudiants qui refusent l'ouverture sur une base gauchiste. Dans le contexte de l'après-Mai, il y a là un premier pas notable qui conforte, quelles que soient les réticences et les arrière-pensées, les gaullistes favorables à la réforme.

Une contre-offensive politique sur un terrain moins circonstanciel que l'enseignement s'impose d'autant plus que les difficultés économiques s'accumulent et que le malaise de l'opinion reste profond.

L'ouverture totale des frontières douanières dans le cadre de la CEE à partir du 1er juillet expose notre commerce extérieur à la concurrence européenne. Des mesures de sauvegarde – rétablissement du contingentement pour certains produits, aides à l'exportation – confirment notre vulnérabilité. La spéculation contre le franc et les évasions de capitaux s'amplifient à l'automne. Alors que les prévisions économiques misaient sur une hausse des prix de détail de 4 % pour 1968, elle atteint 5,3 %, ceci malgré le report par les pouvoirs publics de certaines augmentations de tarifs publics et du relèvement de la TVA. L'impasse budgétaire dépasse 13 milliards de francs et la préparation du budget de 1969 prévoit encore un déficit de 11,6 milliards, malgré un relèvement de l'impôt sur le revenu et une majoration des droits de succession. Ces dernières mesures relancent encore la fuite des capitaux et la spéculation contre le franc : entre le début et la fin de l'année, le cours du lingot d'or passe à Paris de 5 600 à 7 040 francs. Au regard des augmentations de salaires (+ 14 à + 15 %), le supplément de pouvoir d'achat des salariés a, en 1968, plus que doublé par rapport aux années précédentes, malgré l'accélération de l'inflation. Cette amélioration de leur niveau de vie ne les rend pas pour autant plus satisfaits vis-à-vis des acquis de Mai – en février 1969, 59 % des Français estiment qu'au total le bilan des grèves de mai-juin est négatif – ni plus confiants vis-à-vis des mesures gouvernementales – 63 % d'entre eux désapprouvent, en décembre, l'action du gouvernement en ce qui concerne les prix [1]. Le blocage des prix des services et le renforcement des contrôles décidés en novembre

1. Charlot (Jean), *Les Français et de Gaulle, op. cit.*, p. 306-307.

accroissent, en outre, le malaise des petits commerçants et des artisans, ceux-là mêmes qui, en Mai, étaient fréquemment au premier rang des contre-manifestations gaullistes. Pour la première fois en 1968, le revenu des agriculteurs a régressé[1]. Enfin, le relèvement de l'impôt sur le revenu concerne deux millions de contribuables ; il est aussi impopulaire, chez les couches moyennes salariées, que celui des droits de succession. Parti en Mai des étudiants et des ouvriers, le mécontentement risque donc de gagner les clientèles traditionnelles du pouvoir.

Pour Charles de Gaulle, la contre-offensive doit être, dans sa forme et dans son fond, à la mesure d'une crise qu'il a lui-même qualifiée de « gigantesque », à la mesure aussi du malaise social persistant. La procédure référendaire s'impose d'autant plus que les électeurs y sont toujours très attachés, que le général doit effacer Baden-Baden, occulter l'autorité de Georges Pompidou, manifester avec éclat l'accord entre sa personne et la nation[2]. Sur le fond, le vieux projet d'association capital-travail à travers la participation répond à la conjoncture. Il avait déjà été désigné comme l'objet du référendum mort-né du 24 mai. Le général y est revenu le 7 juin, à l'occasion de la campagne des élections législatives, dans son entretien télévisé avec Michel Droit, dénonçant alors aussi bien « la contrainte morale et matérielle constante » du communisme qu'« une sorte d'état d'aliénation à l'intérieur même de l'activité à laquelle ils (les non-possédants) contribuent » propre au capitalisme, pour préconiser « une troisième solution », « la participation, qui, elle, change la condition de l'homme au milieu de la civilisation moderne » et s'inscrit dans la continuité gaulliste avec, il le rappelle, la création des comités d'entreprises en 1945 et les ordonnances sur l'intéressement de 1959 et 1967.

D'un côté, la contestation de l'arbitraire patronal et les revendications antihiérarchiques, qui ont fleuri en Mai et perdurent, appellent une telle réforme.

De l'autre, différentes raisons vont conduire à l'écarter, en premier lieu l'hostilité ou l'indifférence des intéressés eux-mêmes.

---

1. Cf. Burnier (Michel-Antoine) et al., *La chute du général,* Paris, Editions premières, 1969, p. 248-252.

2. En mars 1969 encore, 53 % des électeurs du Parti communiste et 68 % de l'électorat UDR préfèrent cette procédure à un vote parlementaire. Lancelot (Alain), Weill (Pierre), « L'évolution politique des électeurs français de février à juin 1969 », *Revue française de science politique,* 2, avril 1970, p. 253.

Le refus, contre toute attente, de dévaluer – qui aurait permis de revenir rapidement sur les hausses salariales arrachées en Mai – mécontente un patronat qui n'a, par ailleurs et pour sa plus grande partie [1], jamais caché son hostilité à toute réforme participationniste. Les chefs d'entreprise redoutent une mesure qui viendrait encore compromettre une autorité déjà sérieusement ébranlée pendant les événements. Ils entendent, en outre, récupérer la hausse des coûts salariaux par des hausses de productivité supposant des restructurations et une réorganisation du travail dont ils souhaitent, dans leur ensemble, décider souverainement.

Du côté des salariés et plus particulièrement des ouvriers, le terme a indiscutablement, à l'époque, une connotation beaucoup plus attractive que l'autogestion ou la nationalisation. La participation arrive, certes, loin derrière les revendications plus traditionnelles, comme l'abaissement de l'âge de la retraite, le rattrapage des bas salaires ou la réduction de la durée hebdomadaire du travail à 40 heures [2]. Mais le terme est aussi flou qu'attractif, ce qui lui permet d'obtenir, chez les ouvriers, une audience qui dépasse de très loin les clivages partisans : 79 % des sympathisants communistes et 84 % des sympathisants gaullistes l'estiment « très » ou « assez importante » [3]. Si la participation suscite, au total, une indifférence bienveillante chez les salariés, elle est, en revanche, dénoncée par l'ensemble de leurs organisations syndicales qui y voient au mieux un gadget, une duperie, au pire un élément d'intégration et de cogestion du capitalisme. Le fossé creusé en mai-juin entre la CGT et la CFDT a laissé des traces durables : les syndicats préparent les négociations prévues en mars 1969 en ordre dispersé. Imposer la participation dans l'entreprise, c'est jouer avec le feu en prenant le risque de reconstituer un front syndical uni contre ce projet. C'est lutter sur deux fronts : contre le patronat et contre les organisations syndicales des salariés.

A ce rapport de force qui milite en faveur du report, une fois

---

1. Il faut mentionner, en sens contraire, le Centre des jeunes patrons qui s'est prononcé dès 1963 en faveur de la reconnaissance de la section syndicale d'entreprise et qui se transforme, à l'issue des événements de 1968, en Centre des jeunes dirigeants d'entreprise. Cf. Lefranc (Georges), *Les organisations patronales en France,* Paris, Payot, 1976, p. 268-269.

2. Cf. Adam (Gérard), Bon (Frédéric), Capdevielle (Jacques), Mouriaux (René), *L'ouvrier français en 1970,* Paris, Presses de la Fondation nationale des sciences politiques, 1970, p. 52-60.

3. *Ibid.,* p. 185.

de plus, de ce projet, s'ajoutent d'autres raisons. Des raisons d'ordre constitutionnel : l'article 11 de la Constitution, qui ne prévoit le recours au référendum que pour l'organisation des pouvoirs publics, supposerait donc l'adjonction d'une question préalable, solution que suggère René Capitant mais qui n'est pas retenue. Plus encore l'isolement de ses défenseurs, non seulement au sein de la majorité issue des « élections de la peur », mais aussi au sein du gouvernement. Cet isolement s'était déjà manifesté, nous l'avons vu, à l'occasion de l'ordonnance de 1967 sur l'intéressement. Le durcissement du climat social consécutif aux événements de mai-juin 1968 l'accroît encore : les propositions de René Capitant sont écartées sans même qu'on en débatte au Conseil des ministres [1].

La réforme régionale, qui va être finalement retenue, ne présente ni les avantages ni les inconvénients de la participation dans l'entreprise. Elle est moins immédiatement attractive, plus technique aussi. Teintée de corporatisme, elle s'inscrit dans une tradition politique ancienne mais elle a été amplement réactualisée par la « gauche moderne ». Cette réactualisation identifie dorénavant la réforme régionale à la modernité. Se ressourcer à une modernité mise en avant par certaines interprétations de Mai et dont il s'est laissé distancer depuis longtemps : c'est peut-être le calcul du général de Gaulle lorsqu'il décharge Olivier Guichard de la réforme administrative pour en confier la mise en œuvre à Jean-Marcel Jeanneney, ministre d'Etat sans portefeuille mais conseiller finalement suivi dans le refus de la dévaluation. Un handicap spécifique, qui va s'avérer décisif, se révèle toutefois au fur et à mesure de l'avancement des travaux : si la réforme veut récupérer les dividendes de la modernité, elle suppose nécessairement que l'on s'attaque à cette survivance par excellence du passé qu'est le Sénat. Mais en s'attaquant au Sénat, elle mobilise contre elle – et donc contre le pouvoir qui la promeut – un front notabiliaire autrement plus étendu, sur le spectre politique, que le front syndical qui refusait la participation.

L'opinion penche pourtant majoritairement vers le *Oui* au référendum jusqu'au 10 avril [2], alors même qu'un nombre croissant de responsables politiques nationaux prennent position con-

---

1. Cf. le témoignage de René Capitant cité in Burnier (Michel-Antoine) et al., *La chute du général, op. cit.*, p. 137.
2. Lancelot (Alain), Weill (Pierre), « L'évolution politique... », art. cité, p. 256.

tre le projet de réforme, ceux de l'opposition, bien sûr – Michel Rocard se rallie au *Non* adopté par le congrès de son parti alors qu'il préconisait le boycottage –, mais aussi de plus en plus de responsables de la majorité comme Michel Poniatowski, en janvier, Alain Poher – président du Sénat – et Jean Lecanuet, en février, Valéry Giscard d'Estaing enfin, le 8 avril. Le 10 avril, à l'occasion d'un nouvel entretien télévisé avec Michel Droit, le général de Gaulle annonce qu'il fait dépendre son maintien aux affaires d'un succès du *Oui* au référendum. L'opinion bascule. Les partisans du *Non* sont désormais majoritaires. Dès le 17 janvier, en voyage privé à Rome, Georges Pompidou avait indiqué : « Si le général de Gaulle venait à se retirer, je me porterais candidat à sa succession », propos confirmé en février à la télévision suisse devant laquelle il déclare : « J'aurai peut-être, si Dieu le veut, un destin national. »

De fait, le 27 avril :

> Le *Non* l'emporte dans toutes les catégories à l'exception des femmes, des personnes âgées, des familles de retraités et de l'électorat UDR. Il fait le plein de ses voix dans toutes les tendances de l'opposition, où le centre droit lui est presque aussi totalement acquis que la gauche ou l'extrême gauche, et est même légèrement majoritaire dans l'électorat républicain indépendant. On notera, enfin, le ralliement massif au *Non* des petits commerçants et des cadres moyens et, plus encore, des cadres supérieurs [1].

En voulant présider à l'accomplissement ne serait-ce que d'une partie infime des aspirations exprimées en Mai, le général de Gaulle a oublié ou nié que ces aspirations, dans une France politiquement coupée en deux autour de sa personne, émanaient fondamentalement de la moitié adverse. Ses propres troupes ne pouvaient, dès lors, qu'y être hostiles ou du moins fortement réticentes, prêtes à déserter à l'appel. En ce sens, il choisit un rôle injouable parce que inexistant, fantasmagorique, et il y a bien sinon une démarche suicidaire, dans les modalités qu'il retient pour accomplir Mai, peut-être la quête, chez ce catholique maurassien, d'une rédemption par la chute, pour n'avoir pas su comprendre la jeunesse et les laissés-pour-compte de l'expansion, à moins qu'il ne s'agisse d'un ultime défi de son nietzchéisme à l'Histoire.

---

1. Art. cité, p. 258-259.

Accomplir certaines aspirations de Mai, c'est aussi la tâche à laquelle ses successeurs vont s'atteler, mais en tirant les leçons de son échec, en adoptant un profil bas. Ses successeurs ou, plus exactement, Jacques Chaban-Delmas et ses conseillers à Matignon, car son véritable successeur, à l'Elysée, Georges Pompidou, n'est guère favorable à de grandes réformes.

Par tempérament et par son itinéraire d'abord, Georges Pompidou est avant tout un gestionnaire. Ce n'est un mystère pour personne que, déjà lorsqu'il était Premier ministre, il était pour le moins réservé vis-à-vis des projets participationnistes, ce qui lui vaut des inimitiés solides chez certains gaullistes de gauche. René Capitant lui reproche, par exemple, en février 1968, « d'emprunter volontiers au CNPF le peu d'imagination réformatrice dont il fait preuve »[1]. Il a, certes, fait campagne en faveur du *Oui* au référendum, mais plus, semble-t-il, par calcul personnel – pour devancer d'éventuelles accusations de trahison – que par conviction. Ensuite, les circonstances dans lesquelles il accède à la magistrature suprême incitent plus à la prudence et à l'expectative qu'à l'initiative et aux grands projets réformateurs. Succéder dans l'après 1968 au général de Gaulle n'est pas une tâche facile. S'il a, par ailleurs, largement devancé Alain Poher au second tour après avoir affronté une gauche éclatée au premier, il n'est élu qu'avec 37,50 % des inscrits, soit avec deux millions de suffrages de moins que le général en 1965[2]. Enfin, pour lui, nous l'avons vu, les réponses à la crise de Mai ne sont pas spécifiquement françaises et passent davantage par une restauration des valeurs morales que par une réponse aux inadaptations sociales pointées par certains sociologues.

Installer Jacques Chaban-Delmas – qui préside l'Assemblée nationale depuis 1959 – à Matignon est un gage de la volonté du nouveau président de renforcer le rôle des parlementaires. C'est aussi, dans une situation où il faut consolider la relève du gaullisme, un gage à la fois de fidélité à celui-ci et de souci d'ouverture : résistant de la première heure, Jacques Chaban-Delmas a revendiqué sa fidélité au RPF sous la Quatrième République tout en collaborant avec le centre gauche. Il a même

---

1. Article paru dans *Notre République* du 9 février, repris in Capitant (René), *Ecrits politiques, 1960-1970,* Paris, Flammarion, 1971, p. 381.

2. La CFDT appelle à voter Alain Poher au second tour, refusant le « blanc bonnet, bonnet blanc » du PCF.

été, en 1956, un des leaders du Front républicain, aux côtés de Pierre Mendès France, Guy Mollet et François Mitterrand. Jeune, séduisant, sportif, il peut prétendre incarner la modernité de façon autrement efficace qu'un Debré ou un Couve de Murville.

Le 16 septembre, dans une déclaration solennelle au Parlement, le nouveau Premier ministre présente sa politique. Il part d'un constat qui s'inspire très largement des analyses de Michel Crozier sur « la société bloquée », précisant pour sa part : « De cette société bloquée, je retiens trois éléments essentiels, au demeurant liés les uns aux autres de la façon la plus étroite : la fragilité de notre économie, le fonctionnement souvent défectueux de l'Etat, enfin l'archaïsme et le conservatisme de nos structures sociales. [1] » Il annonce une « nouvelle société » qui reprendra avec d'autres moyens les transformations que le général de Gaulle n'a pu accomplir, en particulier dans le domaine de la décentralisation administrative et dans celui des relations professionnelles. Conseillé par Jacques Delors qui vient de la « gauche moderne », Jacques Chaban-Delmas fait d'ores et déjà « de la reconnaissance pleine et entière du fait syndical un des fondements de la participation » et il annonce l'adoption, dans les entreprises nationalisées, de nouvelles procédures contractuelles portant sur les négociations salariales et les conditions de travail. Plus de procédure référendaire et de projet global donc, mais une démarche prudente, pragmatique, visant à institutionnaliser les conflits sociaux par le recours à une concertation permanente. On reconnaît là l'influence de Jacques Delors qui fréquente depuis longtemps les couloirs de la centrale du Square Montholon et qui connaît bien les susceptibilités et la sensibilité syndicales [2].

1. Ce discours est reproduit dans Bunel (Jean), Meunier (Paul), *Chaban-Delmas,* Paris, Stock, 1972, annexe 4, p. 252.

2. La note qu'il remet au Premier ministre pour préciser les conditions politiques de son entrée dans son cabinet insiste sur le profil bas qu'il convient d'adopter pour ne pas braquer les partenaires sociaux tout en reprenant les thèmes chers à Michel Crozier : « L'insuffisance du management, le refus du face à face et l'adoption d'un style de commandement trop hiérarchisé et trop autoritaire, la mauvaise qualité des politiques du personnel constituent un des freins les plus puissants au progrès et une des causes en puissance de nouvelles explosions sociales. La reprise, sous une forme originale, de l'idée de participation peut conduire à des résultats féconds, *à condition de sortir des sentiers du dogmatisme et de ne pas effrayer à l'avance par des propos inconsidérés.* » Reproduite in Delors (Jacques), *Changer,* conversations avec Claude Glayman, Paris, Stock, 1975, p. 335-336 (souligné par nous).

La « nouvelle société » ne présente à l'évidence rien de bien révolutionnaire et ne se réclame pas des « audaces » d'une troisième voie.

Les journalistes ne manquent pas d'opposer, dans la forme et dans le fond, cette déclaration de politique générale à la seconde conférence de presse du nouveau président : Georges Pompidou continue de jouer la carte de la simplicité et en appelle au sens civique et à l'esprit d'épargne des Français, allant même jusqu'à conseiller aux ménagères de freiner leurs achats de machines à laver.

La « nouvelle société » se heurte immédiatement à l'opposition ouverte des gaullistes de gauche. De ce jour également, Jacques Chaban-Delmas fait partir « les réserves, les reculs, les méfiances et enfin la cabale » qui s'exprime à l'Elysée contre son projet [1]. Moins d'un an plus tard, le 2 juillet 1970, à l'occasion d'une conférence de presse, Georges Pompidou marque publiquement ses distances avec la « nouvelle société » :

> L'expression n'est pas de moi, je ne vois pas pourquoi je l'emploierais, n'est-ce pas ? ... En tout cas, s'il y a une nuance (avec le Premier ministre), je dirai peut-être – cela tient à ma formation ou encore à ma fonction – que j'attache plus d'importance à l'homme qu'à la société, et à la place de l'homme dans la société, qu'à la forme même de la société [2].

Plus prosaïquement et dans l'intimité, de l'aveu même de l'intéressé, le chef de l'Etat lui aurait déclaré : « Laissez donc tranquille votre nouvelle société, personne n'y croit ; vous rasez tout le monde. [3] »

Mais des raisons plus profondes compromettent les chances de cette « nouvelle société ». Georges Pompidou assigne à son septennat un objectif essentiel : accélérer l'industrialisation du pays. La dévaluation du franc, intervenue dès le 8 août 1969 et sous sa responsabilité directe, permet, certes, d'éviter une politique d'austérité, mais le pouvoir doit veiller à ce que des hausses trop fortes des coûts salariaux ne viennent compromettre l'avantage provisoire de la nouvelle parité du franc. La marge de manœuvre de sa politique sociale est donc limitée. Les ambitions

1. Cf. Chaban-Delmas (Jacques), *L'ardeur,* Paris, Stock, 1975, p. 349.
2. Pompidou (Georges), *Entretiens et discours,* Paris, Flammarion, 1984, p. 265.
3. Chaban-Delmas (Jacques), *L'ardeur, op. cit.,* p. 389.

de la « nouvelle société » supposent par ailleurs, sinon la collaboration, du moins la neutralité bienveillante des organisations syndicales. Si les événements de 1968 ont confirmé ces dernières dans leur rôle d'interlocuteurs obligés pour le pouvoir, elles restent divisées entre elles, exposées à la surenchère. La CGT, par sa combativité, entend bien répondre aux accusations de compromission avec le pouvoir qui lui avaient été adressées en Mai. Dans son discours de rentrée, le 13 septembre 1969, Georges Séguy prévient que ce septennat « pourrait bien être de courte durée » ; en relevant immédiatement ce propos de meeting, Georges Pompidou contribue involontairement à valoriser cette organisation. Face à cette combativité, travaillée de l'intérieur par ses propres contestataires, la CFDT, tentée par l'ouverture du pouvoir, doit pourtant prendre garde à ne pas apparaître comme cautionnant ce que d'aucuns appellent le « social-delorisme ». L'épisode de l'accord à l'EDF va peser sur la suite de l'expérience. A l'issue de différentes péripéties, le gouvernement parvient, en effet, à isoler la CGT dans cette entreprise et à obtenir un accord avec les autres syndicats, dont la CFDT. Jacques Chaban-Delmas commet la maladresse de triompher trop vite, qualifiant cet accord de « révolutionnaire »[1]. La CGT riposte en organisant un référendum auprès des électriciens dont les résultats condamnent l'accord et confirment son audience dans l'entreprise. Dorénavant, la CGT sera présente dans les négociations mais elle s'attachera chaque fois à refuser toute clause de « paix sociale » et toute négociation en termes de masse salariale.

En définitive, dans le cadre d'une vie politique qui reste polarisée autour de l'opposition gauche/droite, la contestation soixante-huitarde a été trop radicale et est encore trop proche pour permettre une action réformatrice de quelque envergure. De ce point de vue, l'analyse de Georges Pompidou, telle que plusieurs témoignages concordant avec ses déclarations la rapportent[2], est plus réaliste que celle de son Premier ministre.

1. Le Premier ministre déclare : « Aujourd'hui s'est produite une révolution, et cela sans que le sang coule, sans qu'une ville ou une civilisation soit cassée ... Pendant deux ans, ou plus exactement pendant vingt et un mois, vous pouvez considérer qu'il n'y aura plus de grèves. » *Le Monde*, 12 décembre 1969.

2. Cf. par exemple son entretien avec Alain Peyrefitte en octobre 1969, à l'occasion duquel il lui aurait déclaré : « Quand on fait la politique de ses adversaires au détriment de celle de ses électeurs, on perd ses électeurs ; alors qu'il

D'assez nombreux accords salariaux sont signés en 1970-1971. François Ceyrac, vice-président du CNPF chargé des Affaires sociales, appuie la politique contractuelle de Jacques Delors. Dès octobre 1969, le gouvernement a obtenu un contrat pluri-annuel dans la fonction publique pour les basses catégories – C et D – signé par l'ensemble des organisations syndicales à l'exception de la CGT. D'importants accords interprofessionnels sont conclus sur la formation professionnelle et le droit au congé-formation, sur la pré-retraite pour les chômeurs âgés, sur la mensualisation des salaires qui s'accélère. Non négligeables, ces résultats restent pourtant sans commune mesure avec les ambitions initiales des promoteurs de la « nouvelle société ».

DE L'ÉCLATEMENT DE LA GAUCHE À L'UNION, DE LA RÉPÉTITION DE MAI À SA RÉCUPÉRATION

Mai a surpris et effrayé à droite, laissant subsister des sentiments et des convictions très divers : crispation, plus ou moins assurée, sur le statu quo antérieur ; désir d'une ouverture, limitée pour les uns, profonde pour les autres ; aspiration à poursuivre le gaullisme sans de Gaulle, parfois avec le secret espoir de son éventuel rappel ; conviction, au contraire, qu'une page est tournée et que l'heure du centre est venue. A gauche, la redistribution des cartes opérée par ces quelques semaines semble plus importante encore. Avec son reflux, le mouvement de Mai laisse une gauche éclatée : éclatement entre les groupes gauchistes et l'en-

est tellement plus facile de les retenir que de les rattraper ! Et on ne capte pas les voix hostiles ; on les encourage dans leur hostilité en leur donnant des preuves de faiblesse. Cajoler l'opposition ne l'amadoue pas, mais l'enhardit. Chaban dispose à la Chambre d'une majorité des quatre cinquièmes. On n'avait vu ça sous aucune République. Il préfère se mettre ces quatre cinquièmes à dos, et séduire le dernier cinquième ! Ça non plus, on ne l'avait jamais vu. Quand on a une majorité, il faut la garder ! ... L'accusation d'immobilisme ne me fait pas peur ... Alors que tout bouge autour de nous, l'essentiel est de garder notre équilibre, d'éviter les écueils et de ne pas sombrer ! Dans le tourbillon des découvertes, des innovations technologiques, des échanges internationaux, ce qui importe, au contraire, c'est de rester soi-même au milieu du changement, qui s'accomplit de toute façon, que nous le voulions ou non ! c'est de préserver nos valeurs fondamentales ! » Peyrefitte (Alain), *Le mal français,* Paris, Plon, 1976, p. 96-97. Selon cet auteur, le président de la République lui aurait indiqué, dans ce même entretien, que Jacques Delors avait déjà proposé ses services à Olivier Guichard, entre les deux tours du scrutin présidentiel.

semble des autres formations, entre le PCF et la gauche traditionnelle non communiste, éclatement interne et compromissions de la « gauche moderne » dont les thèmes paraissent par certains côtés terriblement vieillis, crise enfin – sinon éclatement – de la FGDS. Cette explosion de la situation des forces politiques de gauche antérieure aux événements est confirmée par la multiplication de leurs candidats à l'élection présidentielle de 1969 : Jacques Duclos pour le PCF, présenté comme « candidat de l'Union des forces ouvrières et démocratiques » ; Gaston Defferre pour la SFIO, présenté comme candidat d'une « gauche fédérée » dont se désolidarisent les conventionnels de François Mitterrand ; Michel Rocard pour le PSU, comme « candidat du socialisme » auquel Pierre Mendès France fait faux bond, préférant s'engager aux côtés du maire de Marseille ; Alain Krivine enfin pour la Ligue communiste, qui se présente « afin de dissiper les illusions électorales et parlementaires du PC » ; on pourrait ajouter Alain Poher puisqu'il bénéficie du soutien du Parti radical et qu'au second tour Gaston Defferre se désiste en sa faveur.

Cet éclatement de la gauche semble d'autant plus durable, au lendemain des événements, qu'il correspond, nous l'avons vu, à des appréciations contradictoires quant à leur nature et leur portée. Or, moins de cinq ans plus tard, François Mitterrand renouvelle, en l'améliorant, sa performance de 1965. Entre ces deux échéances, un compromis ambigu s'est imposé à gauche, entre ceux qui souhaitent « recommencer » Mai – quel Mai ? – et ceux qui entendent le récupérer au profit de stratégies elles-mêmes tout aussi équivoques.

Recommencer Mai ?

Fidèles à leurs interprétations de Mai, les militants gauchistes – qu'ils se réclament du maoïsme, du trotskysme ou de l'anarchisme, de Rosa Luxemburg, d'Anton Pannekoek ou d'Otto Bauer [1] – pensent qu'il est possible de recommencer un mouvement social de grande ampleur débouchant sur une transformation révolutionnaire de la société. Il s'agit, en fait, à travers une

---

1. Les thèses d'Otto Bauer et de l'austro-marxisme connaissent une diffusion nouvelle et exercent une influence y compris chez certains « chefs historiques » du CERES avec la présentation qu'en donne Yvon Bourdet à la fin de 1968, *Otto Bauer et la révolution*, Paris, EDI, 1968, 302 p.

démarche anarcho-syndicaliste qui n'ose pas, la plupart du temps, s'avouer telle et qui prône l'action directe, de multiplier et de radicaliser les conflits dans une stratégie qui emprunte aussi aux théories conseillistes comme aux analyses de la nébuleuse de la « nouvelle gauche » d'avant 1968 qui refusait l'alternative « réforme ou révolution ».

Leurs divisions constituent un handicap de taille – on recense, par exemple, une dizaine de groupes gauchistes qui interviennent à un moment ou à un autre dans la grève du Joint français à Saint-Brieuc – et les empêchent généralement de donner une dimension nationale à des interventions qui restent très localisées, à l'exception peut-être des trotskystes de la LCR. Plusieurs facteurs les confortent toutefois dans l'espoir d'une généralisation des conflits. Les limites de l'ouverture du « social-delorisme » d'abord, confirmées en juillet 1972 avec le remplacement de Jacques Chaban-Delmas par Pierre Messmer, image de l'« ordre » s'il en est, que ne contrebalance pas la nomination d'Edgar Faure comme ministre d'Etat aux Affaires sociales. L'exemple des pays étrangers ensuite : développement du « Mai rampant » et des conseils d'usines en Italie en 1968-1969 ; relance du mouvement des *shop-stewards* – délégués d'ateliers – en Grande-Bretagne en 1969, avec la grève Ford et celle des chantiers navals de la Clyde ; grèves sauvages la même année, en RFA, dans la chimie, la sidérurgie, les houillères ; grèves des mineurs du Limbourg en Belgique, des mineurs de fer de Kiruna en Suède, etc.[1]. Enfin et peut-être surtout, on voit en France même se multiplier des grèves dans des catégories jusque-là peu présentes dans les conflits sociaux : jeunes travailleurs d'origine rurale, immigrés, femmes, la plupart étant sans qualification.

Les médias, notamment la presse locale, mettent en évidence ces conflits longs et durs : chez Penarroya et Girosteel, à la Samex, au Joint français, aux Nouvelles Galeries, à la SPLI, chez Coframaille. On retrouve presque chaque fois le même scénario : populations ouvrières surexploitées économiquement et pas ou faiblement syndiquées avant le conflit, réactions à un contrôle hiérarchique pesant, à des cadences et à des conditions de travail particulièrement pénibles, déclenchement inattendu du conflit, violence symbolique aussi, souvent accompagnée d'occu-

1. Cf. « Les luttes sociales en Europe », *La Nef*, numéro spécial, 51, avril-juin 1973.

pation des locaux et, parfois, de séquestration des cadres ou de la direction.

L'ambiguïté essentielle de la stratégie gauchiste tient précisément à la nature de ces luttes à travers lesquelles elle tente de trouver un enracinement social. Là où des travailleurs peu ou pas politisés manifestent une réaction généralement épidermique face à un encadrement hiérarchique maladroit, ils ont tendance à projeter une aspiration à un illusoire contrôle ouvrier. En supposant qu'une telle aspiration existe dans certains cas, encore faudrait-il la théoriser et l'assumer politiquement. Dès lors que les militants de l'extrême gauche s'y essaient, leurs divisions apparaissent renforcées : contrôle sur les seules conditions de travail ou sur la production ? contrôle sur l'investissement, la nomination des cadres ? contrôle dès aujourd'hui ? ou demain, après ou simultanément à l'occupation du pouvoir ? Là où les gauchistes voient des travailleurs qui, situés au cœur de l'exploitation capitaliste, sont de ce fait désignés pour constituer l'avant-garde du mouvement révolutionnaire, il n'y a souvent que des travailleurs employés dans des secteurs archaïques de la production, condamnés à terme par la restructuration du capital et l'évolution technologique. Ces grandes grèves d'OS ne laissent, en effet, indifférents ni le pouvoir, ni le patronat... Yves Delamotte remet, en 1972, un rapport au gouvernement sur « les recherches en vue d'une organisation plus humaine du travail » ; le CNPF y consacre ses assises de Marseille en octobre. Au Joint français, à l'issue d'une grève avec occupation qui a duré trois mois et rassemblé la presque totalité du personnel, un changement de direction et une politique d'encadrement plus habile suffisent à démobiliser le personnel.

Il faut, par ailleurs, resituer, au-delà de leur exploitation politique immédiate et de leur écho dans les médias, ces conflits « exemplaires » au regard de l'ensemble du mouvement revendicatif. De leur exemplarité, on extrapole trop souvent, à l'époque, une représentativité qu'ils sont loin d'avoir. La comparaison, par exemple, de l'année 1971 avec une enquête portant sur 1965 [1] montre que les événements de 1968 n'ont finalement que peu de répercussions sur l'évolution du contenu revendicatif des grèves : si la part prise par les conditions de travail et le droit syndical

1. Cf. Durand (Michelle), Harff (Yvette), « Panorama statistique des grèves », *Sociologie du travail,* 4, octobre-décembre 1973, p. 356-375.

progresse très largement, les revendications salariales restent fortement prédominantes et, parmi ces dernières, les demandes d'augmentations hiérarchisées devancent de loin celles qui visent à réduire l'éventail hiérarchique des salaires. De fait, plus la lutte se décentralise au niveau de l'établissement ou de l'atelier, plus la globalisation de ses objectifs devient difficile, réduite à des mots d'ordre aussi généreux que flous, du type « changer la vie », « le pouvoir aux travailleurs », irréductibles à des objectifs politiques concrets ou à des objectifs économiques négociables [1]. La revendication salariale se substituera alors à ces mots d'ordre, sans qu'on puisse mesurer la part de leurs aspirations diffuses qu'elle exprime.

Enfin, dernière source d'ambiguïté qui hypothèque cette stratégie : à travers quelles médiations politiques et avec quels alliés la développer ? Les militants gauchistes ne peuvent concrétiser leur projet sur le terrain qu'en étant présents dans ces luttes, soit en animant les comités de soutien qui popularisent les conflits à l'extérieur, soit en investissant, directement ou par recrues ouvrières interposées, les syndicats, à moins qu'ils ne parviennent à s'implanter politiquement dans l'entreprise.

Dans les comités de soutien, leur existence est nécessairement éphémère et ne dure que ce que dure le conflit. De plus, leur action y est tributaire d'une solidarité qui répond autant sinon plus à des préoccupations humanitaires ponctuelles qu'à une prise de conscience politique. Ainsi, dans les Côtes-du-Nord, le caractère breton de la grève, la multiplication, pendant trois mois, des gestes de solidarité en faveur des travailleurs du Joint français et l'animation politique constante de cette solidarité, abondamment relayés par les journaux locaux puis par la presse nationale, ne se sont pas traduits par des modifications politiques notables aux élections qui ont suivi dans le département [2].

S'implanter politiquement dans l'entreprise demande du temps et passe souvent par un investissement syndical préalable. Dans l'immédiat, les militants gauchistes, souvent connus en tant que tels, au moins localement, doivent affronter à la fois la répression vigilante d'un patronat encore sous le choc soixante-huitard,

1. Cf. Adam (Gérard), Reynaud (Jean-Daniel), *Conflits du travail et changement social,* Paris, PUF, 1978, p. 88-89.

2. Capdevielle (Jacques), Dupoirier (Elisabeth), Lorant (Guy), *La grève du Joint français. Les incidences politiques d'un conflit social,* Paris, Presses de la Fondation nationale des sciences politiques, 1975, 166 p.

l'hostilité déclarée d'un Parti communiste peu soucieux de partager son quasi-monopole de la présence politique dans l'entreprise avec des militants qui ne cessent de l'agresser verbalement, et l'indifférence de la grande masse des travailleurs.

Reste l'engagement syndical. Pas plus que le Parti communiste, la CGT n'est naturellement disposée à servir de marchepied à des groupes qui, depuis 1968, l'accusent de trahir la révolution et de dévoyer la classe ouvrière vers des objectifs réformistes. Les militants gauchistes qui adhèrent à la CGT abandonnent plus ou moins rapidement, pour certains, leur appartenance groupusculaire et finissent par rejoindre les rangs du PCF. Les autres sont condamnés à n'avoir accès à aucune responsabilité syndicale, les fédérations ou les unions départementales n'hésitant pas, à l'occasion, à saborder une section syndicale qui échapperait au contrôle de l'orientation confédérale. En revanche, les gauchistes ont apparemment de nombreux points de convergence avec la CFDT : convergences dans l'exemplarité attribuée à certains conflits, à certaines catégories de grévistes, à certaines revendications, à certaines formes d'action, convergence aussi – encore que plus discutée – dans une référence commune au socialisme autogestionnaire. Or, avec le recul du temps, il s'avère que c'est dans cette apparente convergence que réside l'ambiguïté décisive du projet de ceux qui entendent accomplir les potentialités révolutionnaires dont Mai leur a paru porteur.

La CFDT comprend vite qu'elle ne peut cautionner la « nouvelle société » si elle veut conserver l'image d'un syndicalisme offensif et plus seulement moderne qui est la sienne depuis Mai. Ceci d'autant plus que l'audience de la CGT remonte en 1969, comme l'attestent un certain nombre d'élections professionnelles, souvent à ses dépens. Elle ne souhaite pas davantage cautionner le retour à la stratégie des journées nationales d'action qui est préconisée par la Rue-La-Fayette et qui apparaissent comme un recul par rapport à la radicalisation de Mai. Elle reprend contact avec Force ouvrière mais elle reste en désaccord avec le refus de principe qu'oppose cette dernière à toute tentative d'unité d'action avec la CGT. Isolée, elle incarne pourtant en même temps, face à la balkanisation de la gauche et de l'extrême gauche, les espoirs politiques et pas seulement syndicaux d'une grande partie de ceux qui refusent l'analyse communiste de 1968.

Sa présence dans des conflits durs, menés par des catégories jusque-là peu syndiquées, puis son XXXVe congrès confédéral, en mai 1970, contribuent encore à radicaliser son image. Le rapport présenté au congrès par André Jeanson, qui recueille 64,5 % des mandats, adopte « une stratégie de lutte de classes » :

> Disons tout de suite que notre stratégie est une stratégie de lutte de classes. Cette dernière expression est aujourd'hui controversée et pour certains démodée. Sociologues, moralistes, journalistes, se disputent sans fin du point de savoir si nous sommes ou non dans une société de classes, si la classe ouvrière est aujourd'hui une réalité ... Nous n'entrerons pas dans ces débats mais nous nous contenterons d'observer ce que nous vivons tous les jours ... Nous vivons pleinement cette réalité qu'est, répétons-le, la lutte de classes, nous en assumons tous les risques et toutes les contraintes, et c'est par les affrontements qu'elle comporte que nous avons la volonté de transformer jusque dans ses fondements la société capitaliste [1].

Ce refus proclamé des analyses modernistes n'est, déjà à ce congrès, pas exempt d'équivoque, puisque ce même texte précise, en conformité avec les statuts de la Centrale : « Nous repoussons la thèse du développement systématique des antagonismes de classes. » Mais, surtout, la plupart des responsables, qui se maintiennent ou accèdent à des responsabilités confédérales, sont issus de la « gauche moderne » ; certains, comme Marcel Gonin, ont même participé à l'opération Defferre en 1964-1965. Parmi les nouveaux venus, Jacques Moreau, qui va prendre la direction de la fédération des industries chimiques ; Pierre Vanlenrenberghe, qui va être secrétaire de l'Union confédérale des cadres ; ou Pierre Rosanvallon, qui va être l'idéologue officiel de la centrale et qui est aujourd'hui secrétaire de la Fondation Saint-Simon, sont assurément plus proches de la troisième voie que d'une stratégie de rupture avec le capitalisme. Le remplacement d'Eugène Descamps par Edmond Maire est le résultat d'un compromis interne : soupçonné déjà de tentation moderniste, on lui adjoint comme responsable de l'action revendicative Fredo Krumnow, venu du textile, personnalité charismatique et gauchiste, qui a représenté la CFDT à Charléty ; sa disparition prématurée met fin à cet équilibre précaire. Les modernistes prennent définitivement en main l'appareil, servis par l'habileté tactique d'Edmond Maire, comme en témoigne la dispersion de ceux qui ont tenté de se regrouper dans la « gauche syndicale »

---

1. Jeanson (André), « Perspectives et stratégie », rapport présenté au XXXVe congrès confédéral de la CFDT, *Syndicalisme*, numéro spécial, février 1970, p. 34.

– essentiellement la région Rhône-Alpes sur le plan interprofessionnel, et les PTT, la santé, les banques, le textile et le bâtiment sur le plan professionnel – au lendemain de leur échec, au congrès d'Annecy, en 1976.

Dans l'après 1968, toutefois, l'heure n'est pas au modernisme, que le « social-delorisme » et l'engagement de Pierre Mendès France aux côtés de Gaston Defferre achèvent de discréditer au moins provisoirement. La référence officielle au socialisme et sa présence à la tête d'un certain nombre de ces conflits exemplaires permettent à la CFDT de s'en démarquer et de revendiquer une place à part entière au sein du mouvement ouvrier. En septembre 1970, répondant à une initiative de la CGT qui a accueilli favorablement son XXXVe congrès, la CFDT élabore avec elle une nouvelle plate-forme revendicative commune en même temps qu'elle obtient l'ouverture d'un débat doctrinal sur l'avenir du socialisme en France et sur les moyens d'y parvenir. La CGT publie, le 31 mars 1971, ses « Thèmes de réflexion sur les perspectives du socialisme pour la France et le rôle des syndicats »[1]. Pour elle, les conditions d'une « volonté majoritaire et du rapport des forces sociales et politiques permettant le passage au socialisme » n'existent pas encore. Il faut donc mettre en place une étape intermédiaire, un « objectif immédiat » : la « démocratie économique et politique », obtenue par le rassemblement de toutes les couches sociales victimes des monopoles capitalistes sur la base d'un programme commun aux partis politiques de gauche. Ce programme devrait comprendre, selon la CGT, trois séries de mesures essentielles : « La nationalisation de l'ensemble du secteur du crédit, du financement et des secteurs clés de l'industrie, ainsi que la restauration de ses pleins droits au secteur nationalisé actuel », la « gestion démocratique des entreprises nationalisées », la « planification démocratique » de l'économie qui devient alors possible. Ces changements ne seront obtenus que si « une lutte de masse intense » « tient en échec les tenants du passé », que si « le soutien populaire et particulièrement celui des travailleurs » appuie cette démocratie.

La CFDT répond, le 30 octobre, par une « contribution pour un socialisme démocratique »[2]. Reprenant l'essentiel du rapport

1. L'intégralité de ce document est reproduit in Krasucki (Henri), *Syndicats et socialisme,* Paris, Les Editions sociales, 1972, p. 103-123.

2. L'intégralité de ce document est reproduit in Maire (Edmond), *Pour un socialisme démocratique, contribution de la CFDT,* Paris, Epi, 1971, p. 31-78.

Jeanson, en mettant l'accent sur l'aliénation et la domination pour se démarquer du socialisme des pays de l'Est et de l'économisme de la CGT, la CFDT relève le parallélisme entre la stratégie proposée par les cégétistes et celle du Manifeste de Champigny – adoptée par le PCF en décembre 1968 – préconisant la conclusion d'un programme commun. Elle reproche à la CGT une démarche trop électoraliste, qui fait l'impasse sur l'Europe, qui repose sur une conception centralisée et autoritaire de l'Etat, elle récuse l'opposition entre démocratie formelle bourgeoise et démocratie réelle socialiste. Plus fondamentalement, la CFDT reproche à la CGT de séparer l'action à court terme – le rassemblement pour une démocratie économique et politique – des perspectives socialistes.

Relayé par une unité d'action de plus en plus conflictuelle et parfois maladroitement conduite par la CGT, cet échange public sur les divergences doctrinales – dans lequel la CGT s'est, par ailleurs, laissée placer en position d'accusée – sert, dans un premier temps, les tenants du modernisme, désormais majoritaires dans les instances dirigeantes confédérales de la CFDT. En dénonçant implicitement l'assujettissement de la CGT aux fins électoralistes du PCF, en reliant cet assujettissement aux insuffisances de la réflexion cégétiste sur la transition au socialisme, en opposant à ces insuffisances les vertus pédagogiques des luttes exemplaires avec la caution du gauchisme, ils estompent leurs propres impasses sur cette question de la transition.

Cette situation suppose toutefois que les luttes exemplaires et le gauchisme perdurent, et que la stratégie d'alliances antimonopolistes et de programme commun reste identifiée au seul PCF.

Si la grève du Joint français constitue un des temps forts de la stratégie du « développement des luttes », au moment même où les travailleurs briochins terminent leur conflit sur une victoire, les employées des Nouvelles Galeries de Thionville reprennent le travail sur un échec relatif. Déjà, cette même année 1972, en février, à l'occasion des funérailles d'un jeune militant maoïste tué aux portes de Renault à Boulogne-Billancourt, René-Pierre Overney, de nombreux observateurs ont salué le chant du cygne du gauchisme dont l'affaiblissement se manifeste par une crise de la LCR confrontée à sa stratégie d'affrontements et par l'autodissolution de la gauche prolétarienne. La CFDT continue bien, durant le second semestre et en 1973, d'apparaître à la tête des grèves les plus dures : chez Péchiney à Noguères, Salamander à Romans, Cousseau à Cerizay, Lip à Besançon. Mais la CGT nuance son attitude vis-à-vis de ces conflits, en particulier à travers ses interventions à Besançon et chez Rateau à La Courneuve, qu'elle anime. D'autre part, et surtout, ces conflits apparaissent désormais dans un contexte politique différent : dans la nuit du 26 au 27 juin, après d'ultimes négociations, le PCF, le nouveau Parti socialiste et les radicaux de gauche ont signé un accord sur un programme commun de gouvernement. Dès son discours de rentrée, le 7 septembre suivant, Georges Séguy prévient :

> Rien ne peut plus être comme avant ; nul ne peut faire comme si le programme commun n'existait pas ; cela est valable, en tout premier lieu, pour l'ensemble du mouvement syndical représentatif. Nous souhaitons que les organisations syndicales s'entendent pour soutenir le programme commun de la gauche sur la base de leurs préoccupations syndicales communes. Ce souhait s'adresse tout d'abord à la CFDT. Nos débats sur le capitalisme et le socialisme revêtiraient un caractère platonique si, par hypothèse absurde, ils se poursuivaient indépendamment de l'existence du programme commun [1].

Dans la dialectique des rapports entre les deux confédérations, les rôles sont inversés : l'accusateur devient l'accusé. De nouvelles équivoques prennent la place des ambiguïtés passées.

L'unité difficile des socialistes

Entamée en 1965 autour de la personne de François Mitterrand, avec l'aval de Guy Mollet, l'unification de la gauche non communiste dans le cadre de la FGDS est sérieusement compromise par les événements de Mai. Construite dans une perspective exclusivement électoraliste, « la FGDS ne fait pas le poids. Elle est inexistante au niveau universitaire, malgré les sages jeunes gens du club *Démocratie et Université* et les semi-clandestins de la *Fédération des étudiants socialistes.* Elle n'a pas de relais syndical. Son influence à la CFDT est négligeable. FO n'en a jamais fait qu'à sa tête » [2]. L'élection présidentielle anticipée de 1969 achève de la faire voler en éclats.

Dès les résultats au référendum et la démission du général connus, le 28 avril au matin, Claude Estier au nom de la CIR

---

1. *Le Monde,* 9 septembre 1972.
2. Guidoni (Pierre), *Histoire du nouveau Parti socialiste, op. cit.,* p. 21-22.

propose au PCF, au PSU, à la SFIO, à l'UGCS de Jean Poperen et à l'UCRG d'Alain Savary, une réunion ayant pour but de définir « les options fondamentales qui, au-delà de l'élection présidentielle, lieront durablement la gauche » et de désigner un « candidat unique » de la gauche. Convaincu, cette fois encore, que seule une candidature ralliant les voix du centre a des chances de battre la droite, pas mécontent non plus d'écarter François Mitterrand de sa succession [1], Guy Mollet objecte qu'une telle décision relève de la compétence du congrès du futur parti. Il propose donc d'avancer au 4 mai la date de son congrès constitutif, initialement prévu du 9 au 11 mai. De son côté, le groupe parlementaire de la SFIO met en avant la candidature de Gaston Defferre, proposition ratifiée par le comité directeur du 29 avril. S'abritant derrière cette instance, Guy Mollet oppose par ailleurs un refus à une lettre adressée le 28 avril par Waldeck Rochet, qui demande la conclusion d'un programme commun indiquant « avec netteté les mesures économiques, sociales et politiques hardies que prendrait un gouvernement d'union démocratique pour réaliser en France une démocratie avancée débouchant sur le socialisme ».

Dans ces conditions, la CIR et l'UGCS décident de ne pas participer au congrès constitutif du nouveau Parti socialiste, à Alfortville, le 4 mai. Ils se réunissent le même jour, à Saint-Gratien. D'ultimes tentatives de rapprochement échouent. A Alfortville, les questions concernant les statuts du nouveau parti sont reportées à un congrès ultérieur. Deux motions s'affrontent : l'une, soutenue par Gaston Defferre, préconise la désignation du présidentiable préalablement à toute rencontre avec le PCF ; l'autre, soutenue par Guy Mollet et Alain Savary, préconise au contraire que des contacts avec les communistes aient lieu préalablement à la désignation du candidat. La première l'emporte, non sans incidents de séance. Le congrès se rallie à la candidature Defferre. Le peu de crédit que conservait encore la SFIO disparaît avec les résultats du premier tour : malgré le concours de Pierre Mendès France, le maire de Marseille ne recueille que 5,01 % des suffrages exprimés. Cet échec est d'abord celui de la tentative, toujours renaissante, de constitution d'une troisième force. Il

1. Cette succession est ouverte. Le 7 novembre 1968, François Mitterrand a démissionné de la présidence de la FGDS. Le 9 novembre, Guy Mollet annonce qu'il ne sera pas candidat au poste de secrétaire du futur Parti socialiste.

réactualise, corrélativement, la question de l'alliance avec les communistes. Cette question va dominer les travaux du congrès suivant.

En juillet 1969, au congrès d'Issy-les-Moulineaux, l'UGCS de Jean Poperen et des conventionnels isolés, comme André Labarrère, adhèrent au nouveau Parti socialiste, où ils constituent avec le CERES[1] un pôle de gauche. Une motion défendue par Gaston Defferre et persistant dans son refus de contacts privilégiés avec les communistes n'obtient que 948 mandats contre 2 025 à une coalition regroupant Guy Mollet, Alain Savary, Pierre Mauroy et le courant de gauche, dont la motion demande au contraire la reprise du dialogue avec le PCF. Les tenants de la stratégie de troisième force sont maintenant – conséquence de l'échec électoral de Defferre – nettement minoritaires dans le nouveau parti. L'orientation n'est pas totalement clarifiée pour autant. Un amendement, présenté par le CERES et par Jean Poperen, demandant que la reprise du dialogue avec le PCF s'oriente vers la recherche d'un accord de gouvernement, ne recueille que 8 % des mandats. Enfin, Guy Mollet impose, contre Pierre Mauroy, Alain Savary comme secrétaire du nouveau parti, mais il conserve le contrôle de l'appareil avec ses fidèles de la SFIO comme Claude Fuzier et Ernest Cazelles. Pour reprendre les termes de Pierre Guidoni[2], Alain Savary va être, à la tête du nouveau parti, « l'honnête syndic d'une faillite inéluctable ».

Conformément à l'orientation retenue à Issy-les-Moulineaux, les socialistes reprennent contact avec le PCF ; le 18 novembre 1969, les deux partis décident de poursuivre leurs discussions pour établir un bilan de leurs convergences et de leurs divergences idéologiques. Au congrès d'Epinay, en juin 1970, le PS reçoit la visite de François Mitterrand qui est ovationné par les militants pendant que Guy Mollet quitte ostensiblement la salle. Le PS adopte un « plan d'action » pour les dix années à venir, après qu'eut été écarté un contre-projet centriste, défendu cette fois

1. Pariant sur l'inéluctable reconstruction d'une social-démocratie dans un pays capitaliste moderne comme la France, en janvier 1966, deux énarques – Didier Motchane et Jean-Pierre Chevènement – créent dans la SFIO, avec l'appui de Guy Mollet qui y voit une occasion de rajeunissement idéologique, un Centre d'études, de recherches et d'éducation socialiste (CERES). Ils prennent, en 1969, avec l'aide de Georges Sarre, le contrôle de la fédération socialiste de Paris, commençant ainsi à acquérir un certain poids politique dans le Parti socialiste.

2. Guidoni (Pierre), *Histoire du nouveau Parti socialiste, op. cit.*, p. 89.

par André Chandernagor qui entretient des contacts à l'extérieur du parti, avec Pierre Abelin et Maurice Faure.

Les radicaux sont, en effet, également saisis de fièvre rénovatrice. Maurice Faure, qui remplace René Billières à la tête du Parti radical, en octobre 1969, confie à Jean-Jacques Servan-Schreiber le secrétariat général et la rédaction d'un nouveau programme radical. Le manifeste *Ciel et terre* – qui se réclame pour l'essentiel du modèle suédois[1] – est adopté par un congrès extraordinaire du parti en février 1970. L'« OPA de J.-J. S.-S. » sur le Parti radical culmine en juin 1970, lorsque celui-ci est élu député de Nancy à l'occasion d'une élection partielle. Elle est compromise à Bordeaux, en septembre, lorsque le député de Nancy tente de défier Jacques Chaban-Delmas, candidat dans son fief après la mort de son suppléant. Mis en congé du secrétariat général par son parti, en mars 1971, J.-J. S.-S. en enlève la présidence à Maurice Faure, au congrès de Suresnes, en octobre suivant. En novembre, les radicaux et le Centre démocrate de Jean Lecanuet fondent le Mouvement réformateur, mais il devient vite « évident que les deux principaux leaders n'ont pas les mêmes ennemis dans les élections : au second tour, M. Lecanuet est préoccupé d'abattre les communistes, et M. Servan-Schreiber les UDR »[2]. Cette aventure a pu tenter un instant les éléments les plus droitiers du PS mais elle contribue en même temps, à l'époque, à discréditer toute tentative centriste au moins sur le plan national. Sur le plan local, il en va différemment comme l'attestent les élections municipales de mars 1971.

Les 26 et 27 septembre 1970, le CERES organise un colloque sur le thème de l'avenir des municipalités dans une perspective socialiste. François Mitterrand et une délégation communiste conduite par Waldeck L'Huillier y assistent ; les élus socialistes ne participent, en revanche, pas à ces travaux. En octobre, au conseil national de Bondy, le parti maintient sa tactique habituelle consistant à diversifier ses alliances en fonction de la situation locale. Un projet d'amendement tendant à circonscrire

---

1. Ce document insiste, en particulier, sur la nécessité de « séparer » le pouvoir économique et le pouvoir politique, sur la suppression de la transmission héréditaire des biens de production, sur la décentralisation du pouvoir. Cf. Servan-Schreiber (Jean-Jacques), Albert (Michel), *Ciel et terre,* manifeste radical, Paris, Denoël, 1970, 298 p.

2. Chapsal (Jacques), *La vie politique..., op. cit.,* p. 472.

ces alliances « à des éléments dont l'action s'inscrit dans la politique générale de l'union de la gauche » est rejeté par 2 365 mandats contre 530. Le CERES réagit vigoureusement, allant jusqu'à envisager de sortir du parti, mais s'incline finalement.

Fin décembre, le PCF et le PS publient un bilan de leur confrontation idéologique. Alain Savary reporte au prochain congrès, qui doit se tenir à Epinay-sur-Seine, en juin 1971, la décision sur les suites que le PS entend donner à cette confrontation : arrêt ou poursuite du dialogue, éventualité ou pas de sa concrétisation dans un programme politique commun. L'accord essentiel porte sur le passage « pacifique et démocratique » au socialisme. Des désaccords persistent sur l'Europe, l'atlantisme, les pays de l'Est et, surtout, sur le caractère irréversible ou pas de ce passage, sur l'alternance.

En décembre toujours, les conventionnels réunis à Suresnes entérinent les propositions de François Mitterrand pour relancer leur fusion avec le nouveau Parti socialiste. Depuis l'automne, des dîners réunissent régulièrement, chez Gérard Jaquet, François Mitterrand, Georges Dayan, Roland Dumas, Pierre Mauroy, Gaston Defferre et Robert Pontillon. Claude Fuzier, de son côté, accueille favorablement les propositions de la CIR. Au PCF, qui s'inquiète devant ce qu'il considère comme une nouvelle manœuvre dilatoire, les socialistes répliquent qu'ils dissocient la confrontation idéologique de leurs débats internes concernant le regroupement de la gauche socialiste. Il n'en apparaît pas moins, alors, que le congrès d'Epinay se jouera une fois de plus entre la gauche et la droite du parti, sur la question des alliances avec le PCF. Une « délégation nationale pour l'unité des socialistes », présidée par Nicole Questiaux et comprenant 10 socialistes, 7 conventionnels et 4 « sans parti », est mise en place. Le 2 février 1971, avec l'approbation unanime du comité directeur du PS et du groupe permanent de la CIR, elle annonce la convocation d'un congrès de fusion à Epinay, du 11 au 13 juin. Un compromis retient comme base de représentation forfaitaire à ce congrès 70 000 mandats pour le PS et 10 000 pour la CIR.

A l'intérieur du PS, le scrutin majoritaire a permis à Guy Mollet de consolider son pouvoir. Ses oppositionnels du parti et de la convention entendent maintenant l'utiliser à leur profit. Ils se présentent donc aux votes préparatoires, dans les congrès fédéraux, derrière deux motions : l'une, modérée, signée par Gaston Defferre et Pierre Mauroy, réunit 25 900 mandats ;

l'autre, plus radicale, signée par Louis Mermaz, de la CIR, et Robert Pontillon, obtient 14 400 voix. La motion de l'équipe sortante, signée par Guy Mollet et Alain Savary, en obtient 30 400. Des motions de Jean Poperen et du CERES en obtiennent respectivement 10 900 et 7 800. Sur le fond, toutes se réclament de la poursuite de l'union de la gauche avec le PCF, seules des nuances les distinguent, à l'exception des textes de Jean Poperen et du CERES qui demandent la négociation d'un programme commun. En fait, le véritable enjeu du congrès est ailleurs. Réalisant l'alliance que Pierre Mauroy s'apprête à conclure avec François Mitterrand, Guy Mollet prend les devants en proposant le remplacement du scrutin majoritaire par un scrutin à la proportionnelle corrigée, ce qui limiterait l'influence des petites tendances : conventionnels, poperenistes, CERES. Les conventionnels, favorables au scrutin majoritaire, sont donc contraints de se rallier, avec Mauroy et Defferre, à la position du CERES qui défend la proportionnelle intégrale. Celle-ci est adoptée. Les jeux sont faits. Les conventionnels ont fait contre mauvaise fortune bon cœur : pour éviter un succès de Mollet, ils ont dû accepter une proportionnelle qui sert directement le CERES. Dans la nuit du samedi au dimanche, François Mitterrand, Pierre Joxe, Georges Dayan, Roland Dumas, Gérard Jaquet, Pierre Mauroy, Roger Fajardie, rejoints par Jean-Pierre Chevènement et Didier Motchane, se réunissent discrètement. Ils décident finalement de fondre leurs textes respectifs dans une motion commune qui sera, le lendemain, défendue à la tribune par François Mitterrand. Le nouveau comité directeur est constitué sur la base des votes fédéraux : Savary et Mollet ont 28 sièges, Mauroy et Defferre 23, Mermaz et Pontillon 12, Poperen 10, le CERES 7. En commission des résolutions – instance du congrès chargée de voir si les conditions d'une synthèse des différentes motions ne sont pas réunies – François Mitterrand annonce la fusion de son texte avec celui du CERES, Mauroy et Defferre retirent le leur. Deux motions s'affrontent finalement au congrès, l'une défendue par François Mitterrand, l'autre par Guy Mollet. La première obtient 43 926 mandats, la seconde 41 757. Il y a 3 925 abstentions, 83 refus de vote et 1 028 absents. Le mercredi suivant, le nouveau comité directeur élit la nouvelle direction du toujours nouveau Parti socialiste : François Mitterrand est premier secrétaire, Pierre Mauroy est chargé de la « coordination », Claude Estier est à la « presse », Georges Fillioud à la

« propagande », Gérard Jaquet aux « relations extérieures », Charles-Emile Loo à la « trésorerie », Robert Pontillon à l'« administration » et à la « formation », Georges Sarre à l'« organisation » et Jean-Pierre Chevènement aux « études » et au « programme ». Aucun de ces responsables n'a participé, de près ou de loin, à l'animation du mouvement social de mai-juin 1968.

Les équivoques de l'union de la gauche et du programme commun

L'union de la gauche derrière un programme commun de gouvernement correspond, depuis 1968, à une attente assez largement répandue : 60 % des ouvriers estiment à l'époque que « les syndicats devraient se mettre d'accord avec les partis politiques sur un programme d'action commun ». Ce pourcentage s'élève même chez les adhérents de la CFDT, 65 %, pourtant peu favorable à cette stratégie, et chez les sympathisants de la gauche non communiste, 64 % [1]. Elle correspond, par ailleurs, à une demande ancienne du PCF, relancée et actualisée en décembre par l'adoption par le comité central du « Manifeste de Champigny ». Ce texte traduit un souci d'ouverture en direction des nouvelles couches sociales et des intellectuels. Le différend qui oppose Roger Garaudy à la direction du parti tout au long de 1969 pour aboutir à son exclusion en mai 1970 montre toutefois les limites de cette ouverture : il n'est pas question, pour le PCF, de repenser ses alliances sur la base d'un « nouveau bloc historique » dans lequel le rôle dirigeant de la classe ouvrière se diluerait. En revanche, la nécessité d'une alliance privilégiée avec la SFIO – représentant traditionnel des couches moyennes – sur la base d'un programme commun de gouvernement est réaffirmée.

C'est dans le cadre de cette priorité accordée à la conclusion d'un programme commun que les changements qui interviennent au PS inquiètent les communistes. François Mitterrand, qui fut le candidat unique de la gauche en 1965, a certes gauchi son discours après 1968, multipliant même les références implicites au marxisme, se réclamant du socialisme comme d'une « dé-

1. Adam (Gérard), Bon (Frédéric), Capdevielle (Jacques), Mouriaux (René), *L'ouvrier français...*, *op. cit.*, p. 157-159.

marche scientifique au niveau des faits »[1], mais ne précise-t-il pas aussi à Epinay, devant le congrès :

> Je pense qu'il faut d'abord songer à conquérir ou à reconquérir le terrain perdu sur les communistes. Je pense qu'il n'est pas normal qu'il y ait aujourd'hui cinq millions, et quelquefois plus, de Françaises et de Français qui choisissent le Parti communiste sur le terrain des luttes, et même sur le terrain électoral, parce qu'ils ont le sentiment que c'est ce parti-là qui défend leurs intérêts légitimes, c'est-à-dire leur vie[2].

Dans l'immédiat, ce n'est toutefois pas cette concurrence qui inquiète les communistes. Dans ce même discours, François Mitterrand n'en appelle-t-il pas aussi à la conquête des gauchistes, des libéraux, des associations d'usagers et de consommateurs ? En somme, des propros euphoriques de congrès, faits pour « chauffer » une salle, une menace de concurrence à laquelle ils ne croient guère. C'est leur première et plus grave erreur, lourde de conséquences pour la suite des rapports entre les deux partis. Ce qu'ils redoutent alors essentiellement, c'est que la rénovation du PS ne soit un prétexte pour reporter à une date indéterminée la reprise des négociations en vue d'aboutir à un programme commun. C'est leur seconde erreur. Les socialistes et François Mitterrand n'ont nullement l'intention de remettre en cause la décision de parvenir à un programme commun mais ils veulent entamer les discussions dans un rapport de force plus favorable. Pour cela, François Mitterrand veut avoir le temps de consolider son autorité sur son propre parti et se présenter à la négociation avec son propre programme. La préparation du projet est confiée à Jean-Pierre Chevènement. Très vite, à cette occasion, des clivages apparaissent au sein de la majorité comme au sein de la minorité du PS, révélant les limites des alliances passées à Epinay.

L'étalage de ces différences au grand jour, à travers l'expression des courants, traduit un manque de cohésion et apparaît généralement comme un élément de faiblesse pour un parti. Ce handicap est d'abord relativisé par la direction monarchique qu'impose Mitterrand au PS ; si les socialistes ne s'expriment pas d'une seule voix, une seule voix parle au nom du parti : celle du premier secrétaire. Ensuite, dans le climat d'interrogation, de

1. Article de la revue *Dire* du 15 décembre 1969, repris in Mitterrand (François), *Politique*, Paris, Fayard, 1977, p. 520.
2. *Ibid.*, p. 533.

recherches, d'expérimentations sociales engendré par la modernité et renforcé par la contestation soixante-huitarde, ce handicap va s'avérer être un facteur d'attraction. Le PS monopolise l'attention des médias. Il détrône le PSU dans son rôle de « laboratoire » de la vie politique. Il prend progressivement la place du gauchisme qui s'épuise chez les intellectuels. La confusion même de certains débats – par exemple en matière d'autogestion [1] ou de contrôle ouvrier – a l'avantage de contrebalancer l'apport technocratique qui préside à l'élaboration du projet socialiste, de nourrir l'image d'une démocratie interne vivante par opposition au monolithisme attribué au PCF.

Insensiblement, et souvent en la dénonçant, le PS investit ainsi le terrain abandonné par la « gauche moderne » sans rompre pour autant avec la référence doctrinale à la lutte des classes, chère aux molletistes, à certains conventionnels comme Pierre Joxe, aux poperenistes ou au CERES. Dans la présentation qu'il va donner du programme socialiste, François Mitterrand en rappelle ainsi l'inspiration marxiste, avec une solennité qui n'exclut pas la prudence : « S'il (le PS) n'obéit à aucun dogme et se garde de toute doctrine officielle, l'apport théorique principal qui l'inspire est et reste marxiste. [2] »

Le 9 octobre 1971, le comité central du PCF adopte son « Programme pour un gouvernement démocratique populaire : *Changer de cap* ». Après qu'une introduction générale de Jean-Pierre Chevènement, jugée trop lyrique et imprécise, eut été écartée [3], le comité directeur du PS, le 18 décembre 1971, et une convention nationale réunie à Suresnes, le 11 mars 1972 – préparée par des conventions départementales – adoptent le texte définitif du « Programme de gouvernement du Parti socialiste : *Changer la vie* ».

Le chassé-croisé, involontaire ?, des titres et sous-titres de ces deux documents, guère relevé à l'époque, n'apparaît pas totalement neutre avec le recul du temps. La modestie du premier

1. Ce n'est pas une des moindres curiosités du PS que de voir un de ses courants les plus centralisés dans son fonctionnement interne se réclamer de l'autogestion.

2. Mitterrand (François), présentation à *Changer la vie. Programme de gouvernement du Parti socialiste,* Paris, Flammarion, 1972, p. 10.

3. Le texte de cette introduction – intitulée, coquetterie léniniste : L'autogestion et l'ordinateur – est reproduit in Chevènement (Jean-Pierre), Motchane (Didier), *Clefs pour le socialisme,* Paris, Seghers, 1973, p. 7-36.

titre *Changer de cap* dissimule l'ambition de son sous-titrage : c'est le programme d'un gouvernement « démocratique », expression de l'« union populaire ». L'ambition du second – rien moins que *Changer la vie* – est réduite, par son sous-titre, au rang de plate-forme programmatique d'un parti parmi d'autres.

La tonalité générale du programme socialiste n'en apparaît pourtant pas moins à gauche. Depuis plusieurs années, les communistes font des nationalisations une des conditions essentielles de la rupture avec le capitalisme. Leur propagande a largement contribué à ériger cet objectif en test de la bonne volonté de leurs interlocuteurs. Ils sont, dans ce domaine, doublés sur leur gauche, les minoritaires s'alliant au CERES contre les conventionnels, Mauroy et Defferre, pour imposer l'amendement suivant :

> Il faut prévoir le cas où une contre-offensive du capitalisme se manifesterait dans certaines entreprises, par le sabotage du Plan, par de graves carences de gestion ou par des violations caractérisées du nouveau droit du travail. Dans de telles circonstances et avec l'accord ou à la demande des travailleurs intéressés – car la collectivisation, elle-même liée à l'autogestion, est l'affaire des travailleurs autant que du pouvoir d'Etat –, le gouvernement d'union de la gauche pourrait être conduit à proposer des mesures de nationalisation supplémentaires à l'Assemblée nationale [1].

Sur l'atlantisme, en revanche, François Mitterrand reçoit l'appui des mollettistes contre le CERES, Jean Poperen et certains conventionnels. Une conjonction Jean-Pierre Chevènement-Charles Hernu permet de maintenir l'ambiguïté vis-à-vis de la force de frappe. Sur l'Europe, le CERES, isolé, doit s'incliner.

Depuis le congrès d'Epinay, les communistes n'ont cessé de maintenir leur pression sur le PS pour obtenir un programme commun. D'une certaine façon, cette stratégie se trouve prise de court lorsque les deux partis décident de se réunir, le 22 mars, pour aborder cette négociation. C'est dans ce contexte de concurrence accrue entre les deux partis qu'intervient, le 16 mars, l'annonce par Georges Pompidou d'un référendum sur l'élargissement et le renforcement de l'Europe. Cette initiative peut lui permettre de resserrer les rangs, autour de lui, des centristes européens et elle peut aussi compromettre le rapprochement amorcé entre les communistes et les socialistes. De fait, les

---

1. Cf. Mitterrand (François), *Changer la vie..., op. cit.*, p. 73-74.

communistes vont se prononcer pour le *Non* au référendum, les socialistes préconisant l'abstention. La réunion prévue le 22 mars a lieu ; elle enregistre le désaccord quant à la réponse qu'il convient de donner au référendum mais décide de mettre en place des délégations de chaque parti, chargées d'élaborer un projet de programme commun.

Le choix en faveur de l'abstention permet au PS de taire les contradictions de sa politique européenne. L'ampleur des abstentions, 40 % du corps électoral, retient surtout l'attention et fait oublier le rapport des forces électorales PCF/PS du premier tour de l'élection présidentielle de 1969.

Les négociations entre le PCF et le PS décidées le 22 mars débutent le 27 avril et vont durer deux mois. En même temps, François Mitterrand rencontre Jean-Jacques Servan-Schreiber en mai. Vigoureusement dénoncés par le PCF et par une partie du PS, ces contacts se terminent, en définitive, en faveur de François Mitterrand, sur un constat de désaccord, suivi par le départ du Parti radical, début juin, de Robert Favre, Maurice Faure et René Billières qui fonderont ultérieurement le Mouvement des radicaux de gauche. Le PS deviendra ainsi le pivot d'une coalition qui va des communistes au centre gauche.

De toute façon, la recherche d'un programme commun est trop avancée pour qu'un des deux partenaires prenne le risque d'une rupture. Après une ultime négociation dans la nuit du 26 au 27 juin – au cours de laquelle, tous les témoignages concordent, ce sont les nationalisations qui ont posé le plus de difficultés – un programme commun est signé et ratifié le 9 juillet par les instances dirigeantes des deux partis.

Son contenu est secondaire au regard des arrière-pensées des deux signataires. Dès le lendemain de l'accord, François Mitterrand rappelle à Vienne, devant le congrès de l'Internationale socialiste, ce qu'il ne cesse de répéter depuis Epinay : « Notre objectif fondamental, c'est de refaire un grand Parti socialiste sur le terrain occupé par le PC lui-même, afin de faire la démonstration que, sur les cinq millions d'électeurs communistes, trois millions peuvent voter socialiste. [1] »

Dans l'entrefilet qu'il consacre à cette déclaration, le quotidien communiste précise qu'elle paraît « relever davantage de l'utopie que de la réalité ». Les communistes ne sont pourtant pas naïfs.

1. *L'Humanité*, 30 juin 1972.

Le 29 juin, dans un rapport dont la teneur ne sera rendue publique qu'en 1975, Georges Marchais met en garde ses camarades du comité central : « Le PS s'engage à rester fidèle au Programme commun. Que nous ne puissions nous en remettre à un tel engagement de sa part, cela est évident. Il serait dangereux de se faire la moindre illusion sur la sincérité ou la fermeté du Parti socialiste.[1] »

Cet accord est pourtant nécessaire – indépendamment de sa popularité dans la majorité des électorats de gauche – aux deux partis, au PS auquel il fournit un certificat d'ancrage à gauche, au PCF auquel il redonne une place à part entière sur la scène politique française. La question, pour l'un comme pour l'autre, n'est pas de l'appliquer mais d'en imposer sa lecture et au besoin d'en sortir en faisant porter la responsabilité de la rupture à l'autre. L'appréciation des modalités de cette rupture et de l'opportunité de son moment renvoie en fait à une appréciation, plus au fond, de l'état de la société française, de ses antagonismes sociaux et idéologiques, dans un contexte qui reste marqué par la croissance économique et par la proximité des événements de Mai. L'interprétation de ces événements a sur les stratégies du PS et du PCF une influence aussi décisive que celle qu'elle exerce sur le gauchisme.

Pour les uns, l'apparition, en Mai et dans les luttes qui suivent, de nouvelles catégories sociales est théorisée comme annonçant l'émergence de nouveaux acteurs historiques. Les thèses sociologiques d'Alain Touraine ou de Frédéric Bon et de Michel-Antoine Burnier[2] rencontrent leur traduction politique : les « nouvelles couches moyennes salariées » monopolisent dorénavant l'attention et se substituent à la fois aux « forces vives » et à la « nouvelle classe ouvrière » des années 1960, pour se fondre dans un « front de classes » indifférencié. Les compromissions et la dispersion de la « gauche moderne » interdisent durablement, désormais, la référence explicite à un travaillisme à la française. Autant de données qui infléchissent les enjeux idéologiques des années 1960 sans les transformer au fond et qui désignent au PS son champ d'action : attendre, rassembler en reprenant le flam-

---

1. Fajon (Etienne), *L'union est un combat*, Paris, Les Editions sociales, 1975, p. 93.

2. Cf. Bon (Frédéric), Burnier (Michel-Antoine), *Classe ouvrière et révolution*, Paris, Le Seuil, 1971, 155 p.

beau de la modernité dans un discours renouvelé, renoncer provisoirement à l'objectif immédiat et concret de la social-démocratie en revendiquant celui, plus lointain et abstrait, du socialisme autogestionnaire. François Mitterrand n'a certes pas l'aura moderniste de « PMF » à son apogée, dans la première moitié des années 1960. Il est aussi éloigné du modernisme de Michel Rocard que de celui de J.-J. S.-S. Ce vieux routier parlementaire incarne plus le radicalisme que la modernité, c'est même la principale limite de son entreprise. Qu'importe, lui et son parti se partageront les rôles. Fort de son passé depuis sa candidature à l'élection présidentielle de 1965, il sera l'homme de la ténacité dans l'union, tandis que son parti, fort de ses énarques, incarnera la nouvelle modernité.

Pour les autres, si les événements de 1968 n'ont pas fondamentalement modifié les antagonismes de la société française, ils ont, en revanche, révélé une combativité ouvrière qui, entretenue et canalisée, permettra à terme de contraindre le PS à rompre avec son réformisme ou à dévoiler sa vraie nature. La difficulté, dans l'immédiat, réside moins dans l'entretien de cette combativité que dans le risque de voir la classe ouvrière et son parti isolés par rapport au restant de la population et aux autres forces de gauche. Il importe donc, en premier lieu, de combattre les outrances gauchistes. Il faut aussi multiplier les pressions sur le PS et les radicaux de gauche, représentants traditionnels des couches moyennes, pour les obliger à des actions communes ; à défaut d'obtenir cet engagement à leurs côtés, les communistes inscriront leurs actions et leurs revendications dans le cadre du programme commun signé par leurs partenaires. Mais, face à des alliés dont on soupçonne qu'ils n'hésiteront pas, au moment jugé opportun par eux, à se dégager de cette alliance, est-ce suffisant ? Parallèlement à sa vocation ouvrière et parallèlement à son engagement derrière le programme commun, le PCF développe donc, dès son XXe congrès, en décembre 1972[1], une ligne politique autonome de rassemblement du « peuple de France ». Cette dialectique de la lutte et du rassemblement ne va toutefois pas sans soulever de nombreuses difficultés dans sa mise en œuvre. Difficulté, d'abord, entre, d'une part, son statut de parti de la classe ouvrière et le rôle dirigeant qu'il revendique

---

1. Cf. le rapport du Comité central présenté par Georges Marchais : *Union du peuple de France,* pour vivre mieux, dans la liberté, l'indépendance et la paix.

à ce titre, et, d'autre part, son statut de rassembleur. Difficulté ensuite à concilier l'agrégation des mécontentements divers dans une action de nature plus corporatiste ou syndicale que politique, avec ses prétentions à exercer un jour le pouvoir à part entière, aux côtés des socialistes. Difficulté enfin liée aux effets pervers d'une stratégie qui privilégie systématiquement la lutte : banalisation et routinisation de la protestation, perte de crédibilité de ses animateurs [1].

D'une certaine façon, l'engagement personnel de Georges Pompidou dans la campagne pour les élections législatives de mars 1973, son engagement en défenseur des institutions menacées par la coalition du programme commun, aurait pu servir les communistes : en dramatisant les enjeux du scrutin, elle pouvait conduire à ce que, l'opportunisme l'emportant au sein du PS, celui-ci prenne ses distances par rapport à l'accord qui le lie au PCF. Mais François Mitterrand n'est pas pressé. Ces élections ne porteront pas la gauche au pouvoir, il le sait et compte davantage, pour cela, sur l'élection présidentielle de 1976. Dans l'immédiat, son objectif n'est pas de gagner les élections mais de gagner son pari quant au rééquilibrage du rapport des forces au sein de la gauche. Chacun se comptera au premier tour. Aux communistes d'un côté, au CERES et aux poperenistes de l'autre, qui le pressent d'engager une campagne commune, François Mitterrand oppose : « Le plus possible de programme commun, le moins possible d'actions communes. » Un seul meeting unitaire central aura lieu à Paris, Porte de Versailles, présidé par François Mitterrand, Georges Marchais et Robert Favre. Les talents oratoires du premier l'imposent facilement à une salle pourtant dominée, numériquement, par les militants et sympathisants communistes.

Au soir du premier tour, le 4 mars, les 471 candidats du PS et du MRG – présentés sous l'étiquette commune d'Union de la gauche socialiste et démocrate – totalisent 4 919 426 voix, dont 395 377 pour le MRG. Ils obtiennent donc 1 265 000 voix de plus que la FGDS en 1968 et 695 000 de plus que son score de 1967, « résultat d'autant plus remarquable qu'en 1967 et 1968, le Parti radical était tout entier aux côtés du Parti socialiste » [2].

---

1. Lavau (Georges), *A quoi sert le Parti communiste français ?* Paris, Fayard, 1981, p. 317-356.
2. Lancelot (Alain), « La France de M. Bourgeois-République (les élections législatives de mars 1973) », *Projet,* 76, juin 1973, p. 676.

Si, parmi ses candidats, ce sont les notables chevronnés qui réalisent les gains les plus importants, les « hommes nouveaux » présentés par le PS progressent plus, en moyenne, que les députés sortants ; preuve, malgré tout[1], que la greffe moderniste n'est pas incompatible avec une stratégie d'union de la gauche. François Mitterrand a gagné la première manche de son pari. La marginalisation du gauchisme est confirmée. Le PCF ne retrouve pas son score de 1967 mais il reste le premier parti de gauche avec 21,4 % des voix. Ce rééquilibrage en faveur du PS est d'autant plus tolérable pour lui qu'il reste électoral, exclusivement, les socialistes ne disposant toujours pas de relais syndicaux conséquents. C'est donc sur le terrain revendicatif qu'ils s'efforcent de reprendre l'initiative.

L'agitation lycéenne et étudiante a repris au printemps. L'opinion est surtout attentive à l'issue du conflit Lip – dans lequel le PCF et la CGT se veulent partie prenante – mais c'est l'ensemble du climat économique et social qui se dégrade. L'inflation s'accélère et va connaître un bond qualitatif avec le premier choc pétrolier, consécutif au déclenchement de la guerre du Kippour, en octobre. Dans ce contexte, le comité central adopte, le 13 septembre, une série de « mesures immédiates » pour « faire face à la crise ». La mention du programme commun est discrète. Parmi ces mesures qui « tiennent compte de l'urgence des problèmes posés », on relève : la fixation du SMIC à 1 100 francs par mois pour 40 heures de travail, l'augmentation de 25 % des allocations familiales, une augmentation de 20 % des retraites et pensions. La disparition prématurée de Georges Pompidou interrompt ce revirement tactique et place à nouveau le PCF sur la défensive.

Le congrès du PS s'est réuni à Grenoble – haut lieu de la « gauche moderne » dans les années 1960 – en juin 1973. A cette occasion, Alain Savary rejoint la majorité. François Mitterrand dénonce ceux qui, au CERES, « veulent faire un faux Parti communiste avec de vrais petits-bourgeois ». Une synthèse finale consacre, avec 91 % des mandats, son pouvoir dans le parti. Une nouvelle génération militante, qui n'a adhéré qu'après Epinay, entre au secrétariat avec Lionel Jospin. En décembre, à Bagnolet, une convention du PS sur l'Europe confirme, s'il en

1. Alain Lancelot en limite la portée mais n'est pas totalement convaincant, art. cité, p. 677.

était besoin, que le parti est unanime derrière lui. Entre temps, François Mitterrand a chargé Claude Perdriel, directeur du *Nouvel Observateur,* d'aller étudier aux Etats-Unis la campagne malheureuse mais moderniste de Georges MacGovern.

L'élection présidentielle intervient trop tôt pour le premier secrétaire du PS, qui misait sur le temps pour accroître le rayonnement de son parti dans l'opinion. Dès le surlendemain de la mort de Georges Pompidou, le 4 avril, le comité central du PCF se réfère à nouveau solennellement au programme commun de la gauche. L'après-midi, dans une rencontre en tête à tête avec Georges Marchais, François Mitterrand l'informe qu'il ne sera candidat, dans le cadre de l'union de la gauche et des options fondamentales du programme commun, que s'il conserve une totale liberté d'action pour mener sa campagne, puis il se retire à Château-Chinon. Michel Rocard – qui a quitté le secrétariat du PSU à l'automne précédent, « pour avoir les mains libres » – se bat dans son parti pour écarter une candidature de Charles Piaget, militant CFDT et principal animateur du conflit Lip, soutenu par les gauchistes. Le 8 au matin, Georges Marchais fait état, devant le comité central réuni à huis clos, de difficultés liées aux conditions posées par François Mitterrand mais il invite néanmoins ses camarades à soutenir sa candidature et à « créer les conditions pour que le programme commun soit au centre de la campagne ». Le 8 dans l'après-midi, François Mitterrand se présente au Palais de la Mutualité à Paris, devant un congrès extraordinaire du PS qui lui demande, à l'unanimité, de se présenter. Il accepte, précisant devant les congressistes : « Mon rôle n'est pas de présenter au pays un programme de gouvernement ..., mais je tiens à dire hautement que les options fondamentales du programme commun sont justes et qu'elles seront défendues. [1] »

François Mitterrand confirme immédiatement que, s'il se réclame des composantes de l'union de la gauche, il n'entend pas se soumettre à leur contrôle. Il installe son état-major de campagne à la Tour Montparnasse, symbole d'autonomie par rapport à la Cité Malesherbes, et de modernité. Aucun représentant du PCF ni aucun secrétaire national du parti – à l'exception de Claude Estier, responsable du journal du parti, *L'unité* – n'y

---

1. Colliard (Sylvie), *La campagne présidentielle de François Mitterrand en 1974,* Paris, PUF, 1974, p. 99-102.

participent. Comme en 1965, l'équipe se compose essentiellement d'anciens conventionnels – Charles Hernu, Claude Estier, Georges Beauchamp, Louis Mermaz – et d'anciens membres des cabinets ministériels du candidat – Georges Dayan, Paul Legatte, André Rousselet – auxquels s'adjoindront des « experts » comme Jacques Attali et Christian Goux. Michel Rocard est accueilli à titre individuel. François Luchaire, du MRG, préside un « Comité national de soutien à la candidature de François Mitterrand ».

La modernité de sa campagne, prônée par certains, rencontre vite des limites qui tiennent à son équation personnelle et à celle de son principal concurrent, Valéry Giscard d'Estaing. C'est au moins cette modernité que la mobilisation populaire accueillant ses déplacements qui s'impose aux observateurs. Des meetings ont lieu dans toutes les grandes villes de province. Chaque fois, François Mitterrand développe le thème « changer la vie » dans des salles combles, où le bleu de la décoration se mêle au rouge de *L'Internationale* entonnée par les participants. Toutefois, deux meetings « unitaires » avec le PCF seulement ont lieu en sa présence : l'un à Paris, avant le premier tour, le 25 avril ; l'autre avant le second tour, le 15 mai à Lyon. A l'« union populaire » réclamée par le PCF, le candidat préfère le « rassemblement populaire ». Il annonce que, s'il est élu, le Premier ministre sera socialiste, les communistes ayant au gouvernement « une représentation conforme à leur importance ». Pendant toute la campagne, le PCF reste néanmoins étonnamment discret et ne fait rien qui puisse le gêner d'une façon ou d'une autre [1].

François Mitterrand obtient 10 863 402 voix au premier tour, soit 309 417 de plus qu'au second tour de 1965. Le 19 mai enregistre une participation record et moins de 345 000 voix séparent en métropole Valéry Giscard d'Estaing de François Mitterrand. Bon gré, mal gré, les candidats de l'autre Mai – Arlette Laguiller et Alain Krivine – ont dû se désister en faveur du second.

Le 20 mai, le bureau politique du PCF rend hommage à la « grande et belle campagne » de François Mitterrand. Le 11 juin, Georges Marchais déclare officiellement devant le comité central :

---

1. Michel d'Ornano pourra ainsi interpeller Georges Marchais au soir du premier tour, à la télévision : « On ne vous a pas vu du tout pendant cette campagne. J'espère qu'on vous verra un peu plus au deuxième tour. Il faut vous montrer. » Colliard (Sylvie), *La campagne présidentielle..., op. cit.*, p. 109.

« L'orientation du Parti socialiste est très claire, nous n'avons aucune préoccupation de ce côté-là.[1] » Le 25 mai, pourtant, François Mitterrand a annoncé la tenue à l'automne d'« Assises du socialisme », marquées par l'entrée au PS de Michel Rocard, d'une partie du PSU et de militants de la CFDT. Le risque est réel, pour les communistes, de voir leur encombrant allié se doter du relais syndical qui lui fait jusqu'ici défaut, mais ils peuvent difficilement réagir à ce qui apparaît encore comme une preuve supplémentaire d'un ancrage à gauche qu'ils réclament depuis plusieurs années.

Ils réagissent, en revanche, à l'occasion d'élections législatives partielles qui interviennent dans six circonscriptions, les 29 septembre et 6 octobre. Le PS progresse au premier tour dans cinq de ces circonscriptions, au détriment apparemment des candidats communistes. Au second tour, deux socialistes sont élus grâce au bon report des voix communistes. Le candidat du PCF resté en lice est en revanche battu, alors que, dans cette circonscription, la gauche totalisait près de 53 % des voix au premier tour.

Le 7 octobre, le bureau politique du PCF déclare :

> Les candidats communistes ont perdu des voix dans cinq circonscriptions sur six. Les communistes, les travailleurs s'en inquiètent. Ils ont raison. Les hommes du grand capital se fixent comme objectif prioritaire d'affaiblir le PCF. Tous les moyens sont bons à la grande bourgeoisie... Dans ces conditions, le mot d'ordre sur la nécessité d'un prétendu rééquilibrage de la gauche prend un caractère de plus en plus pernicieux[2].

Les ambiguïtés de l'union de la gauche étaient certes présentes et publiques avant, y compris dans les meetings « unitaires » de la campagne présidentielle, à travers les slogans qui opposaient au « candidat commun » des uns le « candidat unique » des autres. Ces nuances linguistiques n'étaient toutefois guère accessibles qu'aux seuls militants des deux partis. L'ambiguïté de l'union de la gauche va maintenant devenir publique.

1. *L'Humanité*, 12 juin 1974.
2. *Ibid.*, 8 octobre 1974.

CHAPITRE 6

LES RETOURS DE L'HISTOIRE

« La France, entre 1974 et 1981, a vécu une métamorphose dont il était difficile, sur l'instant, de mesurer l'importance.[1] » Dans un des rares ouvrages journalistiques étayés que le septennat de Valéry Giscard d'Estaing ait suscités – la littérature scientifique n'ayant pris en charge que des aspects de la période[2] – l'accent est placé sur les transformations de la société civile, sur l'inversion de l'environnement économique et sur l'inconscience idéologique qui les accompagne. Valéry Giscard d'Estaing n'assurait-il pas devant les meilleurs ouvriers de France, en février 1980, que « nous vivons désormais dans un monde sans mémoire où, comme sur la surface de l'eau, l'image chasse et chassera indéfiniment l'image »[3].

LES DEUX TEMPS DU LIBÉRALISME

Durant la décennie où il est au pouvoir, le général de Gaulle assure une monarchie républicaine, développe un Etat-providence paternaliste, conduit une politique extérieure progressiste. Toutes formules imprécises mais qui alertent sur la complexité de la première phase de la Cinquième République. Mai 1968 a ébranlé les colonnes du temple et Georges Pompidou a pris en charge

---

1. Bothorel (Jean), *Le Pharaon. Histoire du septennat giscardien. 19 mai 1976-22 mai 1978,* Paris, Grasset, 1983, p. 11.
2. Aux travaux connus de Samy Cohen, Jean-Marie Cotteret, J.R. Frears, Jean-Christian Petitfils, Colette Ysmal, il faut ajouter un mémoire : Le Grip (Constance), *Les cadres dirigeants du Parti républicain. « Les uns et les autres »,* Paris, IEP (multi.), 1984, 89 p.
3. Cité in Bothorel (Jean), *Le Pharaon..., op. cit.,* p. 11.

la restauration de l'ordre en s'appuyant successivement sur Jacques Chaban-Delmas et Pierre Messmer. Au terme d'une campagne très élaborée, Valéry Giscard d'Estaing l'emporte de peu, le 19 mai 1974, et affirme « à la manière de Goethe à Valmy »[1] que « de ce jour date une ère nouvelle de la politique française » et promet de répondre à « l'immense rumeur du peuple français qui nous a demandé le changement ».

Si l'analyse électorale permet de diagnostiquer une unification de l'électorat de droite en 1974 autour de « VGE »[2], la majorité parlementaire demeure composite et la démarche du troisième président de la Cinquième République relève d'un polymorphisme. La politique extérieure est gaullienne. Le fonctionnement des institutions s'apparente à un présidentialisme à l'américaine. Les options économiques et sociales évoluent sans cesser d'être hybrides[3]. Au total, Valéry Giscard d'Estaing assure dans la crise[4] le passage du développementarisme au libéralisme financiéro-mondialiste[5].

La première phase du septennat giscardien combine le libéralisme culturel et la relance économique. Mai 1968 reste présent à la mémoire ; la dynamique mitterrandiste est perçue comme un enfant tardif du mouvement. Valéry Giscard d'Estaing entreprend donc des réformes. Par la loi du 5 juillet 1974, il abaisse la majorité à dix-huit ans : voilà pour les jeunes. La loi du 17 janvier 1975, au risque de déplaire à une partie de son électorat, instaure l'interruption volontaire de grossesse (IVG). Les « permissifs » sont satisfaits. La Sécurité sociale est généralisée. Les procédures de licenciement économique sont améliorées. L'âge de la retraite est abaissé pour certains travailleurs manuels. L'orientation sociale du gouvernement de Jacques Chirac n'est

1. Chapsal (Jacques), Lancelot (Alain), *La vie politique en France depuis 1940*, Paris, PUF, 4e ed., 1975, p. 650.

2. Bon (Frédéric), *Les élections en France. Histoire et sociologie*, Paris, Le Seuil, 1973, p. 185.

3. N'oublions pas l'évolution des prélèvements obligatoires qui passent de 37 à 43 %.

4. Grrec, *Giscard. Le destin de la crise*, Paris, Grenoble, 1981, 258 p.

5. Nous empruntons le vocabulaire d'Alain Lipietz, en substituant toutefois « financiéro-mondialiste » (notion présente dans son texte) à ses deux adjectifs « répressif » et « social-sadique ». Lipietz (Alain), *L'audace ou l'enlisement*, Paris, La Découverte, 1984, 372 p.

pas mince. Il n'y a pas que le rythme de *La Marseillaise* à être modifié [1].

La réforme de l'entreprise, en revanche, piétine. Des propositions, qui seront avancées par la commission Sudreau [2], peu connaîtront une concrétisation. On peut mentionner la création du bilan social, ce qui est assez mineur [3]. Le projet de l'imposition des plus-values du capital connaîtra un sort comparable, avec le consentement du Premier ministre.

La loi du 7 août 1974 transforme l'ORTF. L'Office est segmenté en sept sociétés distinctes, malgré d'importantes réserves parlementaires ; les amendements seront limités. Le gouvernement évite en particulier une plus forte représentation des élus de la nation dans les conseils d'administration. L'Etat-spectacle se renforce [4]. Valéry Giscard d'Estaing usera intensément de la communication médiatique. Il suit l'information avec vigilance. Raymond Aron qui ne fut pas un opposant au président ni victime d'une censure par le silence durant le septennat note, dans ses *Mémoires*, que « jamais la pression de l'Elysée sur la télévision ne s'exerça aussi fortement qu'à l'occasion des élections parisiennes » [5]. La télévision exerce une influence croissante sur le milieu intellectuel, très sensible à l'attrait de la notoriété que procure l'accès aux médias [6].

Tout en modernisant la société civile, Valéry Giscard d'Estaing relance l'économie. Après le plan de refroidissement du 12 juin 1974, un programme contre la crise est adopté au début de 1975 et surtout au mois de septembre, fondé sur la dépense publique et le soutien de l'investissement. Le coup de fouet donné à la production et à la consommation ne tarde pas à engendrer ou à

---

1. Ne faisant pas une histoire du septennat, nous renvoyons sur ce sujet aux analyses de *L'Année politique*.

2. Mouriaux (René), « Antagonismes sociaux et réforme de l'entreprise. Les silences du rapport Sudreau », *Etudes*, avril 1975, p. 484-496.

3. Igalens (Jacques), Peretti (Jean-Marie), *Le bilan social de l'entreprise*, Paris, PUF, 1980, 128 p. (coll. « Que sais-je »).

4. Schwartzenberg (Roger-Gérard), *L'Etat-spectacle*, Paris, Flammarion, 1977, 318 p.

5. Aron (Raymond), *Mémoires*, Paris, Julliard, 1983, p. 576.

6. Hamon (Hervé), Rotman (Patrick), *Les intellocrates*, Paris, Ramsay, 1981, 331 p. L'interférence entre le statut scientifique, le développement des sondages et le commentaire des élections est patente en science politique. La première opération « estimations » à partir des résultats réels recueillis dans un échantillon de bureaux fermés avant 20 heures, a été réalisée en 1969 pour le référendum. Celle de 1974 annonçant au second tour de l'élection présidentielle à 20 heures le succès de Valéry Giscard d'Estaing est demeurée célèbre par sa précision.

s'accompagner de phénomènes négatifs. Inflation et chômage continuent d'augmenter. La balance commerciale se dégrade. Les profits chutent. Le franc doit sortir du serpent monétaire européen en mars 1976.

Dans un contexte assombri par l'échec de la majorité aux élections cantonales de mars 1976, l'entente entre le chef de l'Etat et le Premier ministre se défait [1]. « Le meilleur économiste français », Raymond Barre, est chargé d'élargir la majorité et de juguler l'inflation. En réalité, la majorité va se lézarder avec la querelle de Paris lors des élections municipales de 1977. L'éclatement de l'union de la gauche débouche sur une nouvelle majorité de droite aux élections législatives de 1978. Raymond Barre, reconduit dans ses fonctions, accentue sa politique économique, sans maîtriser davantage la vie interne de la majorité.

L'accession de Raymond Barre au poste de Premier ministre s'accompagne d'une retraite studieuse du président de la République qui rédige *Démocratie française*. L'ouvrage paraît en octobre 1976 et sera réédité en 1977. Beaucoup vendu, il n'a guère suscité de débat parce que les idées développées sont peu originales [2]. Néanmoins, elles éclairent le libéralisme dont le président de la République entend être le promoteur.

Valéry Giscard d'Estaing part des enjeux auxquels la société française est confrontée « au moment où le monde va basculer dans le troisième millénaire ». La nation hésite sur la route à suivre. « Dans trois circonstances, en juin 1968, en mars 1973 et en mai 1974, son instinct lui a fait rejeter la voie dangereuse qu'on lui proposait, marquée en 1968 par les désordres du mois de Mai et la singulière tentative d'appropriation du pouvoir qui les a suivi, et, en 1973 et en 1974, par la perspective de l'application du programme commun [3]. »

Pour éviter des options dépassées, Valéry Giscard d'Estaing soumet au débat un projet politique, un bon choix pour la France. En vingt-cinq ans, celle-ci a subi une véritable révolution qui a rompu les équilibres de la société traditionnelle antérieure. La croissance économique, le développement de l'éducation, l'avènement de l'audiovisuel ont tout bouleversé, sauf le caractère

1. L'intention de gouverner au centre ne cadre pas avec les conceptions et les intérêts de l'UDR.
2. Bothorel (Jean), *Le Pharaon..., op. cit.*, p. 214.
3. Giscard d'Estaing (Valéry), *Démocratie française*, Paris, Fayard, 1978, p. 30 (coll. « Poche »).

français. D'immenses progrès ont été accomplis, du point de vue national, sous l'angle matériel et social dans l'émancipation de l'individu. Des problèmes nouveaux ou non résolus assombrissent cette évolution ; les inégalités sociales, la dépendance à l'égard de la société, la baisse de la démographie. De surcroît, la crise supprime deux acquis antérieurs, le plein emploi et l'élévation du niveau de vie.

Deux idéologies se proposent de comprendre le monde, le libéralisme classique et le marxisme. Toutes deux insuffisantes, elles comportent leur part de vérité, de passion et, malgré des révisions successives, de dogmatisme. Il faut une autre analyse et un autre projet, partir de l'homme et de ses besoins, pour aboutir à de meilleurs mécanismes.

La réalité française n'est conforme ni à la représentation de l'*homo œconomicus,* ni au schéma de la lutte des classes. Elle est portée par un processus d'unification autour « d'un immense groupe central aux contours peu tranchés »[1]. Une telle tendance doit être volontairement amplifiée par la lutte contre la misère, les privilèges, les discriminations. L'unité par la justice et la solidarité fonde une communauté d'hommes libres et responsables, communicants et participants. Elle est réalisée par l'épanouissement de la liberté qui implique le pluralisme dans tous les domaines et pour tous les pouvoirs. Réforme de l'entreprise, diffusion de la propriété, planification souple, décentralisation sont autant de moyens pour réussir sur la voie qui assurera une démocratie forte et paisible, une nouvelle croissance. Solide et indépendante, la France favorisera la construction européenne, la coopération et la détente internationales, car nous sommes entrés dans l'ère du mondialisme[2]. Sans être une œuvre maîtresse, *Démocratie française* mérite attention en raison de la fonction occupée par son auteur, pour la vision modérée qu'il propose, pour les évidences qu'il affirme, pour la mise en rapport avec la pratique qu'il permet[3].

---

1. Giscard d'Estaing (Valéry), *Démocratie française, op. cit.,* p. 68. Edmond Giscard d'Estaing avait développé dans *Capitalisme* (1931) une analyse comparable. Descostes (Marc), Robert (Jean-Louis), *Clefs pour une histoire du syndicalisme cadre,* Paris, Les Editions ouvrières, 1984, p. 32.

2. Si le terme n'est pas utilisé, l'idée « transparaît nettement ». Bothorel (Jean), *Le Pharaon..., op. cit.,* p. 212.

3. Brunhoff (Suzanne de), *L'heure du marché. Critique du libéralisme,* Paris, PUF, 1986, 154 p.

En se séparant de Jacques Chirac, Valéry Giscard d'Estaing manifeste sa priorité : faciliter l'insertion des entreprises françaises dans l'espace économique mondial. Le libéralisme culturel s'efface concrètement au profit de l'interventionnisme libéralisateur[1]. Le plan de lutte contre l'inflation présenté par Raymond Barre, le 22 septembre 1976, comporte le blocage des prix et des tarifs, l'institution d'un impôt complémentaire sur les revenus, l'augmentation du prix de l'essence et de la vignette, le maintien du pouvoir d'achat pour les salariés, la majoration de l'impôt sur les sociétés, des mesures de redressement financier pour la Sécurité sociale. Après les élections municipales, un complément est apporté par un pacte pour l'emploi. Les entreprises sont exonérées de la cotisation sur les salaires des jeunes embauchés. Le plan « Barre bis » du 26 avril 1977 introduit la « flexibilité » avant que le terme ne soit utilisé[2].

Vainqueur un peu inattendu des élections législatives de mars 1978, Raymond Barre accentue la dimension monétariste de sa politique. Il libère les prix industriels, augmente les tarifs publics, révise la loi sur les plus-values boursières, oriente l'épargne vers les entreprises. Il relève les cotisations sociales. Il crée un Fonds spécial d'adaptation industrielle qui accompagnera les restructurations qui vont survenir dans la sidérurgie, la construction navale, le textile, l'automobile. Il insère le franc dans le système monétaire européen créé par la conférence de Bruxelles (4-5 décembre 1978). Il crée des incitations fiscales à l'investissement. Pour atténuer les effets négatifs du second choc pétrolier sur le taux de croissance, un mini-plan de soutien est adopté le 29 août 1979.

Tout en procédant par petites touches, le dessein du Premier ministre ressort nettement. D'un côté, il vise à réduire le train de vie des Français, à diminuer les salaires directs et indirects, à accroître la pression fiscale, à desserrer les contraintes du droit du travail[3]. De l'autre, par un franc fort, les « canards boiteux » sont asphyxiés et le « redéploiement » favorisé[4]. Les gaullistes

---

1. Jacques Chapsal parle de « libéralisme musclé ». Chapsal (Jacques), *La vie politique sous la Cinquième République,* Paris, PUF, 2e éd. 1984, p. 667.

2. Richardson (Jeremy), Henning (Roger), *Unemployment. Policy Responses of Western Democracies,* Londres, Sage, 1984, p. 153-158.

3. Sinay (Hélène), « La neutralisation du droit de grève », *Droit social,* 3, mars 1980, p. 250-268.

4. Le terme de redéploiement s'impose en 1975.

traditionnels opposeront à cette stratégie le recours à un « nouveau protectionnisme »[1]. Au cours du septennat giscardien, l'internationalisation de l'économie française se renforce d'une double manière. Les grands groupes français accroissent leurs investissements à l'étranger, tandis que les investissements étrangers en France doublent entre 1973 et 1978. Importations et exportations de biens augmentent. Avec les dévalorisations et la division du travail qu'elles favorisent, la cohérence intersectorielle de l'économie française est rompue[2].

La logique économique mise en œuvre est expliquée aux Français à travers une thématique épurée par rapport à celle de *Démocratie française*. Depuis 1976, la crise occupe tout le champ de la réflexion. Les contraintes extérieures sont inévitables et brutales.

Le plein emploi appartient au passé, comme la croissance des revenus. Pour survivre, il faut être compétitif, ce qui requiert l'effort. Les salariés sont incités à accepter les sacrifices nécessaires et à abandonner les attitudes archaïques.

La difficulté des temps ne conduit cependant pas à renforcer les solidarités collectives. Le progrès se situe du côté de l'individuel. L'infléchissement de la politique du logement marque avec force cette orientation. Sur la base de rapports établis par Raymond Barre et Simon Nora, la loi du 3 janvier 1977 met en place l'aide personnalisée au logement (APL). Le 18 juillet 1977, Valéry Giscard d'Estaing présente la réforme de l'aide à la pierre devant le Conseil national de l'accession à la propriété comme « une nouvelle conquête sociale », la possession privée de l'habitat « devant devenir populaire dans une société moderne »[3].

LE DÉCLIN DE LA COMBATIVITÉ OUVRIÈRE

Valéry Giscard d'Estaing, Raymond Barre et bien d'autres martèlent ces idées simples. La lutte des classes n'est plus de saison. Les « porteurs de pancartes » travaillent contre les intérêts

---

1. Jeanneney (Jean-Marcel), *Pour un nouveau protectionnisme*, Paris, Le Seuil, 1978, 155 p.
2. Grrec, *Giscard. Le destin de la crise, op. cit.*, p. 143-149.
3. Capdevielle (Jacques), *Le fétichisme du patrimoine*, Paris, Presses de la Fondation nationale des sciences politiques, 1986, p. 266-267.

de la nation. L'idéologie du consensus autour du profit ne se diffusera que lentement. Le septennat du « Pharaon » a même connu de multiples contestations.

La « grogne » paysanne se manifeste dès juillet 1974. En 1975 et au début de 1976, le Midi viticole est en ébullition. Le gouvernement de Jacques Chirac désamorce le mécontentement agricole avec l'impôt-sécheresse. 1977 n'est pas une mauvaise année, sauf pour les producteurs de lait. Viticulteurs, éleveurs, producteurs de fruits se plaignent l'année suivante. La loi d'orientation votée en 1979 est accueillie favorablement. Le problème du mouton s'amplifie en 1980. Et la deuxième conférence annuelle agricole décide le maintien du revenu, dans un souci d'équité sociale qui n'a aucun rapport avec l'élection présidentielle de mai 1981.

La fronde des artisans et commerçants s'étiole sous la présidence de Valéry Giscard d'Estaing. Alors que son président Gérard Nicoud est élu à la tête de la Caisse nationale d'assurance maladie des travailleurs non salariés des professions non agricoles (CANAM), la Confédération interprofessionnelle de défense et d'union nationale d'action des travailleurs indépendants (CID-UNATI) perd des militants dès 1974 et, au terme d'une succession de conflits, éclatera en 1979. Face à la montée de la gauche, des contre-feux se mettent en place auxquels participent activement la CGPME, l'UNICER en 1975, les GIR en 1977[1].

Le giscardisme doit faire face à des contestations nouvelles ou renouvelées. Le *Guide de la France des luttes,* publié en 1974, en indique les grands axes et l'analyse de la revue *Autrement*, qui apparaît en 1975, confirme la volonté de relier des manifestations quelque peu disparates qui se réclament toutes de l'esprit de Mai 1968[2]. Les grandes institutions continuent à être remises en cause : la prison, la justice, la médecine. L'armée est confrontée à la création de sections syndicales d'appelés[3]. Le féminisme amplifie ses interventions dans le champ social et s'affirme dans les partis[4]. Lors du congrès socialiste de Metz en 1979, une

---

1. Union des chefs et responsables d'entreprises ; Groupes initiatives et responsabilité. Cf. Mayer (Nonna), *La boutique contre la gauche, op. cit.*, p. 275-280.

2. Jaubert (Alain) et al., *Guide de la France des luttes,* Paris, Stock, 1974, 457 p.

3. D'où le titre du *Monde* du 2 décembre 1975, « Sept ans après 1968 », par Jean Planchais.

4. Bonne mise au point in Antoine (Monique) et al., *Le féminisme et ses enjeux,* Paris, Edilig, 1988, 576 p.

motion « femmes » est présentée en concurrence avec les autres courants. L'homosexualité poursuit sa campagne pour la liberté et les socialistes déclareront en 1976 qu'elle est « un comportement sexuel comme les autres »[1].

Les revendications régionalistes s'expriment avec force en Occitanie, en Bretagne, au Pays Basque et avec violence en Corse. Elles se mêlent fréquemment au mouvement écologiste également divers. Le refus du nucléaire aboutit à des affrontements sanglants à Creys-Malville, en juillet 1977.

Le mouvement écologiste entreprend son inscription dans le champ politique. A la différence des « Verts » allemands, il végète, recueillant 1,3 % en 1974 à l'élection présidentielle et 4,5 % à l'élection européenne de 1979[2], peut-être en raison de son caractère hybride et finalement centriste[3].

Le septennat giscardien a été relativement épargné par la contestation étudiante. Les lycéens et les étudiants protestent, au printemps 1976, contre la réforme Haby et la restructuration du second cycle[4]. Au sein de la FEN, le courant où militent les enseignants communistes cesse de progresser et la majorité joue habilement d'un mouvement de balancier entre le gouvernement et l'opposition.

Les difficultés principales que rencontre la politique giscardienne proviennent du mouvement ouvrier. Le premier gros « accroc », en 1974, est provoqué par la grève des postiers. L'année suivante, c'est Renault et surtout le conflit du *Parisien libéré*. 1976 est illustré par des luttes pour l'emploi. Sous les deux premiers gouvernements Barre, les journées d'action connaissent un affaiblissement progressif (7 octobre 1976, 24 mai 1977, 1er décembre 1977). Après les élections législatives de mars 1978 et le recentrage cédétiste, la CGT « impulse » seule les luttes et ces dernières déclinent encore malgré (et peut-être aussi un peu à cause de) la révolte lorraine[5]. Le nombre de journées non travaillées se situe à la fin du septennat à moins d'un million et demi.

---

1. *Charte des libertés*.
2. 4,7 % dans les 200 circonscriptions où les écologistes sont présents lors des élections législatives de 1978.
3. Boy (Daniel), « Les urnes en vert », *Autrement*, 29, février 1981, p. 179-181.
4. Il faut aussi évoquer les manifestations contre le contrôle des étudiants étrangers qui aboutit à un mort à Jussieu en mai 1980.
5. Pour la bibliographie, cf. Mouriaux (René), Subileau (Françoise), *Bibliographie sur le syndicalisme des salariés en France (1945-1985)*, *op. cit.*, p. 23-24.

Nombre de journées non travaillées
pendant le septennat giscardien
(en milliers)

1974	1975	1976	1977	1978	1979	1980	1981
338	3 869	5 010	3 665	2 200	3 656	1 674	1 495

Source : ministère du Travail.

La courbe descendante des conflits de travail ne traduit pas un mouvement simple, linéaire et continu de régression de la combativité ouvrière. La thématique des grèves, qui s'était renouvelée aux lendemains de 1968, continue de bénéficier de ce rajeunissement. Les conditions de travail occupe une place importante dans de nombreux mouvements. L'égalité entre les hommes et les femmes inspire des luttes de ces dernières. La défense de l'emploi est naturellement à l'origine de multiples conflits et d'une esquisse de réponse stratégique à travers les contre-propositions industrielles. La mobilisation des immigrés repose tout autant sur le souci de dignité que sur le refus des licenciements et la peur des expulsions [1].

Les difficultés du mouvement ouvrier s'expliquent par la conjoncture économique et par les stratégies qui s'opposent à lui. Jacques Chirac a profité du problème de la syndicalisation des appelés pour s'attaquer à la CFDT. S'il a commis des maladresses, il a surtout fait preuve d'intransigeance face aux postiers. Raymond Barre affiche la même détermination à l'égard des mouvements revendicatifs. Le recours à la police est constant. Il s'accompagne de provocations, comme le 23 mars 1979, lors de la marche des sidérurgistes sur Paris. Le droit de manifestation est mis en cause après les incidents parisiens. L'armée est utilisée pour briser les grèves des éboueurs parisiens, des contrôleurs aériens et surtout pour lever les barrages des marins pêcheurs en août 1980. Des dispositions législatives sont adoptées pour restreindre l'exercice du droit de grève.

Raymond Barre oppose les « nantis » aux travailleurs en difficulté. Il s'élève contre l'esprit revendicatif. Comme Jacques

1. Mouriaux (René), *Les stratégies syndicales aux lendemains de Mai 1968*, Paris, CEVIPOF, 1987, 25 p.

Chirac[1], il n'admet qu'une seule forme de syndicalisme, celui de la négociation et du compromis[2].

Le patronat, qui participe très activement à la campagne contre le programme commun de gouvernement[3], apprécie largement le comportement des pouvoirs publics pendant les années 1974-1981. Il perçoit l'avantage que lui donne la montée du chômage. Il demeure cependant attentif à ce que Mai 1968 ne se reproduise pas et donc que le contentieux revendicatif n'atteigne pas une dimension exagérée. Il estime de première importance d'obtenir la rupture de l'axe syndical CGT-CFDT. François Ceyrac se prête à des pourparlers secrets avec la CFDT en 1977[4]. Les IVe assises du CNPF, en octobre 1977, popularisent « la nouvelle politique sociale du patronat »[5] qui promet l'implication du personnel dans l'organisation du travail et l'individualisation dans la gestion des ressources humaines. Démarche apparemment sans éclat dont pâtit l'activité syndicale. Celle-ci est aussi victime de ses propres carences, de ses divisions, de sa lenteur à modifier ses analyses et ses pratiques. Les modifications en cours sont profondes : il suffit de se reporter aux grands agrégats des recensements de 1975 et 1982 pour mesurer les transformations qui affectent la population active, plus salariée et moins ouvrière.

Evolution des six groupes socioprofessionnels de 1975 à 1982 (effectifs en milliers)

	1975	1982
Agriculteurs exploitants	1 691	1 475
Artisans, commerçants, chefs d'entreprise	1 766	1 835
Cadres	1 551	1 895
Professions intermédiaires	3 480	3 971
Employés	5 093	6 247
Ouvriers	8 118	7 749

Source : Recensements INSEE.

1. *Le Monde,* 12 janvier 1975.
2. *Le Monde,* 6 janvier 1979.
3. Weber (Henri), *Le parti des patrons, op. cit.,* p. 284-292.
4. Hamon (Hervé), Rotman (Patrick), *La deuxième gauche,* Paris, Le Seuil, 2e éd., 1984, p. 304-309.
5. Weber (Henri), *Le parti des patrons, op. cit.,* p. 242.

LA RUPTURE DE L'UNION DE LA GAUCHE

Parmi les causes d'affaiblissement du syndicalisme, il en existe une spécifique à la France et valable pour la CGT comme pour la CFDT : le contrecoup des querelles de la gauche. Les études ne manquent pas qui analysent les conditions de l'entente conclue entre le PCF et le PS, les causes de la rupture[1].

Paradoxe. La crise de 1929 a donné naissance à la stratégie frontiste. Celle de 1973 a provoqué l'éclatement de l'alliance établie entre les socialistes et les communistes. Un tel rapprochement suggère de prendre en compte les grandes déterminations de la conjoncture, économiques certes, mais politiques (électorales et non électorales), sociales, idéologiques, internationales.

Le Parti socialiste a imputé la rupture de l'union au PCF, en l'expliquant par l'alignement sur l'Union soviétique, par son fonctionnement non démocratique, par sa volonté d'hégémonie.

A la différence du PCI, le parti de Georges Marchais n'a pas déclaré que « la force propulsive issue de la révolution d'Octobre 1917 s'est épuisée »[2]. Il s'est interrogé sur la nature de l'Union soviétique et sur les relations qu'il convenait d'entretenir avec son parti. Jean Elleinstein a publié, de 1972 à 1975, une *Histoire de l'URSS* et, en 1975, une *Histoire du phénomène stalinien* qui introduisent une démarche distanciée à l'égard du passé. En 1978, un collectif de cinq scientifiques compose *L'URSS et nous* dont la problématique vise à reconnaître les erreurs et les particularités soviétiques pour assurer à la fois l'originalité de la voie française et le maintien de relations solidaires entre PCF et PCUS. Le 23e congrès (9-13 mai 1979) consacre la formule : « Le bilan des pays socialistes est globalement positif »[3], mettant un terme à la phase eurocommuniste (1976-1979). Le PCF approuve l'intervention soviétique en Afghanistan, le 27 décembre 1979. En août 1980, il oppose le dialogue des autorités polonaises avec les ouvriers des chantiers de Gdansk à l'utilisation des canonnières par Raymond Barre contre les pêcheurs. Après la disparition de Jean Kanapa, l'heure n'est plus à la nuance. Si des critiques

1. Cf. en particulier Georges Lavau, Philippe Robrieux, Georges Ross.
2. Résolution de la direction du PCI sur la question polonaise. 30 décembre 1981. *Révolution,* 102, 12 février 1982, p. 28.
3. *Cahiers du communisme,* 6-7, juin-juillet 1979, p. 372. Formule qui apparaît dès 1974. Lavau (Georges), *A quoi sert le PCF ? op. cit.,* 1981, p. 412, note 36.

ponctuelles sont émises, la défense de l'Union soviétique est requise parce que toute autre démarche est perçue comme opportuniste et liquidatrice. La cote du PCF sera entraînée en baisse avec la détérioration de l'image de l'Union soviétique [1].

Se situer par rapport à l'Union soviétique n'a de sens que dans la recherche d'une stratégie démocratique de changement politique, économique et social. L'abandon de la dictature du prolétariat a été réalisée sans véritable discussion dans le PCF. Etienne Balibar a raison de le souligner [2]. Par un effet naturel de défense et « par un étrange renversement, ce furent les défenseurs du maintien doctrinal qui posèrent avec le plus d'insistance la question de la nouvelle politique nécessaire pour donner à la stratégie son indispensable base de masse, et qui la couplèrent à la question des modalités de fonctionnement du parti lui-même » [3].

Dès 1977, Louis Althusser a lié le problème de la liberté pour le dehors avec celle du dedans. « Il doit être possible d'engager une discussion sur les formes et les pratiques du centralisme démocratique dans le parti : avec pour objectif leur amélioration, donc leur modification [4]. » Avec *Ce qui ne peut plus durer dans le Parti communiste* (1978), le propos se fait plus âpre. Le philosophe réclame « une critique et une réforme approfondies de l'organisation interne du parti et de son mode de fonctionnement » [5]. L'idée de tendances est toujours écartée. La direction du PCF ne répondra pas à ces interrogations. Le Parti communiste s'affaiblira de ses dissensions internes alors que le PS, coiffé par un leader charismatique dont les décisions relèvent de l'exercice solitaire du pouvoir, tirera bénéfice de l'existence de ses courants.

Après avoir été le promoteur de l'union de la gauche et un des artisans du rôle unitaire de François Mitterrand, le PCF remet en cause sa stratégie après la campagne présidentielle de 1974, inquiet de la dynamique des Assises du socialisme et des

1. Duhamel (Olivier), Parodi (Jean-Luc), « Images du communisme », *Pouvoirs,* 21-22, 1982.
2. Balibar (Etienne), *Sur la dictature du prolétariat,* Paris, Maspero, 1976, p. 7.
3. Tosel (André), *Praxis,* Paris, Les Editions sociales, 1984, p. 25.
4. Althusser (Louis), *22e congrès,* Paris, Maspero, 1977, p. 68.
5. Althusser (Louis), *Ce qui ne peut plus durer dans le Parti communiste,* Paris, Maspero, 1978, p. 123.

élections partielles de septembre-octobre[1]. Le mot d'ordre « élever la qualité de l'union » masque une hésitation. Est-il possible de redresser la barre ou convient-il de rompre avec la démarche engagée ? L'invention d'une démarche originale réclamait une véritable dialectique interne qui aurait permis de surmonter les deux solutions simples : « Le maintien de l'intégrité doctrinale et la traduction de la stratégie démocratique en une simple alternance, variante intérieure de la gestion du système capitaliste.[2] » Le combat pour l'actualisation du programme commun, qui s'apparente à une querelle de notaires, aboutit à la rupture[3]. Le PCF apparaît sectaire, soucieux de ses seuls intérêts électoraux[4] et perd la légitimité unitaire dont il avait l'apanage depuis une décennie.

Le PS aura l'intelligence tactique de continuer à se réclamer de l'union de la gauche, tandis que la CFDT, opérant son « recentrage », se distanciera de la CGT et prônera un réalisme qualitatif.

DISCOURS ET CÉRÉMONIES OFFICIELLES DU DIXIÈME ANNIVERSAIRE

Parallèlement au changement de rapports de force au sein de la gauche politique, s'opère, sous le septennat giscardien, un renversement idéologique dont le dixième anniversaire de Mai 1968 fournit un terrain et une mesure.

Tous les discours ne se modifient pas. Certains interprètes n'estiment pas nécessaire de s'exprimer dix ans après. Le PCF, aux prises avec les pétitionnaires d'Aix-en-Provence, remanie

1. « Le PS reproche alors au PCF de mener contre lui un procès d'intention, alors qu'il s'agit d'un procès d'extension. » Jugement d'un militant de l'époque.

2. Tosel (André), *Praxis, op. cit.*, p. 25.

3. Juquin (Pierre), *Programme commun. L'actualisation à dossiers ouverts*, Paris, Les Editions sociales, 1977, 188 p. En défendant ligne à ligne le Programme commun, le PCF croit se faire le porte-parole du sentiment unitaire.

4. L'épisode de Vitry en fournit une illustration supplémentaire.

légèrement son discours. La droite préfère ne pas intervenir publiquement [1].

La CGT organise un colloque, avec la participation d'une historienne et d'un politologue [2]. Le souci d'une analyse rigoureuse, critique, est perceptible. Georges Séguy tire des conclusions qui ne s'écartent pas des interprétations antérieures. Fruit de l'activité revendicative, Mai 1968 confirme la nécessité de l'organisation, loin d'accréditer les thèses spontanéistes [3]. La CGT a joué un rôle primordial que les opposants de la lutte des classes s'appliquent à occulter ou à dénaturer. Le niveau très élevé de la grève n'a pas créé une situation révolutionnaire « si l'on entend par là que les conditions étaient réunies pour la prise du pouvoir par la classe ouvrière ». Les blocages constatés à cette époque se sont manifestés à nouveau avant les élections de mars 1978, même si la gauche syndicale et politique s'est rapprochée du point de vue cégétiste sur le phénomène gauchiste. Les limites du mouvement ne sauraient masquer son ampleur et son originalité. La grève de Mai 1968 « constitue aujourd'hui la meilleure – et jusqu'à ce jour l'unique – expérience d'application pratique de la démocratie autogestionnaire telle qu'il est devenu possible de la concevoir aujourd'hui ».

La CFDT édite un numéro spécial de *Syndicalisme* [4] auquel participent des personnalités cédétistes, Michel Garicoix, Alain Lebaube, Guy Lorant et trois responsables, André Jeanson, Jacques Julliard et Edmond Maire. La CFDT a été l'organisation syndicale la plus en phase avec l'événement parce qu'elle n'était ligotée par aucun dogmatisme [5]. Le mouvement de Mai 1968 est important par ses acquis immédiats, par l'autonomie des forces sociales qu'il a rendu possible, par l'émergence de nouvelles

---

1. A l'exception du *Mal français* d'Alain Peyrefitte (1976) et de *L'importune vérité* de Raymond Marcellin (1978), qui ne sont pas centrés sur l'événement. Quant à la commémoration à la télévision, elle a manifesté un « évident désir de noyer le poisson » (Claude Sarraute, *Le Monde*, 4 mai 1978). *TF1* a fait dialoguer Alain Touraine et Pierre Chaunu. *A2* a diffusé un montage documentaire pour un « Dossier » de médiocre facture. Seule *FR3* a commandé une série ambitieuse, confiée à André Frossard.

2. *Le Peuple*, 1041, 1-15 juillet 1978, 74 p.

3. Au congrès du Bourget (1975), des anciens gauchistes reconnaissent leur erreur antérieure.

4. *Syndicalisme*, 1704, 11 mai 1978. *CFDT-Magazine* (17, mai 1978) publie une interview d'Eugène Descamps et une autre de Gilbert Declercq.

5. « Selon un mot célèbre, qui est de Mounier, c'est l'événement qui a été le maître intérieur. » *Syndicalisme*, 1704, 11 mai 1978, p. 12.

revendications qu'il a accélérée. L'autogestion condense les aspirations des travailleurs et des étudiants à vivre autrement, impliquant un autre type de développement. Au cours des années 1968-1978, « les événements sociaux et politiques se sont succédé à une cadence accélérée » et les promesses du printemps n'ont pas toutes été tenues. En mars 1978, la mobilisation sociale a été la grande absente et, face à la crise, « il y a aujourd'hui plus d'urgence qu'en 1968 à apporter aux problèmes qui se posent des solutions qui ne soient pas seulement superficielles ».

Le livre d'Alain Delale et Gilles Ragache, *La France de 68*, fournit un tableau riche et documenté du mouvement étudiant et ouvrier [1]. La chronique oppose le conservatisme de la CGT et du PCF à la révolte étudiante, à la spontanéité ouvrière. La conclusion confirme la permanence de l'interprétation ultra-gauche : « Présenter de Mai une image folklorique n'est pas seulement créer une illusion, c'est énoncer un mensonge destiné à masquer à quel point la société française fut, pendant ces mois, au bord d'une rupture décisive. [2] »

Les acteurs qui restructurent profondément leurs discours appartiennent à l'extrême gauche soixante-huitarde. Le premier à désacraliser le mouvement, à lui enlever son aura révolutionnaire, est le leader du 22 mars. Il compose, en 1975, *Le grand bazar* [3] qui assure que la violence de Mai est restée un jeu. André Glucksmann amplifie la remise en cause des idées de Mai avec *La cuisinière et le mangeur d'hommes* [4]. En 1976, le vocable de « nouveaux philosophes » est lancé [5] et la dénonciation du totalitarisme marxiste, l'exaltation de la dissidence [6], la stigmatisation de tout pouvoir, l'affirmation de la primauté du culturel sur l'économique [7], l'appel à la résistance [8] se mêlent avec une

---

1. Nous nous y sommes référés dans le premier chapitre de notre seconde partie, *non asserendo, sed recitando*.

2. La LCR organise un débat public les 27 et 28 mai. Cf. *L'Année politique 1978*, Paris, ed. du Grand Siècle, 1979, p. 75.

3. Cohn-Bendit (Daniel), *Le grand bazar*, Paris, Belfond, 1975, 190 p.

4. Glucksmann (André), *La cuisinière et le mangeur d'hommes*, Paris, Le Seuil, 1975, 221 p.

5. Aubral (François), Delcourt (Xavier), *Contre la nouvelle philosophie*, Paris, Gallimard, 1977, 345 p., (coll. « Idées »). Aron (Raymond), *Mémoires, op. cit.*, p. 705-706.

6. Lecourt (Dominique), *Dissidence ou révolution ?*, Paris, Maspero, 1978, 99 p.

7. L'œuvre de Michel Foucault est utilisée sans vergogne dans ce sens, ce que permet (et non légitime) son ambiguïté. Lecourt (Dominique), *Dissidence ou révolution ? op. cit.*, p. 71-83.

8. Par un nouveau détournement de sens que la gauche prolétarienne avait inauguré.

récusation de la révolution et une reconnaissance des impasses du mouvement de Mai. Une fois de plus, il est proclamé que Marx est mort, que la pensée de Marx est mortifère [1].

Illusions, désillusions. Dix ans après Mai, une part des acteurs se déclare « floués ». « Déclassés » [2], ils admettent, avec une modestie englobante, appartenir à une « génération perdue » [3]. L'esprit de Mai se transforme. Il valorise désormais les droits de l'homme, l'individu, le micro-social, la localité [4]. « 68-78 : le nettoyage », conclut Max Gallo [5].

Régis Debray, qui était en prison lors des événements, apporte une *Modeste contribution aux discours et cérémonies officielles du dixième anniversaire* [6], partielle certes, assurément dérangeante. Son propos secoue l'orthodoxie en voie de constitution, il ne la renverse pas.

Mai 1968 est né du décalage entre la France industrielle et la France institutionnelle. La mise à feu de la subjectivité impose à ceux qui la refusaient la loi de l'objet marchand. Le « patriarche » s'est vu signifier son congé par la voix combinée des agents de change de la Bourse et des agents de changement de la Sorbonne. La crise a fonctionné comme un facteur de stabilisation des rapports de classe fondamentaux. Le but du mouvement de Mai n'était pas de faire, mais, pour les étudiants, d'être et, pour la majorité des ouvriers, d'avoir. Les blocages du gaullisme ont provoqué une rencontre houleuse, une explosion inattendue qui, faute de direction, se sont épuisées. Non sans conséquence. La commotion a précipité la chute de De Gaulle et de Lénine. Des aspirations se sont fait jour. « Une part capitale de la révolte idéologique de masse de 1968 a fini par cimenter, dix ans après, le consensus de la " nouvelle société " bourgeoise » [7] : diabolisation de l'Etat, valorisation du micro-économique, libéralisation des ondes. Le dixième anniversaire confirme l'analyse. Ce qui a été retenu comme sens de l'événement ne

1. Mouriaux (René), *Pertinence du marxisme pour une étude du syndicalisme et du salariat en France*, Paris, IEP, 1984, 190 p.
2. Bizot (Jean-François), *Les déclassés*, Paris, Sagittaire, 1976, 426 p.
3. Paugam (Jacques) ed., *Génération perdue*, Paris, Laffont, 1976, 219 p.
4. « 68-78. Dix années sacrilèges », *Autrement*, 12, février 1978, 295 p.
5. « 68-78 : le nettoyage », *L'Express*, 8-14 mai 1978.
6. Debray (Régis), *Modeste contribution aux discours et cérémonies officielles du dixième anniversaire*, Paris, Maspero, 1978, 93 p.
7. *Ibid.*, p. 55.

peut-être séparé de l'événement lui-même[1]. Régis Debray n'entend pas travestir « le vécu de Mai ». Il s'applique à cerner la fonction historique du mouvement : introduire la France en Amérique, accréditer le libéralisme économique avec le conservatisme social. Il reste à prendre notre « Mai » en patience.

Les sociologues, qui ont fourni les grandes interprétations de Mai, reprennent presque tous la parole, dix ans après.

Raymond Aron ne juge pas opportun de participer à la commémoration d'un non-événement. Serge Mallet n'est plus. Michel Crozier accorde un entretien au *Monde*[2]. Il estime que la grande vague gauchiste, en reflux, a plutôt paralysé le pays sur le plan politique et institutionnel. En revanche, la culture a bénéficié de la revendication de liberté. Les jeunes ont gagné une ouverture plus grande aux autres. La thématique autogestionnaire, dans sa dimension idéaliste, globale, vertueuse, était porteuse de davantage de technocratie. Réaliste, elle conduit à plus d'autonomie et de responsabilité, elle n'élimine pas le pouvoir, elle le combat avec du pouvoir.

Edgar Morin propose de comprendre l'énormité et l'insignifiance de Mai 1968. Totalement politique, totalement ludique, l'événement-sphinx a puisé sa dynamique dans le néo-libertarisme symbolisé par Cohn-Bendit. Révolution ratée et réussie, l'explosion surprenante et incongrue fut une Pâques dont le gommage et le refoulement laissent le passage toujours béant.

L'ambiguïté du conflit-fête se prolonge au cours de la décennie 1970. L'angoisse, le désir, l'existence s'infiltrent dans les sous-sols sociaux et culturels. Tout est comme avant et la brèche toujours ouverte. Mai a donc moins été un générateur qu'un révélateur. La régression marxiste qu'il a permise entre en crise et la société libérale avancée n'étouffe pas l'aspiration à une autre vie. « Nous sommes peut-être présentement dans l'œil tranquille d'un gigantesque cyclone planétaire en formation.[3] »

A *TF1*, le 8 mai 1978, Alain Touraine déclare que l'utopie de Mai s'est éloignée. Dans *La voix et le regard*, il explicite son refus théorique des concepts d'historicité et des mouvements

---

1. Régis Debray réserve ses flèches à André Glucksmann et Jean-Claude Guillebaud.
2. « Grilles du temps », *Le Monde*, 27 avril 1978.
3. Morin (Edgar), « Mai, Mais. Mais, Mai », *Le Monde*, 31 mai, 1er et 2 juin 1978. Claude Lefort est occupé à commenter Machiavel et Soljenitsyne, *Le Monde*, 9-10 mai 1978.

sociaux comme forces de transformation du présent et de construction de l'avenir. « J'ai insisté de plus en plus fortement sur la nécessité de séparer l'analyse synchronique de l'analyse diachronique, celle du fonctionnement et celle du changement, en se débarrassant de tout évolutionnisme.[1] » Dans la société programmée, le mouvement ouvrier décline parce que le conflit industriel n'est plus central. D'autres mouvements sociaux émergent qui ne recouvrent pas davantage toute la réalité sociale.

Quant à Henri Lefebvre, il donne pour titre à son dialogue avec Catherine Régulier une constatation nostalgique : « La révolution n'est plus ce qu'elle était.[2] » Mai 1968 y est évoqué furtivement, par deux fois, à propos de l'invasion de la Tchécoslovaquie et de l'utopie[3]. L'essai surplombe l'événement pour traiter de la crise du communisme dans le marché mondial. Une voie nouvelle est requise. « Les théoriciens n'ont fait qu'interpréter le marxisme ; il s'agit maintenant de le tranformer.[4] »

LA GAUCHE SANS LES MASSES, LA DROITE DANS LA RUE

Le 10 mai 1981, François Mitterrand l'emporte avec 1 300 000 voix, ce qui est considérable. Pour les élections législatives qui suivent, l'abstentionnisme progresse au premier tour et la gauche, dans son ensemble, devance la droite de 3 000 000 de voix. Dès le lendemain des résultats, leur signification est l'objet de controverses[5]. S'agit-il d'un concours de circonstances ou d'une victoire de la gauche, d'un rejet d'un homme ou de l'option en faveur d'un programme ? La majorité accordée au PS traduit-elle l'accession de la France à la modernité social-démocrate ou une régression vers l'archaïsme que Mai 1968 avait ravivé ? Les incertitudes du départ se retrouvent dans les ambiguïtés du bilan, de manière amplifiée. La plus grande secousse sociale de l'histoire française s'accomplirait dans la période où

1. Touraine (Alain), *La voix et le regard*, Paris, Le Seuil, 1978, p. 126.
2. Lefebvre (Henri), Régulier (Catherine), *La révolution n'est plus ce qu'elle était*, Paris, Hallier, 1978, 201 p.
3. *Ibid.*, p. 18 et 176.
4. *Ibid.*, p. 200.
5. Boy (Daniel) et al., *1981 : les élections de l'alternance*, Paris, Presses de la Fondation nationale des sciences politiques, 1986, 261 p.

les grèves se situent à leur niveau le plus bas depuis 1945. La droite s'affirme dans la rue et capte le thème de la liberté. L'interprétation dominante de Mai 1968 résiderait dans sa charge culturelle et dans sa visée individualiste.

La victoire de François Mitterrand engendre une réelle liesse chez les jeunes et dans les couches moyennes. « On a gagné. » L'emploi d'une formule sportive traduit peut-être la conscience de spectateurs plus que d'acteurs. Le neutre anonyme indique aussi l'absence d'identité forte, d'autant plus sensible qu'une partie du peuple de gauche, les communistes, a le sentiment contraire d'avoir été défaite.

Les premiers gestes du président de la République socialiste combinent avec habileté prudence et nouveautés. Le premier gouvernement Mauroy comprend un nombre élevé de politiciens chevronnés – Gaston Defferre, Maurice Faure, André Chandernagor, Roger Quilliot – mais introduit aussi des capacités moins anciennes, quoique aucune ne soit soixante-huitarde. La défense du franc est la première urgence à assurer. Les mesures sociales adoptées sont symboliques, comme la cérémonie du Panthéon : hausse limitée du SMIC (10 %), relèvement des allocations familiales et de l'allocation-logement, majoration du minimum-vieillesse, création de 54 290 emplois publics. La dissolution de l'Assemblée nationale, déconseillée par Michel Rocard, aboutit à une majorité sans équivalent dans le passé à la fois par son ampleur et par sa couleur. Le second gouvernement Mauroy rejoue le scénario du général de Gaulle à la Libération en y apportant quelques correctifs. Quatre ministres communistes sont associés, mais aucun à un ministère clé. Le Travail leur a été refusé à la demande de la CFDT. Les Transports, la Fonction publique, la Santé, la Formation continue : la portion est congrue. Il est controversé que, la veille du 10 mai, des membres du comité central invitaient encore à voter en faveur de Valéry Giscard d'Estaing. L'explication du retournement du second tour sonnait franchement faux. Le peuple français avait opté pour un programme minimaliste. C'était regrettable, mais démocratiquement, il fallait agir pour qu'il réussisse.

Aucune concession n'est faite aux communistes qui effectuent un ralliement douloureux et coûteux. La CGT réclame la réunion d'une nouvelle conférence de Matignon. L'idée ne sera pas retenue, sous l'effet, notamment, de l'opposition de Force ouvrière qui a élevé une protestation « historique » contre l'entrée des communistes au gouvernement. La prise du pouvoir par l'armée polonaise, les 12 et 13 décembre 1981, accentue l'isolement des communistes déjà recouverts par l'ombre de Kaboul.

Durant l'état de grâce, le sentiment de disposer d'un pouvoir considérable prévaut dans la majorité socialiste[1]. La multiplicité des réformes envisagées témoigne de cette conviction : l'unification du système scolaire, la suppression des tribunaux d'exception, l'abolition de la peine de mort, l'aménagement des structures hospitalières, la création de l'impôt sur les grandes fortunes, la régionalisation. Chaque ministère important a ses projets. Le plus controversé concerne les nationalisations[2].

La contre-offensive de la droite porte d'abord sur l'extension du secteur public. Le 16 janvier 1982, le Conseil constitutionnel, saisi par l'opposition, déclare non conforme à la Constitution les conditions d'indemnisation des actionnaires et le refus de verser un dividende pour l'exercice 1981. Le gouvernement s'incline et la droite durcit son refus de l'expérience socialiste.

Le second combat d'importance que mène la droite porte sur les lois Auroux, en mai 1982. Le ministère du Travail, conseillé par Mme Martine Aubry, a mis en chantier une révision du Code du travail. Il modifie les règles des relations entre les partenaires sociaux qui comportent désormais l'obligation annuelle de négocier. Il retouche les dispositions concernant le comité d'entreprise et la section syndicale. La principale et la seule véritable innovation législative concerne l'expression directe des salariés. Le droit individuel et collectif de donner leur avis sur les conditions de travail est reconnu aux travailleurs de l'industrie, du commerce et des services. Philippe Seguin se pose comme l'adversaire le plus compétent de l'œuvre entreprise par Jean Auroux et mène avec habileté la bataille des amendements.

Les assauts que subit la majorité socialiste et le président

---

1. Bauchard (Philippe), *La guerre des deux roses. Du rêve à la réalité*, Paris, Grasset, 1986, 358 p. ; Birnbaum (Pierre), ed., *Les élites socialistes au pouvoir*, Paris, PUF, 1986, 311 p. ; Colombani (Jean-Marie), *Portrait du président. Le monarque imaginaire*, Paris, Gallimard, 1985, 221 p. ; Estier (Claude), Neiertz (Véronique), *Véridique histoire d'un septennat peu ordinaire*, Paris, Grasset, 1987, 275 p. ; July (Serge), *Les années Mitterrand. Histoire baroque d'une normalisation inachevée*, Paris, Grasset, 1986, 235 p. ; Pfister (Thierry), *La vie quotidienne à Matignon au temps de l'union de la gauche*, Paris, Hachette, 1985, 366 p. ; « La gauche au pouvoir », *Pouvoirs*, 20, 1982, 200 p.

2. Maret (J.), *1981-1986. Le bilan de la VIe législature*, Paris, Syros, 1986, 270 p. ; Fonteneau (Alain), Muet (Pierre-Alain), *La gauche face à la crise*, Paris, Presses de la Fondation nationale des sciences politiques, 1985, 383 p.

Mitterrand ne proviennent pas seulement du Parlement. Ils se situent aussi dans la rue. La contestation directe provient d'abord de la FNSEA, qui mobilise dès janvier 1982. Le Syndicat national de la petite et moyenne industrie (SNPMI), dont les dirigeants, proches de l'extrême-droite, s'opposent au CNPF, multiplie les démonstrations violentes en juillet. Le 30 septembre, l'Union nationale des associations de professions libérales rassemble 50 000 personnes dans les rues de Paris. Les cortèges des agriculteurs et des commerçants s'ajoutent en mai 1983 aux manifestations des étudiants et des internes en médecine au point que la formule apparaît alors d'un « Mai 1968 à l'envers ». 700 à 800 policiers en tenue se rassemblent le 3 juin et parviennent à moins de cent mètres du Palais de l'Elysée. Le 3 octobre 1983, la CGT réunit 40 000 manifestants. Les transporteurs routiers mènent un conflit dur en février 1984.

L'épreuve de force qui assurera un triomphe à la droite se situe sur le terrain de la laïcité. Les défenseurs de l'école privée rassemblent un million de personnes à Versailles, le 24 juin, au terme d'une campagne contre le projet Savary remarquablement conçue et réalisée. Le président de la République annonce le retrait du texte combattu qui avait été adopté par l'Assemblée nationale en première lecture [1]. Le remplacement de Pierre Mauroy par Laurent Fabius confirme l'importance de cet événement qui marque un tournant dans la législature socialiste, corroboré par le départ des communistes du gouvernement.

Avec un sens très aigu de la conjoncture, la droite a su capter à son bénéfice les modifications intervenues dans le champ scolaire. Alors que les laïques tablaient sur la valeur-or de la neutralité républicaine et du service public, elle s'est posée en défenseur de l'innovation pédagogique et du recours contre les éliminations du réseau scolaire officiel. S'inscrivant dans une logique consumériste, elle s'est identifiée avec une forme de liberté alors que la gauche découvrait avec stupeur que ses références émancipatrices étaient incomprises, dévaluées, suspectées.

Sur le front économique, de 1981 à 1984, les socialistes se heurtent à des difficultés grandissantes. Dès le 4 octobre 1981, ils sont contraints à procéder à une première dévaluation du franc. L'ordonnance du 16 janvier 1982 sur les 39 heures hebdomadaires

1. Aubert (Véronique) et al., *La forteresse enseignante. La FEN*, Paris, Fayard, 1985, 364 p.

laisse en suspens le problème de la compensation salariale, ce qui suscite un mécontentement manifeste. Après le sommet de Versailles, Jacques Delors, qui s'était fait l'avocat d'une pause, effectue un nouveau réaménagement monétaire, accompagné d'un blocage des salaires. Après les élections municipales, le troisième gouvernement Mauroy adopte un plan de rigueur qui comporte une dévaluation, une réduction des déficits publics, un relèvement des cotisations sociales, un emprunt obligatoire. Le plan de restructuration de la sidérurgie, défini le 29 mars 1984, traduit une révision profonde de la politique industrielle qui se manifeste aussi par l'arrêt du soutien aux charbonnages de France.

La remarque a été maintes fois énoncée. La gauche au pouvoir n'a pas été soutenue par une mobilisation populaire, à la différence de 1936 et de 1944. A l'opposé, le mouvement syndical s'affaiblit. Les effectifs de la CGT et même de la CFDT fondent. La division s'accentue, le mouvement des grèves s'affaisse[1].

Évolution du nombre de journées non travaillées à l'occasion des conflits de travail (localisés et généralisés). Années 1975 à 1986

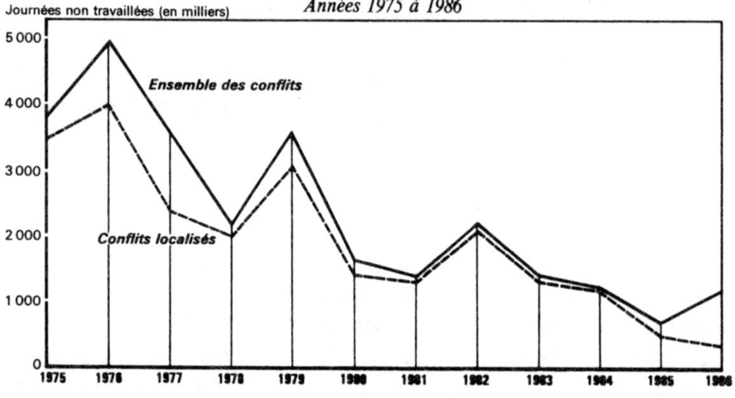

Les conflits des années 1981-1986 sont essentiellement liés au refus des restructurations industrielles, dont la marche des Lorrains à Paris (13 avril 1984) est l'illustration la plus typique. Les immigrés inscrivent aussi leurs revendications dans les luttes de l'automobile (1982-1983) avec l'effet en retour qui en résulte

1. Capdevielle (Jacques), « Crise du syndicalisme, crise de la classe ouvrière ou crise du salariat », *Vingtième siècle*, 14, avril-juin 1987, p. 25-34.

d'une montée du racisme. Dans tous les cas, les grévistes sont déçus de la gauche et s'interrogent sur l'indépendance du mouvement syndical à l'égard du pouvoir politique. FO, la CGC, la CFTC bénéficient d'un regain de confiance en raison de leur opposition qui apparaît plus nette. La FEN souffrira aussi d'accepter le blocage des traitements, de tolérer l'abandon du grand « Service public unifié et laïque de l'éducation nationale (SPULEN), de se soumettre à une évolution du système scolaire qui puise dans les thèses modernistes. Dans une formule schématique et parlante comme toutes les antithèses, la gauche est au pouvoir sans les masses alors que l'opposition redécouvre la rue.

La reconquête de la droite se concrétise au fil des consultations électorales. Les élections législatives partielles de janvier 1982 sont favorables à la droite qui progresse sensiblement aux cantonales de mars. Malgré un « sursaut » au second tour, la gauche est défaite aux élections municipales de mars 1983. Les élections européennes font apparaître clairement le rapport de force qui conduira aux résultats de mars 1986 : PS, 20,7 %, PCF, 11,2 %, Droite, 43 %, Front national, 10,9 % [1].

LE NOUVEAU PAYSAGE POLITIQUE FRANÇAIS

A l'issue de ces cinq années durant lesquelles les socialistes occupent le pouvoir sans partage, notre paysage politique s'est considérablement transformé. Le PCF connaît un déclin que la plupart des observateurs estiment irréversible ; le PS a complètement remis en question sa doctrine économique ; la « bande des quatre » a dû se serrer pour faire place à un cinquième partenaire dont la quête d'honorabilité dissimule mal l'absence de tout scrupule démocratique et un racisme prononcé.

Dans cette transformation, la question des facteurs explicatifs reste toutefois entière. Quelle part convient-il d'attribuer aux erreurs du pouvoir après 1981 ou aux fautes stratégiques antérieures ? Faut-il en rendre responsable la tardive prise de conscience du fait que la France est installée dans une crise économique profonde, appelée à durer encore longtemps ? Du

---

1. Lancelot (Alain), *Les élections sous la Ve République*, Paris, PUF, 1983, 128 p (coll. « Que sais-je ? »).

coup, reste entière aussi la question de l'avenir de cette transformation : mutation irréversible du « peuple de gauche » liée à l'épreuve du pouvoir, ou modification instable portée par une récession qui ne saurait durer éternellement et susceptible de rebondissements inattendus, à l'instar du conflit des cheminots de l'hiver 1986-1987 ?

La chute du PCF

La glissade du vote communiste est vertigineuse : 20,6 % aux élections européennes de 1979 ; 15,5 % au premier tour de l'élection présidentielle de 1981 ; 11,2 % aux européennes de 1984 ; 9,6 % aux législatives de mars 1986. Le piège de la bipolarisation a parfaitement fonctionné. Dans l'union, les socialistes ont reconquis leur virginité ; dans la désunion, les communistes ont été « plumés » au nom du vote utile et du barrage à la droite. La contestation interne a pris des formes aiguës. Le groupe Rencontres communistes hebdo (RCH) publie le premier numéro de son bulletin le 15 mai 1981. Plusieurs membres du comité central démissionnent. Un groupe de rénovateurs se forme à partir de 1986 et lance un manifeste en février 1987, avant de présenter un candidat à l'élection présidentielle de 1988.

Les tensions internes qui travaillent le PCF ne lui sont pas propres. Elles sont perceptibles dans tous les partis communistes. Les modalités françaises proviennent des traits propres de la formation politique qu'elle a acquise depuis 1920 après les phases de constitution et de bolchevisation, l'expérience du Front populaire et de la résistance, la période de la guerre froide, la lutte contre le gaullisme et pour le programme commun. A travers son histoire, le PCF s'est constitué comme un Parti ouvrier, révolutionnaire, national-internationaliste. Trois attributs qui sont dévalorisés. Les modifications, qui ont affecté les forces productives, ont ébranlé l'identité de la classe ouvrière et la crise ont permis de substituer à l'opposition entre capital et travail la division entre salariés dotés d'un travail stable et travailleurs précaires. Le « socialisme réel » a déconsidéré le projet révolutionnaire et disqualifié le soutien à l'Union soviétique que le PCF s'est toujours appliqué à identifier avec l'intérêt national.

Avec la transformation de la classe ouvrière et l'écroulement du modèle soviétique, le PCF a été atteint dans ses sources vives sans qu'il trouve dans ses épreuves mêmes la force de réagir. La déstalinisation manquée s'est traduite par une insuffisance théorique, par des hésitations stratégiques bientôt dominées par les erreurs tactiques, par une pratique dont les travers bureaucratiques apparurent de plus en plus fortement.

A quoi le PCF a-t-il servi, demandent les « mainteneurs », en reprenant une expression de Georges Lavau ? De marche-pied au PS pour faire une politique de gestion de la crise. L'erreur accomplie ne doit plus être renouvelée ; alors, qu'importe la casse. Il faut sauver l'idée de révolution, attendre le moment où la taupe recommencera à creuser. Depuis 1984, le PCF, à contre-courant, contre vents et marées, proclame qu'il est le seul à incarner une autre politique qu'il définit à grands coups de serpe : appuyer les luttes, soutenir les grandes causes, paix, droit au travail, antiracisme, autogestion, internationalisme avec une exaltation de la *perestroïka* et de la *glasnost* que Mikhaïl Gorbatchev met en œuvre à partir de 1985.

Le maintien à la tête du parti de la même équipe qui a fait le programme commun et le défait, la non-réponse à l'aspiration unitaire des travailleurs, la fermeture sur les questions de démocratie interne limitent l'audience du discours radicalisé des années 1984-1987. L'échec est probablement accepté. Le relèvement est reporté au long terme, à l'après-Mitterrand en tout cas, et l'espoir est secrètement caressé d'un nouveau Mai comme le mouvement des étudiants de novembre-décembre 1986 et la grève des cheminots de décembre 1986-janvier 1987 ont pu, un moment, le faire accroire aux militants communistes. En attendant, le PCF est laminé. Contrairement aux hypothèses des soixante-huitards, l'effacement du Parti communiste n'a ouvert aucun espace à une nouvelle extrême gauche. En ont bénéficié, d'une part, le PS de François Mitterrand, une des formations les plus droitières de l'Internationale socialiste, et, d'autre part, le Front national dont l'émergence ne se réduit pas à ce seul facteur, tant s'en faut.

L'évolution du Parti socialiste à l'épreuve du pouvoir

François Mitterrand a donc gagné son pari initial : le programme commun conclu entre le PS et le PCF a considérablement modifié le rapport des forces au sein de la gauche, en faveur du premier ; la rupture de l'union de la gauche, officialisée en septembre 1977, ne l'a pas empêché de récupérer une part importante de l'électorat communiste, elle n'a guère entamé l'image gauchie dont bénéficie le PS dans l'opinion depuis 1972. Peu après les élections législatives de juin 1981, le PS célèbre avec éclat son accession au pouvoir et cet ancrage à gauche, à l'occasion du congrès de Valence, fin octobre. Paul Quillès demande, à la tribune, que le gouvernement ne se contente pas d'annoncer que « des têtes vont tomber » mais qu'il les désigne rapidement. Louis Mermaz, imposé par François Mitterrand à la présidence de l'Assemblée nationale, réclame que le gouvernement « frappe vite et fort » et reconnaît au parti un rôle moteur dans le contrôle de l'exercice du pouvoir et l'application du programme. Un petit déjeuner hebdomadaire ne réunit-il pas, autour du président de la République et du secrétaire général de l'Elysée, le Premier ministre et le premier secrétaire du PS ? François Mitterrand n'a-t-il pas placé, depuis Epinay, la construction du nouveau Parti socialiste sous le signe de la rupture avec le capitalisme ? N'écrit-il pas aux délégués réunis à Valence qu'il comprend leur impatience « devant certaines lenteurs et certaines résistances » ? Le refus de dévaluer, la volonté manifestée par le président d'appliquer son programme en particulier sur le plan social et en matière de nationalisations, l'entrée de ministres communistes au gouvernement : dans un premier temps, tout concourt apparemment à confirmer l'évolution à gauche du PS depuis Epinay.

Pourtant, certains indices annoncent déjà les hésitations et les revirements ultérieurs. Si l'importance des nationalisations opérées n'est nullement négligeable, la personnalité de certains des nouveaux dirigeants mis en place, le report à une date ultérieure des mesures de démocratisation, suscitent le doute quant au rôle que l'Etat et le pouvoir entendent exercer dans le secteur nationalisé. Ensuite, l'ampleur même du secteur désormais public contraste avec le rôle secondaire dévolu au Plan que l'on confie à Michel Rocard, dont chacun connaît alors la marginalisation au sein de la nouvelle équipe dirigeante. Enfin, certains responsables socialistes – et non des moindres, comme le nouveau ministre des Finances – défendent dès cette époque une ligne modérée. La marge de manœuvre de Jacques Delors est alors limitée et ses attributions amputées de la préparation du budget qui revient à Laurent Fabius. Pourtant, peu après le congrès de Valence, à l'occasion de sa présence à l'émission « Le grand jury » sur *RTL*, l'ancien conseiller de Jacques Chaban-Delmas déclare qu'« il faut faire une pause dans l'annonce des réformes ». Pierre Mauroy le désavoue le lendemain, annonçant que les réformes « continueront sans accélération ni précipitation ». Dès ce moment, les hésitations du pouvoir sont rendues publiques [1]. En octobre, sous la pression des sorties de capitaux, le gouvernement doit se résoudre à une première dévaluation, mais Jacques Delors n'est toujours pas suivi lorsqu'il propose de l'accompagner d'un début de politique des revenus et de restrictions budgétaires.

Le 17 janvier 1982, la gauche perd quatre élections législatives partielles. En mars, elle subit un nouvel échec aux cantonales. L'opposition, UDF et RPR, a présenté une candidature unique dans 1 500 cantons sur les 1 945 en compétition dans la métropole. Le pourcentage d'abstentions, 31,6 %, est particulièrement faible, compte tenu de l'abstention habituellement élevée qui accompagne ce genre de scrutin. La gauche, plus particulièrement le PCF, recule considérablement [2]. Après le sommet infructueux de Versailles en juin, Jacques Delors et ses conseillers redemandent l'adoption d'une politique de rigueur. Le 12 juin, ils obtiennent partiellement satisfaction avec l'annonce d'une nouvelle dévaluation du franc par rapport au mark accompagnée d'un blocage provisoire des prix et des salaires. Leur position se renforce dans les semaines qui suivent et la plupart des observateurs voient dans cette période un tournant dans la politique économique et sociale du pouvoir.

Un remaniement ministériel, limité quant au nombre de ministres concernés, mais important quant à son contenu politique, intervient le 29 juin. Nicole Questiaux, proche du CERES, ministère de la Solidarité nationale, qui avait déclaré lors de son entrée en fonction qu'elle « ne serait pas le ministre des comptes », est remplacée par le secrétaire général de l'Elysée, Pierre Bérégovoy, qui devient ministre des Affaires sociales et de la Solidarité nationale, Jean Auroux cessant d'être ministre du Travail de plein exercice pour n'être plus que ministre délégué auprès de Bérégovoy. Jean-Pierre Chevènement, leader du CERES, nationaliste et jacobin convaincu, qui détient déjà le

---

1. « Ce que l'opinion a surtout retenu du débat entre Jacques Delors et Matignon, c'est une série de contradictions dans la mise en œuvre de la politique économique et sociale. » Estier (Claude), Neiertz (Véronique), *Véridique histoire d'un septennat peu ordinaire*, *op. cit.*, p. 150.

2. Lancelot (Alain), « Cantonales : la correction », *Projet*, 165, 1982, p. 598-608.

ministère de la Recherche, reçoit en plus celui de l'Industrie. De la même façon que le nouveau pouvoir a, contradictoirement, largement nationalisé sans pour autant se doter d'instruments de planification adaptés, il affiche maintenant un volontarisme certain en matière de politique industrielle sans pour autant se donner les moyens financiers de ce volontarisme – la caisse centrale de financement de l'investissement demandée par Jean-Pierre Chevènement est refusée par Jacques Delors – et, de surcroît, en acceptant pleinement le jeu des contraintes extérieures.

Ainsi, dès juin 1982, si l'on s'en tient aux divergences qui opposent depuis toujours deux responsables à des ministères clés comme Jacques Delors et Jean-Pierre Chevènement, une situation de schizophrénie politique est installée au cœur du pouvoir et ne peut se dénouer que dans une alternative simple : le raidissement dirigiste et protectionniste avec le risque de l'isolement et de l'échec ou l'enlisement de l'expérience socialiste et son ralliement au libéralisme. Le raidissement dirigiste et protectionniste supposait qu'il puisse s'appuyer sur une mobilisation populaire. Celle-ci a bien eu lieu mais, nous venons de le rappeler, au service de la droite.

Jacques Delors réussit à faire accepter – aidé par l'importance de la crise et du chômage – la désindexation des salaires[1]. Jean-Pierre Chevènement, renonçant à son tour à ses positions antérieures, propose une lecture des lois Auroux assurément plus proche de l'exemple des « cercles de qualité » japonais que du contrôle ouvrier revendiqué dans les colloques passés du CERES. Laurent Fabius, au nom de la modernité, parachève l'entreprise de ravalement doctrinal en réhabilitant le rôle du profit.

Ce réajustement idéologique d'envergure opéré par les socialistes une fois au pouvoir modifie-t-il pour autant l'échiquier politique français ? En mars 1986, la droite a devant elle une chance historique : poursuivre la politique qu'elle trouve en accédant au pouvoir, et, ce faisant, administrer la preuve que la dimension droite-gauche est un artifice dépassé, sans prise sur les contraintes économiques. Elle aurait conduit ainsi le PS soit à se déjuger, soit à décliner au profit d'une hypothétique remontée du PCF. La droite prend à l'inverse une série de mesures

1. Cohen (Elie), « Les socialistes et l'économie » in Dupoirier (Elisabeth), Grunberg (Gérard), *Mars 1986 : la drôle de défaite de la gauche, op. cit.*, p. 87.

hautement symboliques et souvent peu populaires – y compris dans son électorat avec, par exemple, la suppression de l'impôt sur la fortune – qui ont pour principal résultat de restaurer le clivage gauche-droite et de cautionner, a posteriori, l'image de gauche des socialistes. « Au total, la droite au pouvoir aura contribué à révéler la nouvelle identité de la gauche non communiste, parachevant en cela le lent travail de repositionnement du PS opéré par François Mitterrand.[1] » Favorisé par les conséquences de l'actuelle crise économique mondiale, dépourvu de relais syndicaux assurés contrairement aux social-démocraties traditionnelles, ce « repositionnement » reste toutefois fragile, précaire, plus proche d'une tradition radical-socialiste modernisée que d'un travaillisme à la française.

On peut s'interroger, plus au fond, sur la portée de ce « repositionnement » après 1981. Le PS d'après Epinay est-il si nouveau qu'on s'était souvent accordé à le croire ? Entre l'idéologie moderniste des forces vives dans les années 1960 et la mise en avant des nouvelles couches moyennes salariées dans les années 1970, y a-t-il beaucoup plus qu'un simple gauchissement du discours, l'invocation de la nébuleuse du « front de classe » reflétant l'air du temps ? Sauf de rares exceptions, en 1981, les rescapés de 1968 sont plus nombreux dans les métiers de la communication que dans l'appareil du PS ou dans l'appareil d'Etat. Qu'il ne l'ait pas pu ou pas voulu, le socialisme français n'a guère profité de Mai 1968 pour régénérer son encadrement politique. Le ralliement tardif d'un Henri Weber reste isolé, nullement représentatif de l'évolution d'une génération.

Quoi qu'il en soit de ce « repositionnement », l'avenir de la place et du rôle du PS sur notre échiquier politique reste ouvert.

L'émergence électorale d'une extrême droite protestataire

Avec l'affaiblissement du PCF, l'émergence électorale d'une extrême droite protestataire constitue sans doute un des éléments les plus importants de la transformation du paysage politique français.

Aux municipalités de 1983, une liste conduite par Jean-Marie Le Pen obtient 11,3 % des suffrages exprimés dans le XXe

1. *Ibid.*, p. 95.

arrondissement de Paris. Le phénomène se reproduit avec une série d'élections municipales partielles intervenant après que le scrutin de mars y ait été invalidé. A cette occasion, Dreux retient l'attention de tous les observateurs : Jean-Pierre Stirbois y obtient 16,7 % des suffrages, permettant à la droite d'enlever la mairie à Françoise Gaspard, du PS. La montée électorale de l'extrême droite commence à prendre une ampleur nationale, concrétisée aux élections européennes de 1984.

Dans la campagne qu'il mène pour ces élections européennes, le Front national récupère en partie à son profit les thèmes sécuritaires développés par le RPR et l'UDF contre la politique de Robert Badinter. Il est aussi servi par la constitution d'une liste unique RPR-UDF largement ouverte au centre et patronnée par Simone Veil. Enfin, la présence d'une liste d'extrême droite – dans un contexte dominé, par ailleurs, par les tensions de la mobilisation en faveur de l'école libre – sert de catalyseur à tous ceux que le maintien de la gauche au pouvoir exaspère [1]. Le Front national obtient 11 % des suffrages exprimés, 17 528 voix seulement le séparent de la liste communiste.

Aux élections cantonales de mars 1985, il parvient à présenter des candidats dans trois cantons renouvelables sur quatre et y recueille 10,5 % des voix, confirmant son audience des européennes. « L'avantage est double : à un an des élections législatives et régionales, le FN met en place sur une grande échelle un véritable personnel politique et il fixe son électorat des européennes en lui ôtant la tentation de rejoindre les notables de l'opposition parlementaire. [2] »

Réunissant 9,8 % des voix aux législatives de mars 1986, il devance, en métropole, le PCF, et ses 35 élus lui permettent de constituer un groupe parlementaire. La forte instabilité individuelle de son électorat, relevée par Jérôme Jaffré, et ses divisions internes entre tenants de la recherche d'une respectabilité notabiliaire et tenants d'un activisme extra-parlementaire musclé font qu'il est particulièrement difficile d'anticiper aujourd'hui sur l'avenir du Front national.

L'électorat du Front national ne s'inscrit qu'en partie dans les zones de force traditionnelles de l'extrême droite et sa sociologie

1. Cf. la synthèse de Jaffré (Jérôme), « Front national : la relève protestataire » in Dupoirier (Elisabeth), Grunberg (Gérard), *Mars 1986...*, *op. cit.*, p. 211-229.

2. *Ibid.*, p. 220.

recoupe de moins en moins celle des partis conservateurs. C'est d'abord un vote de rejet de l'immigration, un vote urbain, un vote qui consolide ses positions dans des milieux parfois très populaires, un vote qui s'identifie d'abord à la personne de son leader et aux quelques idées simples qu'il martèle plutôt qu'au parti lui-même, un vote qui a évolué, passant d'un comportement de « radicalisation politique » à l'expression impuissante d'une « désespérance »[1]. Cette ambivalence accrue par rapport au clivage gauche-droite, nourrie par la crise économique actuelle, distingue le Front national de la tradition d'extrême droite et rend imprévisible son évolution ultérieure. Dans la mesure où le Front national parvient aujourd'hui à capter la sympathie de personnes déracinées, isolées, déclassées, confrontées aux séquelles de l'urbanisation sauvage des années 1960 et à la menace du chômage, il occupe un terrain que n'investissent pas ou plus ni les forces politiques traditionnelles, ni un gauchisme disparu depuis longtemps. Il pourrait même localement, lorsque ses structures militantes s'y prêtent, fidéliser cette sympathie en leur fournissant une structure d'accueil qui rompe avec leur isolement[2].

La montée du Front national dont le leader fut député poujadiste et activiste de l'Algérie française s'apparente à une revanche de ce passé défait sur Mai 68. Elle s'inscrit dans un mouvement plus large où prend place la formation de la « nouvelle droite » qui est apparue précisément en 1968. La *Nouvelle école* a été fondée en mars de cette année et le Groupe de recherche et d'étude sur la culture européenne (GRECE) en janvier 1969. Les grands axes de l'idéologie se ramènent à la dénonciation du mythe égalitaire, au rejet des utopies chrétiennes et marxistes, à l'exaltation du passé indo-européen.

Le succès électoral du Front national et la thématique de la nouvelle droite exercent une influence mouvante sur le RPR et l'UDF. La majorité qui s'est unie pour remporter les élections législatives de mars 1986 subit aussi l'attraction du modèle reaganien et de la logique réactive à l'expérience socialiste. La réponse à la crise est recherchée dans la désétatisation, la déréglementation, la décollectivisation.

1. *Ibid.*, p. 223.

2. Cf. l'exemple de Vitrolles exposé par Alain Rollat dans le *Monde* du 11 juin 1986 ou celui de Marseille avec l'étude de Tristan (Anne), *Au Front*, Paris, Gallimard, 1987, 257 p.

La cohabitation favorise la marginalisation des deux forces extrémistes qui sont associées dans le même rejet du sectarisme et de l'archaïsme, le PCF et le Front national. Un doux consensus conjugue les valeurs humanistes de la gauche et le réalisme économique de la droite, les droits de l'homme et l'ouverture des frontières. Les jeux tactiques portent sur les écarts et les combinaisons des éléments idéologiques qui varient en fonction de la conjoncture.

Vingt ans après 1968, le gauchisme s'est réduit à de petits groupes – faut-il y ranger le PCF ? Les options transformatrices ont perdu leur autorité. Les nationalisations, la planification, l'autogestion, la laïcité sont des formules disqualifiées. La Révolution française est remise en cause dans sa portée émancipatrice. L'idée de révolution est carbonisée. L'histoire est récusée. Les oppositions de classe sont évacuées au profit d'une lecture multidimensionnelle de la réalité où la politique est réduite à une gestion prudente de l'existant. L'ère du vide, commentent les doctes, assure la liberté. Pour l'essentiel, ce qui n'abolit pas d'importantes exceptions, le paysage intellectuel et politique en France, à la fin des années 1980, a cette configuration légitimée et légitimante.

CONCLUSION

UNE AUTRE MISE

Un événement chasse l'autre.
Henri Rousso, *Le syndrome de Vichy. 1944-198...*,
Paris, Le Seuil, 1987, p. 38.

La solution pour moi, dans cette brassée des temps de l'histoire, c'est de corréler, de confronter, de hiérarchiser.
Michel Vovelle in *La nouvelle histoire*,
Paris, CEPL, 1978, p. 342.

Suscité par les contradictions du début des années soixante, le gauchisme politique, amplifié par l'émeute étudiante et la grève ouvrière, s'est rapidement délité. Un signe : la rubrique « Agitation », typiquement post-soixante-huitarde, disparaît dans *Le Monde* à la fin de mars 1972. L'idée de révolution sombre au fil des ans avec les modèles soviétique, cubain, chinois ainsi qu'avec le déploiement de la crise économique.

Vingt ans après, les événements de mai-juin 1968 demeurent une source de controverses. Le travail historique est loin d'être achevé. Des « faits » conservent un caractère douteux : le meeting de Billancourt au lendemain du protocole de Grenelle, le voyage de Baden-Baden, par exemple. Toutes les facettes du mouvement étudiant et ouvrier n'ont pas été mises en lumière. Un vaste chantier est à ouvrir pour « retrouver ce qu'étaient et ce que pensaient les gens..., renouer avec ce qu'ils ont voulu faire »[1].

Un grand nombre d'acteurs restent en scène et réagissent de manière vive à l'évocation de l'événement. Jean Dutourd trouve

1. Lacroix (Bernard), « A contre-courant : le parti pris du réalisme », *Pouvoirs*, 39, 1986, p. 113.

encore l'inspiration pour caricaturer le conformisme soixante-huitard avec une hargne plus grossière que profonde[1]. Dans le champ politique, la référence n'est plus centrale. A droite, la crainte de la répétition a plutôt laissé place au sentiment que la commotion appartient au passé. Edouard Balladur perçoit dans Mai 68 « une révolte anarchiste » que la politique de « moins d'Etat » relègue aux oubliettes[2]. Des éléments extrêmes entendent même faire Mai 1968 à l'envers. Quelques-uns estiment suffisant de souligner l'inversion qui s'est produite depuis les barricades jusqu'à la désignation de Jacques Chirac comme Premier ministre d'un président socialiste. Un slogan a traduit ce jeu : « En 1968, ils défilaient contre la télé d'Etat. En 1986, il défilent pour.[3] » A gauche, les nostalgiques n'ont pas la parole. Beaucoup pensent, comme Georges Lavaudant, qu'en 1981 ils ont abandonné l'idée de révolution pour celle de démocratie, « le système le moins mauvais » (*Le Monde,* 2 octobre 1987). Les urgences sont ailleurs : chômage, sécurité, racisme. Les lycéens et les étudiants, pendant l'hiver 1986, achèvent de désacraliser le printemps chaud et fournissent une raison supplémentaire de le déclarer enfoui dans le cimetière du passé démodé : « 1968 : c'est vieux ; 1986 : c'est mieux ».

La dévalorisation de Mai 1968 dans le champ politique s'effectue également dans le champ intellectuel, de manière plus tourmentée. D'anciens soixante-huitards justifient leur reconversion. Des libéraux entendent récupérer l'événement au profit de leur problématique. Les deux entreprises suscitent des tollés. Castoriadis maintient que sa lecture en termes de novation s'impose comme seule solide, alors qu'Edgar Morin insiste sur sa complexité[4]. Pierre Bourdieu ne répond pas directement à Luc Ferry qui, dans *La Pensée 68,* le désignait comme l'épigone du marxisme français qui possède une parenté d'inspiration avec le mouvement. Il montre simplement, dans *Choses dites,* que les présupposés philosophiques de ses recherches ne sont pas marxistes et qu'il n'appartient pas à la « génération structuraliste » d'Althusser et de Foucault[5].

---

1. Dutourd (Jean), *Le séminaire de Bordeaux,* Paris, Flammarion, 1987, p. 29.
2. Balladur (Edouard), *Je crois en l'homme plus qu'en l'Etat,* 1987, p. 29.
3. Page publicitaire du Rassemblement pour la République, *Le Monde,* 16 juillet 1986.
4. *Pouvoirs,* numéro cité, p. 107.
5. Bourdieu (Pierre), *Choses dites,* Paris, Minuit, 1987, p. 14.

Partiellement refroidie, la référence à Mai 1968 est soumise à un processus réducteur que nous essayons de combattre en la présentant comme un événement intermédiaire multidimensionnel. A cet égard, le propos de Luc Ferry apparaît limité. « Mai n'a pas été un mouvement politique qui aurait échoué, mais c'est de toute évidence un mouvement social qui a réussi au-delà même de ce qu'on pouvait prévoir.[1] » Sans même avoir à s'interroger sur la pertinence du système d'opposition utilisé[2], le schématisme qu'il introduit ne rend pas compte de la tourmente qui mit objectivement en cause le pouvoir du général. La négation de la crise ne vaut pas démonstration. Quant à attribuer à Mai 1968 la paternité des idées de 1986, l'audace du saut logique est admirable. Il gomme l'épaisseur de l'histoire qui s'est accomplie entre les deux périodes, le rôle des difficultés économiques depuis 1974, il réduit l'équivocité du printemps chaud à une simple méprise.

Après avoir été survalorisé, le gauchisme post-soixante-huitard est dénigré, réduit à un passéisme sectaire. Sa violence symbolique est travestie en agressivité nue alors qu'une particularité de la situation française est qu'en raison de ses liens avec des intellectuels comme Sartre, Vidal-Naquet, Foucault et des segments certes restreints de la classe ouvrière, l'ultra-gauche n'a pas versé dans le terrorisme à l'instar de ses pendants italien ou allemand.

Des souvenirs illusoires laissent accroire que le modernisme de la base a été dévoyé par l'archaïsme idéologique des leaders qui ont rejoint le mouvement au milieu de mai 1968. Deux réserves de taille à cette assertion sont indispensables. Si les sociologues ont joué un rôle dans le mouvement comme figure emblématique des nouveaux intellectuels, le rappel des travaux de l'époque que nous avons opéré dans la première et la seconde partie de notre ouvrage montre que cette discipline a connu une tout autre hégémonie. S'il est possible d'admettre en histoire l'existence d'une culture dominante qui accorde une place importante aux déterminations économiques, rien de tel ne se constate dans les autres disciplines : psychologie, science politique, linguistique, économie, droit. De surcroît, il convient de reconnaître la super-

1. Ferry (Luc), Renaut (Alain), *68-86. Itinéraires de l'individu,* Paris, Gallimard, 1987, p. 56.

2. Mouriaux (René), *Syndicalisme et politique,* Paris, Les Editions ouvrières, 1985, p. 16-28.

ficialité de la culture marxiste en France. L'hégélianisme n'a jamais détrôné l'influence conjointe du spiritualisme et du positivisme. Les mérites de l'heideggerisme ne sont pas comparables à ceux d'une pensée intrinsèquement dialectique. Le marxisme français a souffert de l'absence de terreau hégélien et le stalinisme a tué les virtualités apparues dans les années 1930. Les « élites » de 1968 se déclarent marxistes. Une analyse rigoureuse réclame une qualification de l'autodéfinition. Il y entre beaucoup de sartrisme, beaucoup de refus du dogmatisme stalinien et, dans certains cas, une rhétorique althussérienne. Le travail intellectuel ne consiste pas à coller des étiquettes ni à retourner la mode après l'avoir suivie. Le règne du marxisme en France à la fin des années soixante relève de la mythologie. Parlons tout au plus de la culture marxisante et reconnaissons ses limites.

Les événements de mai-juin 1968 sont ambigus dès lors qu'on en privilégie la référence à une tradition marxiste elle-même discutable, mais ils sont tout aussi ambigus par l'autre pôle auquel on les rattache généralement en même temps : à savoir l'entrée de notre pays, avec retard et presque à reculons, dans une modernité individualiste et libérale. Faire de Mai la dernière manifestation de l'archaïsme révolutionnaire et la première de l'individualisme moderne ou post-moderne revient à oublier l'absence de changement dans les rapports sociaux pour l'essentiel, et la modification de la conjoncture économique. Mai 1968 est un événement intermédiaire non pas au regard de deux modèles sociétaux ou de deux périodes historiques mais, plus modestement, à l'articulation de deux phases économiques et idéologiques. Sur ce dernier point, nous avons souligné l'importance de la modernité comme enjeu de légitimation politique pendant les années 1955-1975, et il nous semble nécessaire de revenir, pour situer Mai, sur le contenu pour le moins confus et évolutif de cette modernité.

Dans tous les pays capitalistes développés, une même et constante référence à la modernité recouvre, pendant ces deux décennies, des contextes économiques, politiques et culturels extrêmement différents, sinon opposés : de l'optimisme keynésien des années d'expansion à la crise au reaganisme triomphant ; du militantisme pacifiste et libertaire des années soixante au repli domestique, aux angoisses sécuritaires. Cette modernité est aujourd'hui en crise, même si la plupart des hommes politiques continuent de s'en réclamer. En plaçant sa campagne de 1974 et la première partie de son septennat sous le signe de la modernité, Valéry Giscard d'Estaing a épuisé du coup une bonne partie de ses attributs. Les conséquences de plus en plus manifestes de la crise économique sont venues balayer le reste. En raison de son âge et de l'ancienneté de sa présence sur la scène politique française, François Mitterrand peut difficilement jouer la carte de la modernité en 1981 : c'est probablement une des raisons du succès inattendu de la « force tranquille ». Atomisation, sentiment diffus d'une insécurité accrue, précarité des situations et des avantages acquis, autant de dimensions qui compromettent la référence à une modernité attractive. D'où la tentation, chez certains analystes, de tourner la page, de décréter la fin de la modernité et d'annoncer notre entrée dans la post-modernité.

L'obsession narcissique de la personne s'affirmerait en niant les rapports sociaux, en minimisant la sphère publique et en maximisant la sphère privée, en psychologisant les rapports de domination, cette idolâtrie de l'intimité débouchant sur des nouvelles tyrannies[1]. A la révolte libertaire des années soixante, « encore utopique, porteuse de valeurs », sont opposées des violences narcissiques détachées de tout projet historique, « révolte pure du désœuvrement, du chômage, du vide social »[2]. Mai 1968 serait ainsi à double face : « Pour une part, Mai 68 s'inscrit toujours dans la foulée du processus révolutionnaire et insurrectionnel : barricades, affrontements violents avec les forces de l'ordre, grève générale. D'autre part, le mouvement n'est plus porté par aucune visée globale, politique et sociale. Révolution sans projet historique, Mai 68 est un soulèvement cool sans mort, une " révolution " sans révolution, un mouvement de communication autant qu'un affrontement social. Les journées de Mai, par-delà la violence des nuits chaudes, reproduisent moins le schéma des révolutions modernes fortement articulées autour des enjeux idéologiques qu'elles ne préfigurent la révolution post-moderne des communications », « l'ère narcissique, apathique, désidéologisée »[3].

On a vu les avatars des discours qui célébraient déjà la fin des idéologies et la dépolitisation au début des années soixante.

---

1. Cf. Sennett (Richard), *Les tyrannies de l'intimité,* Paris, Le Seuil, 1979, 283 p.
2. Lipovetsky (Gilles), *L'ère du vide. Essai sur l'individualisme contemporain,* Paris, Gallimard, 1983, p. 246.
3. *Ibid.,* p. 244-245.

Dans un contexte de croissance économique forte et prolongée, le politique a paru un instant s'effacer devant l'économique. L'accroissement du gâteau à partager – métaphore fréquente à l'époque – était tel qu'il paraissait primer les règles du partage. Aujourd'hui, nous sommes dans une situation inverse mais paradoxalement proche. La crise économique se prolongeant et s'amplifiant, le politique paraît totalement démuni face aux contraintes de l'économie. Il est assurément aventureux de déduire de son discrédit actuel, de son effacement apparent, provisoire, l'entrée dans une nouvelle ère historique, dans de nouveaux rapports sociaux dont les événements de 1968 révéleraient les prémisses.

L'arrivée de la gauche au pouvoir en 1981 ne s'est pas accompagnée d'un gauchissement en profondeur de la société française. Le retour de la droite en 1986 ne s'est pas davantage accompagné d'une mutation idéologique profonde. Entre 1981 et 1986 – mais on pourrait remonter beaucoup plus loin dans le temps – la France n'a connu que des « glissements idéologiques » limités, en dépit des résonances qu'ils ont eues sur la scène politique. « Ceux-ci n'ont pas arasé certains reliefs (libéralisme culturel, attachement à l'Etat-providence), mais ils les ont simplement érodés tout en accentuant les arêtes d'autres (libéralisme économique, attachement à l'ordre public)[1].

Dès l'hiver 1986, la mobilisation lycéenne et étudiante contre le projet Devaquet surprend et relativise le mythe de la « génération Tapie » ; le conflit des cheminots, dans un secteur investi depuis longtemps par la modernisation technologique, s'apparente davantage à la réapparition d'un anarcho-syndicalisme ancien qu'à une manifestation post-moderne. En 1987, le krach des principales places boursières internationales conduit à s'interroger sur l'avenir du capitalisme populaire cher à Margaret Thatcher ou Edouard Balladur ; les mêmes médias qui avaient érigé les « yuppies » et autres « raiders » en aventuriers de la post-modernité se complaisent aujourd'hui dans la narration de leurs mésaventures. Le débat sur les « noyaux durs » des entreprises privatisées illustre enfin les limites d'une conduite libérale de l'économie. L'actualité est éphémère, mais pas plus aujourd'hui qu'elle ne l'était il y a une vingtaine d'années ; il suffit

1. Perrineau (Pascal), « Glissements progressifs de l'idéologie » in Dupoirier (Elisabeth), Grunberg (Gérard), *Mars 1986... op. cit.*, p. 49.

pour s'en convaincre de reprendre la couverture de la campagne pour l'élection présidentielle de 1965, du lancement de « Monsieur X » à la mise en ballottage du général de Gaulle par François Mitterrand. Vingt ans nous séparent de 1968. Du point de vue de l'actualité, c'est énorme ; du point de vue de l'histoire, c'est peu, trop peu pour en faire le point de départ d'une modernité invoquée dès le milieu des années cinquante et aujourd'hui dépassée. Tout au plus peut-on s'accorder pour reconnaître que ces événements interviennent à la fin d'une longue période de croissance ininterrompue et au début de l'entrée dans une récession qui menace d'être tout aussi durable.

BIBLIOGRAPHIE SÉLECTIVE

SUR MAI-JUIN 1968 « POLITIQUE »

Nous avons rassemblé les contributions les plus importantes de la littérature consacrée à l'événement, témoignages et études.

Nous avons introduit une périodisation : publications contemporaines, publications autour du dixième anniversaire, publications autour du vingtième anniversaire. Malgré leur intérêt, nous avons écarté les romans, les films, les émissions télévisées.

LES PREMIÈRES PUBLICATIONS

La première vague d'écrits concernant Mai 1968 est si grosse que, pour la clarté, nous utilisons une série de rubriques contestables mais plus judicieuses qu'une longue énumération fourre-tout. Dans quelques cas, nous incluons des publications postérieures à 1974 mais portant sur des documents rédigés antérieurement.

Production des acteurs directs

Les pouvoirs publics

De Gaulle (Charles), *Discours et messages ;* t. 7, *Vers le terme, janvier 1966-avril 1969,* Paris, Plon, 1970, 418 p.

De Gaulle (Charles), *Lettres, notes et carnets. Juillet 1966-avril 1969,* Paris, Plon, 1987, 385 p.

Faure (Edgar), *L'Education nationale et la participation,* Paris, Plon, 1968, 118 p.

Faure (Edgar), *Philosophie d'une réforme,* Paris, Plon, 1968, 118 p.

Objectifs et méthodes des mouvements révolutionnaires d'après leurs tracts et leurs journaux, Paris, ministère de l'Intérieur, 1968, 55 p. (multi.).

Grimaud (Maurice), *En Mai, fais ce qu'il te plaît,* Paris, Stock, 1977, 345 p.

Jobert (Michel), *Mémoires d'avenir,* Paris, Grasset, 1974, 310 p.

Marcellin (Raymond), *L'ordre public et les groupes révolutionnaires,* Paris, Plon, 1969, 121 p.

Pompidou (Georges), *Le nœud gordien,* Paris, Plon, 1974, 207 p.

Partis

Droite

Griotteray (Alain), *Des barricades ou des réformes ?* Paris, Fayard, 1968, 64 p.

Guéna (Yves), *Maintenir l'Etat,* Paris, Fayard, 1970, 121 p.

Servan-Schreiber (Jean-Jacques), *Le réveil de la France,* Paris, Denoël, 1968, 127 p.

Extrême droite

Duprat (François), *L'internationale étudiante révolutionnaire,* Paris, Nouvelles éditions latines, 1968, 217 p.

Duprat (François), *Les journées de Mai 68 : les dessous d'une révolution,* Paris, Nouvelles éditions latines, 1968, 222 p.

Extrême gauche

Bensaïd (Daniel), Weber (Henri), *Mai 1968 : une répétition générale,* Paris, Maspero, 1968, 230 p.

Copferman (Emile) et al., *Ce n'est qu'un début, continuons le combat,* Paris, Maspero, 1968, 143 p.

Cohn-Bendit (Daniel), *Le gauchisme, remède à la maladie sénile du communisme,* Paris, Le Seuil, 1968, 271 p.

Geismar (Alain), July (Serge), Morane (Erlyn), *Vers la guerre civile,* Paris, Editions et publications premières, 1969, 440 p.

Glucksmann (André), *Stratégie et révolution en France 1968,* Paris, Bourgois, 1968, 128 p.

Joyeux (Maurice), *L'anarchie et la révolte de la jeunesse,* Paris, Casterman, 1972, 162 p.

Jurquet (Jacques), *Le printemps révolutionnaire de 1968,* Paris, Editions Gît-le-Cœur, 1968, 178 p.

Massot (François), *La grève générale,* Paris, Informations ouvrières, 1969, 311 p.

« La grève généralisée en France », *Noir et Rouge. ICO,* juin-juillet 1968, 37 p.

Sauvageot (Jacques), Geismar (Alain), Cohn-Bendit (Daniel), Duteuil (Jean-Pierre), *La révolte étudiante,* Paris, Le Seuil, 1968, 129 p.

Gauche non communiste

Club Jean-Moulin, *Que faire de la Révolution de Mai ?* Paris, Le Seuil, 1968, 89 p.

Martinet (Gilles), *La conquête du pouvoir,* Paris, Le Seuil, 1968, 188 p.

Mendès France (Pierre), *Pour préparer l'avenir,* Paris, Denoël, 1968, 120 p.

Mitterrand (François), *Politique,* Paris, Fayard, 1969, 139 p.

Mollet (Guy), *Les chances du socialisme,* Paris, Fayard, 1969, 139 p.

Paillet (Marc), *La table rase,* Paris, Laffont, 1968, 247 p.

Poperen (Jean), *Une stratégie pour la gauche,* Paris, Fayard, 1969, 161 p.

Parti communiste français

Andrieu (René), *Les communistes et la révolution,* Paris, Julliard, 1968.

Guedj (Aimé), Girault (Jacques), *Le Monde : humanisme, objectivité et politique,* Paris, Les Editions sociales, 1970, 253 p.

Juquin (Pierre), *Le sens du réel,* Paris, Grasset, 1971, 303 p.

Prévost (Claude), *Les étudiants et le gauchisme,* Paris, Les Editions sociales, 1969, 188 p.

Rochet (Waldeck), *Les enseignements de Mai-Juin 1968,* Paris, Les Editions sociales, 1968, 92 p.

Salini (Laurent), *Mai des prolétaires,* Paris, Les Editions sociales, 1968, 173 p.

Syndicats

Bergeron (André), *Confédération force ouvrière,* Paris, Epi, 1971, 109 p.

CFTC, *Figures de proue du syndicalisme chrétien,* Paris, CFTC, 1977, 74 p.

Chéramy (Robert), *La fédération de l'Education nationale,* Paris, Epi, 1974, 160 p.

Cohen (Maurice), « Le bilan social de l'année 1968 », *Revue pratique de droit social,* Paris, 1969, 574 p.

Descamps (Eugène), *Militer,* Paris, Fayard, 1971, 269 p.

Krumnow (Fredo), *CFDT au cœur,* Paris, Syros, 1976, 194 p.

Malterre (André), *La CGC. La révolte des mal-aimés,* Paris, Epi, 1972, 111 p.

« La grève générale de Mai 1968 », *Le Peuple,* numéro spécial, 799-800-801, 15-30 mai 1968, 146 p.

Séguy (Georges), *Le Mai de la CGT,* Paris, Julliard, 1972, 224 p.

« Position et action de la CFDT au cours des événements de Mai-Juin 1968 », *Syndicalisme,* numéro spécial, 1266 A, novembre 1969, 191 p.

UNEF-SNE-Sup, *Le livre noir des journées de Mai,* Paris, Le Seuil, 1968, 94 p.

Etudes et commentaires

Reportages de journalistes

Alexandre (Philippe), Tubiana (Raoul), *L'Elysée en péril. 2-30 mai 1968,* Paris, Fayard, 1969, 335 p.

Andro (Pierre), Dauvergne (Alain), Lagoutte (Louis-Marie), *Le Mai de la révolution,* Paris, Julliard, 1968, 249 p.

Fontaine (André), *La guerre civile froide,* Paris, Fayard, 1969, 194 p.

Kerbouch (Jean-Claude), *Le piéton de Mai,* Paris, Julliard, 1968, 185 p.

Labro (Philippe) et al., *Ce n'est qu'un début,* Paris, Denoël, Editions premières, 1968, 277 p.

Paillat (Claude), *Archives secrètes. 1968-1969,* Paris, Denoël, 1969, 475 p.

Penent (Jacques-Arnaud), *Un printemps rouge et noir,* Paris, Laffont, 1968, 184 p.

Rioux (Lucien), Backmann (René), *L'explosion de Mai,* Paris, Laffont, 1968, 616 p.

Tournoux (Jean-Raymond), *Le mois de mai du général,* Paris, Laffont, 1969, 528 p.

Récits généraux et bibliographies

Bénéton (Philippe), Touchard (Jean), « Les interprétations de la crise de Mai-Juin 1968 », *Revue française de science politique,* 20 (3), juin 1970, p. 503-543.

Dansette (Adrien), *Mai 68,* Paris, Plon, 1971, 472 p.

Fohlen (Claude), *Mai 68. Révolution ou psychodrame ?* Paris, PUF, 1973, 96 p.

Gretton (John), *Students and Workers : an Analytical Account of Dissent in France, May-June 68,* Londres, MacDonald and Co, 1969, 320 p.

Seale (Patrick), MacConville (Maureen), *Drapeaux rouges sur la France,* Paris, Mercure de France, 1968, 253 p.

Viansson-Ponté (Pierre), *Histoire de la République gaullienne ;* t. 2, *Le temps des orphelins,* Paris, Fayard, 1971, p. 429-633.

Wylie (Laurence), Chu (Franklin D.), Terral (Mary), *France : The*

Events of May-June 1968. A critical Bibliography, Pittsburgh, Center For West European Studies, 1973, IV-118 p.

Zegel (Sylvain), *Les idées de Mai,* Paris, Gallimard, 1968, 145 p.

Points de vue d'intellectuels

Althusser (Louis), « A propos de l'article de Michel Verret sur " Mai Etudiant " », *La Pensée,* 145, mai-juin 1969, p. 3-14.

Aron (Raymond), *La révolution introuvable,* Paris, Fayard, 1968, 187 p.

Benoist (Jean-Marie), *Marx est mort,* Paris, Gallimard, 1970, 253 p.

Bloch-Michel (Jean), *Une révolution du XXe siècle,* Paris, Laffont, 1968, 128 p.

Boisdèffre (Pierre de), *Lettre ouverte aux hommes de gauche,* Paris, Michel, 1969, 174 p.

Boudon (Raymond), La crise universitaire française : essai de diagnostic sociologique, *Annales,* 24 (3), mai-juin 1969, p. 738-764.

Certeau (Michel de), *La prise de parole,* Paris, Desclée de Brouwer, 1968, 166 p.

Clavel (Maurice), *Combat de franc-tireur pour une libération,* Paris, Pauvert, 1968, 202 p.

Crozier (Michel), *La société bloquée,* Paris, Le Seuil, 1970, 252 p.

Druon (Maurice), *L'avenir en désarroi,* Paris, Plon, 1968, 121 p.

Epistémon [Didier Anzieu], *Ces idées qui ont ébranlé la France,* Paris, Fayard, 1968, 127 p.

Lefebvre (Henri), *L'irruption de Nanterre au sommet,* Paris, Anthropos, 1968, 175 p.

Morin (Edgar), Lefort (Claude), Coudray (Jean-Pierre), *Mai 68 : la brèche,* Paris, Fayard, 1968, 142 p.

Piettre (André), *La culture en question,* Paris, Desclée de Brouwer, 1969, XV, 228 p.

Sartre (Jean-Paul), *Les communistes ont peur de la révolution,* Paris, Jean Didier, 1968, 68 p.

Sartre (Jean-Paul), *Situations 8,* Paris, Gallimard, 1972, 478 p.

Sauvy (Alfred), *La révolte des jeunes,* Paris, Calmann-Lévy, 1970, 269 p.

Stéphane (André), *L'univers contestataire ou les nouveaux chrétiens,* Paris, Payot, 1969, 320 p.

Thibaudeau (Jean), *Mai 68 en France,* Paris, Le Seuil, 1970, 126 p.

Touraine (Alain), *Le mouvement de mai ou le communisme utopique,* Paris, Le Seuil, 1968, 302 p.

Anthologies et études sur le mouvement étudiant

Camilleri (Carmel), Tapia (Claude), *Jeunesse française et groupes sociaux après Mai 1968*, Paris, CNRS, 1974, 183 p.

Demonet (Michel) et al., *Des tracts en Mai 68*, Paris, Presses de la Fondation nationale des sciences politiques, 1975, 491 p.

Duclent (Alain) et al., *Les représentations sociales et les sentiments associés au mouvement de Mai chez les jeunes de la région parisienne*, Paris, Wapor, 1969, 60 p.

Gombin (Richard), *Le projet révolutionnaire. Eléments d'une sociologie des événements de Mai-juin 1968*, Paris, Mouton, 1969, 143 p.

Kravetz (Marc), Bellair (Raymond), Karsentz (Annette), *L'insurrection étudiante, 2-13 mai, ensemble critique et documentaire*, Paris, UGE, 1968, 506 p.

Perrot (Michèle), Rebérioux (Madeleine), Maitron (Jean), « La Sorbonne par elle-même, mai-juin 1968 », *Le Mouvement social*, 64, juillet-septembre 1968.

Schnapp (Alain), Vidal-Naquet (Pierre), *Journal de la Commune étudiante – textes et documents*, Paris, Le Seuil, 1969, 876 p.

Simon (Jean-Pierre), *La révolution par elle-même*, Paris, Albin Michel, 1968, 227 p.

La grève des salariés

Adam (Gérard), « Etudes statistique des grèves de mai-juin 1968 », *Revue française de science politique*, 20 (1), février 1970, p. 105-119.

Badie (Bertrand), *Stratégie de la grève*. Paris, Presses de la Fondation nationale des sciences politiques, 1976, 263 p.

Barjonet (André), *La révolution trahie de 1968*, Paris, Jean Didier, 1968, 48 p.

Bauchard (Philippe), Bruzek (Maurice), *Le syndicalisme à l'épreuve*, Paris, Laffont, 1968, 365 p.

CNIPE, *Les éléments de mai-juin 1968 vus à travers cent entreprises*, Paris, CNIPE, 1968, 87 p.

Dubois (Pierre), Dulong (Renaud), Durand (Claude), Erbes-Seguin (Sabine), Vidal (Daniel), *Grèves revendicatives ou grèves politiques ? acteurs, pratiques, sens du mouvement de Mai*, Paris, Anthropos, 1971, 550 p.

Frémontier (Jacques), *La forteresse ouvrière : Renault*, Paris, Fayard, 1971, 380 p.

Gavi (Philippe), *Les ouvriers*, Paris, Mercure de France, 1970, 317 p.

Johan (Michel), « La CGT et le mouvement de Mai », *Les Temps modernes*, 264, juillet 1968, p. 326-375.

Lefranc (Georges), *Le mouvement syndical de la Libération aux événements de Mai-juin 1968*, Paris, Payot, 1969, 311 p.

Lettieri (Antonio), Santi (Paolo), « Préhistoire de Mai », *Politique aujourd'hui*, 5, mai 1969, p. 35-51.

Leuwers (Jean-Marie), *Un peuple se lève. Luttes ouvrières. Mai 1968*, Paris, Les Editions ouvrières, 1969, 383 p.

Mallet (Serge), *La nouvelle classe ouvrière,* Paris, Le Seuil, 2e éd., 1969, 245 p. (coll. « Politique »).

Mouriaux (Marie-France et René), « Le Mai des prolétaires à Usinor-Dunkerque », *Politique aujourd'hui,* 5 mai 1969, p. 33-51.

Ouvrier face aux appareils, une expérience militante chez Hispano-Suiza, Paris, Maspero, 1970, 280 p.

Pesquet (Jacques), *Des Soviets à Saclay ?*, Paris, Maspero, 1968, 87 p.

Reynaud (Jean-Daniel) et al., « Les événements de Mai-juin 1968 et le système français de relations professionnelles », *Sociologie du travail,* 1, janvier 1971, p. 73-97.

Shorter (Edward), Tilly (Charles), *Strikes in France : 1830-1968*, Cambridge, Cambridge University Press, 1974, XXIII-428 p.

« Le mouvement ouvrier en Mai 1968 », *Sociologie du travail*, numéro spécial XII, 3, juillet-septembre 1970, p. 225-354.

Talbo (Jean-Philippe), *La grève à Flins*, Paris, Maspero, 1968, 98 p.

Tripier (Maryse), « La revendication des " Conseils d'unité " au Commissariat à l'énergie atomique en mai-juin 68 », *Revue française de sociologie*, 2 (3), juillet-septembre 1970, p. 351-368.

Willener (Alfred), Gadjos (Catherine), Benguigui (Georges), *Les cadres en mouvement*, Paris, Epi, 1969, 293 p.

Les élections législatives

Cahiers du communisme, numéro spécial (résultats, commentaires, documentaires), 11-12, novembre et décembre 1968, 368 p.

Chaffard (Georges), *Les orages de Mai : histoire exemplaire d'une élection*, Paris, Calmann-Lévy, 1968, 228 p.

Goguel (François), « Les élections législatives des 23 et 30 juin 1968 », *Revue française de science politique*, 18 (5), octobre 1968, p. 837-860.

Lancelot (Alain), « Les élections des 23 et 30 juin 1968 », *Projet*, septembre-octobre 1968, p. 935-952.

« La crise de mai 1968 », *Sondages*, 2, p. 69-116.

Williams (Philip), Goldey (David), Harrison (Martin), *French Politicians and Elections, 1951-1969*, Cambridge, Cambridge University Press, 1970, p. 281.

Mai 1968 en province

Bacot (Paul), *La CFDT et les grèves de mai-juin 1968 dans la région lyonnaise*, Lyon, Agel, 1969, 110 p.

Gallard (Philippe), « Le second pouvoir du mai nantais », *Politique aujourd'hui*, 8-9, août-septembre 1969, p. 25-32 ; 10, octobre 1969, p. 20-34.

Guin (Yannick), *La Commune de Nantes*, Paris, Maspero, 1969, 143 p.

LES PUBLICATIONS POSTÉRIEURES À 1974

Contributions des acteurs

Astoux (André), *Ondes de choc. Mai 68 à l'ORTF*, Paris, Plon, 1978, 252 p.

Balladur (Edouard), *L'arbre de Mai : chronique alternée,* Paris, Atelier M. Julian, 1979, 377 p.

Chaban-Delmas (Jacques), *L'ardeur*, Paris, Stock, 1975, 451 p.

Cohn-Bendit (Daniel), *Le grand bazar*, Paris, Belfond, 1975, 190 p.

Debray (Régis), *Modeste contribution aux cérémonies officielles du dixième anniversaire*, Paris, Maspero, 1978, 93 p.

Gaveau (André), *De l'autre côté des barricades*, Paris, Jean-Claude Simoen, 1978, 236 p.

Giscard d'Estaing (Valéry), *Démocratie française*, Paris, Fayard, 2e éd. 1976, 191 p. (coll. « Livre de poche).

Le Dantec (Jean-Pierre), *Les dangers du soleil*, Paris, Presses d'Aujourd'hui, 1978, 289 p.

Marangé (James), *De Jules Ferry à Ivan Illitch*, Paris, Stock, 1976, 299 p.

Marcellin (Raymond), *L'importune vérité*, Paris, Plon, 1978, 299 p.

Peyrefitte (Alain), *Le mal français*, Paris, Plon, 1976, 527 p.

Salmon (Jean-Marc), *Hôtel de l'avenir*, Paris, Presses d'Aujourd'hui, 1978, 230 p.

« Mai 68-Mai 78 », *Syndicalisme*, numéro spécial, 1704, 11 mai 1978.

Etudes

Baynac (Jacques), *Mai retrouvé*, Paris, Laffont, 1978, 304 p.

Clouscard (Michel), *Capitalisme de la séduction*, Paris, Les Editions sociales, 1981, 247 p.

Delale (Alain), Ragache (Gilles), *La France de 68*, Paris, Le Seuil, 1978, 238 p.

Fisera (Vladimir-Claude), *Writing on the wall. May 1968,* New York, St Martin Press, 1979, 325 p.

Hatzfeld (Nicolas), *La grève de Mai-juin 1968 aux automobiles Peugeot à Sochaux*, Paris, Paris VIII, 1985, p. 120-141.

Jallageas (Dominique), *Les grèves ouvrières dans l'agglomération toulousaine en mai-juin 1968*, Paris, Paris I, 1979, 252 p.

Lacouture (Jean), *Charles de Gaulle* ; t. 3 : *Le souverain 1959-1970*, Paris, Le Seuil, 1986, 865 p.

Lacouture (Jean), *Pierre Mendès France*, Paris, Le Seuil, 1981, 560 p.

Lacroix (Bernard), *L'utopie communautaire*, Paris, PUF, 1981, 225 p.

Samuelson (François-Marie), *Il était une fois Libé*, Paris, Le Seuil, 1979, 315 p.

AUTOUR DU VINGTIÈME ANNIVERSAIRE

Bauberot (Jean), *Le pouvoir de contester. Contestations politico-religieuses autour de « mai 68 » et le document « Eglises et pouvoirs »*, Genève, Labor et Fides, 1983, 334 p.

Bernard (Jean-Pierre), « Une pensée 68 » in Ory (Pascal) dir., *Nouvelle histoire des idées politiques*, Paris, Hachette, 1987, p. 545-559.

Bourdieu (Pierre), *Homo academicus.* Paris, Minuit, 1984, 302 p.

Cohn-Bendit (Daniel), *Nous l'avons tant aimée, la révolution*, Paris, Barrault, 1986, 192 p.

Combes (Patrick), *La littérature et le mouvement de Mai 1968*, Paris, Seghers, 1983, 313 p.

Dragon (Monique), *Projet de recherche : Mai 68 à Chelles, Saint-Ouen et Saint-Denis*, Paris, Paris I, 1986, 39-IX p.

Ferry (Luc), Renaut (Alain), *La pensée 68. Essai sur l'anti-humanisme contemporain*, Paris, Gallimard, 1985, 293 p.

Ferry (Luc), Renaut (Alain), *68-86. Itinéraires de l'individu*, Paris, Gallimard, 1987, 135 p.

Hamon (Hervé), Rotman (Patrick), *Générations* ; t. 1 : *Les années de rêve*, Paris, Le Seuil, 1987, 619 p. ; t. 2 : *Les années de poudre,* Paris, Le Seuil, 1988, 695 p.

Hocquenghem (Guy), *Lettres ouvertes à ceux qui sont passés du col Mao au Rotary*, Paris, Albin Michel, 1986, 202 p.

Lipovetsky (Gilles), *L'ère du vide. Essai sur l'individualisme contemporain*, Paris, Gallimard, 1983, 246 p.

Winock (Michel), *Chronique des années 60*, Paris, Le Seuil, 1987, 379 p (coll. « 20e siècle »).

INDEX ONOMASTIQUE

ACHEVÉ D'IMPRIMER
SUR LES PRESSES DE
L'IMPRIMERIE CHIRAT
42540 ST-JUST-LA-PENDUE
EN MARS 1988
DÉPÔT LÉGAL 1988 N° 3713